# 現象学ことはじめ

［新装改訂版］

日常に目覚めること

Phänomenologie

山口一郎 著

東京　白桃書房　神田

# はじめに

この本は、現象学の入門書です。現象学は、現在、世界で最もさかんに研究されている哲学の一つです。哲学は学問で、その特定の研究領域があるのですが、現象学は、特に私たちの日常生活を重視する哲学といえます。この本の目次をご覧になればわかるように、「数えること」とか、「見えること」、「感じること」とか、「気づくこと」など、日常、当たり前のこととして無意識に行なっている「さまざまなこと」が現象学の出発点です。

「日常に目覚めること」という副題ですが、もちろん、私たちは、毎日、眠りから覚めずに、日常生活をおくっているわけではありません。しかし、夢から覚めて、はじめて夢だったことがわかるように、一生懸命に日常生活をおくっているとき、はたして、私たちは、いったい全体、何をしているのか十分にわかっているでしょうか。夢は、ときに不思議な夢も見ますから、どうしてこんな夢を見るのか、どうして、そもそも、夢を見るのかということに、関心をもつ人も多いでしょう。しかし、私たちの日常生活はどうでしょうか。日々、やらなければならないことが多くて、毎日の生活が「どんなふうに日常生活になっているのか」を問題にする人は、きっと稀でしょう。

「日常に目覚めること」は、一人一人の日常生活が、他の人の日常生活と少しずつずれていることが経験されるとき、問題になりはじめるものです。たとえば、人と待ち合わせるとき、必ず五分から一〇分遅れてくる人もいれば、必ず五分前にはそこにいて、いまかいまかと、待ち合わせの相手を待っている人もいます。自分の常識と他人の常識がずれてしまうとき、「いったいどうなってんの」という問いが頭をもたげます。私たちは、日頃、「世間知らず」とか、「常識がない」といって相手を非難するとき、知らずに、自分の常識を基準にして判断しているものです。

現象学は、この自分の常識が、実は、ちょうど自分の性格のように、これまでの自分の生活をとおして作り上げられてきている、つまり、自分の常識になってきていることに気づくように仕向けます。つまり、現象学は、自分と他の人の常識との「ずれ」を感じるとき、その「ずれ」について考え、どうして、その「ずれ」が生じるのか、自分と他の人の「常識の成り立ち」を本当に納得できるまで考え尽くそうとします。夢から本当に覚めるのは、どうしてそんな夢をみるのか本当にわかったときであるのと同じように、日常に目覚めるのは、「どうして日常が日常になっているのか」が、本当にわかったときなのです。

こうして、自分の日常と他の人の日常の「ずれ」に気づき、自分の日常生活がどんなふうに成り立っているのかを問いはじめるとき、あなたの現象学がはじまり、この本で描かれている現象学の方法をたどることによって、自分の日常に目覚めることができます。現象学の方法というのは、各自、自分がほのかに感ずる気づきや、いろいろ推測したり、判断したりすること、つまり、自分のすべての心の働きの「ありのまま」に直面する方法のことです。心の働きに直面して、どのように働いているのか、絶対に間違いないほどに、はっきりとその働き方を知り尽くすことです。

著者の私は、実は、それと知らずに、自分の日常をひきずったまま（哲学研究を志していた私は、その当時、自分が担っていた日本の日常には、まったく気づいていませんでした）、ほぼ半世紀前ドイツに渡り、ドイツの日常生活との「ずれ」をカルチャーショックとして生き、いまでも生きつづけています。それをとおして、自分の日常の根っこを問いつづけています。ですから、「働き方を知り尽くす」とはいっても、それは、果てしのない旅路につくことに似ていて、「ずれ」から垣間みえてくる奥行きの深さは測り知れないものです。

日常生活で起こる「ことがら」から出発するという意味で、この本には、『現象学ことはじめ』という題をつけました。中心に据えられているのは、現象学の創始者であるエトムント・フッサール（一八五九―一九三八）の中期と後期の現象学ですが、それに加えて、「日常のことがら」に関わる他の現象学者たちの見解も、各章で言及されています。

日常生活から出発するというのですから、日常語を使ってわかりやすく描くという態度を一貫するつもりです。序章では、この本の概観を描写しましたが、読者のみなさんにとって、はじめて接することの概観ですので、大体、何が書いてあるのか、見当がつけば結構です。わかりにくければ、飛ばして、第一章から読み、最後にまとめの意味で読むことをお勧めします。第一章からわかりやすい日常語で書き進めていくつもりです。しかし、はじめの方の章で詳しく説明された、現象学に特有な言葉づかいが、それにつづく章で、説明なしで使われる場合が、章を追うごとに増えてくることになります。ですから、第一章から、二章、三章と、山に登るように、たどって読み進めていくのがよいでしょう。途中で使用されている言葉の意味がはっきりしなくなった場合には、本の末尾に現象学用語の簡単な解説と、その用語が使われている頁を記してありますので、それらの言葉が、はじめて使われている頁をたどるようにして、十分に活用してください。

この本は、「日常生活の謎に迫り、日常生活に目覚めさせる」現象学の入門書です。この本ができあがったのは、二〇年以上にわたるドイツでの日常生活からほぼ、六年前、日本の日常生活にもどってきて、日本で現象学の講義をはじめたのがきっかけになっています。「だれにでもわかりやすい言葉で」という動機を私に与えてくださったのは、我慢強く講義を聴きつづけてくれた学生の皆さんです。この場をかりて、深くお礼申しあげたいと思います。

二〇〇二年

山口一郎

# 改訂版の刊行にあたって

初版の「あとがき」に書きましたように、「日常に立ち戻る」現象学の試みは、日々繰り返されている試みです。一〇年を経て、このような形で改訂版を出版できることは、私にとって大きな喜びです。とはいえ、この改訂版にあたって内容を大きく改変することはなく、どうしても変更したい箇所の部分的な改訂に限定することにしました。これまでの研究をとおして、初版以降の研究領域の拡大と深化はみられました。しかし、基本的な考えに変更はなく、現象学の入門書としての役割は初版の枠組みとその記述で十分に果たせると思うからです。

それでも、以下の諸点の変更が加わりました。

(1) 読者の意見として、第三章の内容、とりわけ、過去把持の特有な働き方の記述がわかりにくいという感想が寄せられていました。そのことから、第三章の時間意識の分析の記述を、部分的にですが、よりわかりやすくなるように、図式も用いて書き換えました。

(2) また、用語として、「空虚表象」の使い方を正確にし、「空虚形態」と「空虚表象」に大別することにしました。もともと、空虚表象は、生き生きした現在において生じる感覚内容や知覚された意識内容が、この過去把持を経て、潜在的に、含蓄されることを経て成立するとされていました。この含蓄化される意味内容が、初版において「空虚表象」と一般的に表現されていましたが、第二章で示されている「感覚と知覚の区別」にみられるように、感覚の意味内容と知覚の意味内容の違いにそくして、空虚表象を、感覚の意味内容に対応する「空虚形態」と知覚の意味内容に対応する本来的な意味での「空虚表象」との二つに大きく区別しました。フッサール自身、形態と表象を区別して、「空虚形態(Leergestalt)」と「空虚表象(Leervorstellung)」という用語を用いていましたが、一貫して、使い分けていたわけではありません。にもかかわらず、あえて、この区別を一貫させようとする理由は、中後期に展開するフッサールの「発生的現象学」において、この区別に注目することで、受動性と能動性の区別や受動的発生と能動的発生の区別がより明確に理解されると考えたからです。こうして感覚の意味の生成の場合を、空虚形態の生成として受動的発生の領域に、また、対象知覚の意味の形成の場合を、空虚表象の形成として能動的発生の領域に、はっきりした領域確定ができるのです。

(3) 「意識生」という用語を「先自我」という用語と並存させ、あるいは、置き換えることにより、「自我」の概念を中心にした考察による誤解を免れるような工夫をしました。フッサール現象学の中後期の展開として、発生的現象学における自我論からモナド論への展開がみられます。この特徴をより明確にするための工夫の一つが、自我の用語から離れた「意識生（Bewusstseinsleben）」という用語の活用なのです。

(4) 序章を除いた各章の終わりに、それぞれの章の内容をまとめてみました。その章で辿った道を振り返ることは、各自自分の理解を確かなものにするのに役立つと思えるからです。

(5) 参考文献は、初版以後の現象学に関する研究書や入門書を補足することにしましたが、他の重要な参考文献が欠けている可能性はあります。

(6) 上記の内容と用語の変更にともない、「現象学の基本用語と索引」もそれに応じた変更がみられます。

この改訂版が可能になったのは、お寄せいただいた、多くの読者の方々の反響とご批判によるものです。ここで改めて深く感謝もうしあげます。

二〇一二年八月

山口一郎

# 新装改訂版の刊行にあたって

改訂版刊行の十一年後、この新装改訂版の刊行が実現できましたことは、筆者にとって大変、大きな喜びです。

二一年前に初版が刊行され、改訂版にあたっての初版の補足修正が新装改訂版においてもほぼそのまま、継承されました。それでも、新装改訂版において部分的変更が加えられたのは、「第三章　時がたつこと」でした。この第三章は、すでに改訂版において、大幅な補足と修正が加えられていましたが、その補足と修正がさらに読みやすくなるよう表現の工夫がなされました。

序章と一〇章からなる本文の後に「参考文献」と「現象学の基本用語と索引」が記載されています。参考文献では、改訂版で補足された参考文献の他、改訂版刊行の二〇一二年以降の本書にとって重要な文献が付け加えられています。

本書は、初版の「はじめに」で述べられているように、フッサールを中軸にした現象学の考え方が、私たちの日常生活の解読の仕方としてどのように描き出すことができるのか、読者の皆さんと共に文章にしてみようとする「現象学への入門書」として執筆されました。とはいえ、要所要所では、議論が錯綜する研究書という性格をもっています。本書が、ゆっくり、じっくり考えを重ね、考えることを楽しめる書物になっていることを強く願っています。

版を重ねることは筆者にとって大変ありがたいことであり、今回、改訂版を新しい装丁のもと、この「新装改訂版」の出版を勧めていただき、刊行を実現していただいた白桃書房の大矢栄一郎社長に心より深く感謝申し上げます。

二〇二三年、九月

山口一郎

# 目次

はじめに　i
改訂版の刊行にあたって　iv
新装改訂版の刊行にあたって　vi

**序章**……1

**第一章　数えること**……15
第一節　きちんと数えること　15
第二節　数えるということを自覚していること　17
第三節　数えていくつとわかること　20
第四節　たくさん見えることとそれを数えること　22

**第二章　見えることと感じること**……25
第一節　見えている世界はでき上がってくるということ　25
第二節　見える側と見えない側とのまとまり　27
第三節　意識はそのままですでに「何かについての意識」であること　29
第四節　感じること、感覚と知覚の違い　34

## 第三章　時がたつこと……41

第一節　今、鳴ったばかりの音を覚えていること　43

第二節　感覚の変化と時間の意識　45

a　言葉遣いの分析で過ぎ去る時間を説明できるか？　46／b　感覚の変化に言葉は追いつかないこと　47／c　感じられるがままの感覚と時間の意識　49

第三節　時間は時間点の連続ではないこと　50

a　なまの感覚の持続と変化　51／b　「過去把持」は過去の時間点を想い起こす「想起」ではないこと　52／c　音の聞こえる順番が過去把持に残っていくということ（時間点はこうして決まる）　54

第四節　無意識に働く未来の予測（未来予持）　57

第五節　気づかずに聞こえていたメロディー（意識にのぼらない過去把持）　59

a　今、聞こえた音だけ過去になる？　61／b　聞かずに聞こえていたクーラーの音　62／c　「ふと」感覚の変化に気づくこと　63

第六節　どうして時間が長く感じられたり、短く感じられたりするのか─試論　65

第七節　記憶と予期の時間、過去と未来　69

## 第四章　変わることと変わらないこと……75

第一節　変化するなかで変化しないもの　76

第二節　変わらない本質が直観されること　79

第三節　経験の事実と事実の経験　82

第四節　「花火」に本質があるでしょうか　84

第五節　「あのときのあの花火」、体験の一回性と同一性　90

**第五章　想い出さずに、想い出されるということ**　93
第一節　気づかずに起こっていること　93
第二節　いろいろな感じはどこから来るのか　99
第三節　磁場のような感覚の領野　104
第四節　対（ペア）になること　107
第五節　見間違いの理由を求めて　111

**第六章　気づくことと気づかないこと**　119
第一節　意味の発生をたどる方法　120
第二節　無意識に育つ潜在力　127
第三節　覚醒してくる本能と習性　136
第四節　本能が作る時間の流れ　140
a　時間と自我　140／b　本能と時間　142／c　本能と理性の目的　146

**第七章　心と身体が育つこと**　151
第一節　幼児にとっての時間と空間　151
第二節　自分の身体と他の人の身体がどう区別されてくるのか　156
第三節　触れる手と触れられる手　160
第四節　心と身体の区別の源泉　166

第八章　他の人の痛みを〝痛む〟こと……171
第一節　自分一人が結論か　172
第二節　「自分と他人」の意味の生成を問うこと　176
a　疑えない自分に戻ること　176／b　他の人は自分にどう現われているのか　178／c　他の人が現われる以前の〝自分〟に固有な領域　181／d　対になって現われる他の人　182
第三節　「自他」が生成する場　185
第四節　ボール遊びと空間意識　194
第五節　出会いの現象学に向けて　199
第九章　生きることと知ること……211
第一節　自然科学と哲学　211
第二節　経験を測定できるのか　214
a　極限を求めること　215／b　技と理論　217
第三節　生活世界の構造　220
第四節　「世界を呑み込む自分」をも呑み込む自分か？――人間の主観の逆説　226
a　言葉以前の意味の生成　228／b　フッサールの答え　233
第十章　文化の違いを生きること……237
第一節　カルチャーショックを出発点にすること　238
a　不意に襲うカルチャーショック　239／b　カルチャーショックの原因は深く隠れていること　240／

c　知識の限界　242／d　本当に納得すること　245
第二節　異文化の現象学に向けて　248
参考文献　255
あとがき（一）　260
あとがき（二）　263
現象学の基本用語と索引　265

# 序章

「ことはじめ」とは、「こと」が「はじまる」という意味です。人生の「はじまり」は、生誕ですが、現象学の生まれた日はいつでしょうか。人の場合なら誕生日や生誕地を考えることができても、現象学は学問ですから、「生まれた日」とは、喩《たと》えに他なりません。ただ、いつ、どこで生まれたのか、男の子か女の子か、両親はどんな人で、どんな言葉を話し、どんな社会、どんな文化のなかで育ったのか、そのように思い巡らしてみることは、現象学という学問が現在、世界中でどのように研究されているのかを考えるうえで、大きな助けになります。なぜなら、学問は人間の具体的な生活に深く根ざしており、たえず、そこに帰っていくものだからです。この当たり前にみえることが、この本を読み進めるなかで、読者のみなさんに次第に納得いくものになるはずです。

現象学の生みの親はフッサールです。フッサールは、一八五九年四月八日、現在のチェコ、当時オーストリア領のプロスニッツに、ユダヤ人商家の息子として生まれました。哲学をはっきり志したのは、一八八四年にウィーン大学で哲学者ブレンターノに師事してからでした。現象学の学問としての確立を、フッサールが『論理学研究』を出版したときとすると、ちょうどいまから一二三年前の一九〇〇年から一九〇一年にかけてとなります。その頃、フッサールは、ドイツのハレ大学から、ゲッティンゲン大学に教授として移りました。フッサールの現象学は、ドイツに生まれ、ドイツ語の環境のなかで育ち、ほどなくさまざまな国の言葉と文化をとおして表現され、研究されることになっていった、といっていいでしょう。

私がこの本で考えてみたいことの一つは、このフッサールの現象学が日本にどのように受け入れられ、根づき、展開しているのか、ということです。「どのように」という問いには、もちろん、「根づくのが難しい」という解答も可能です。そして、根づいているかどうかを確かめるうえで、最も効果的なのは、現象学の問いが日常の日本語で表現され、研究されているかどうか確かめてみることだと思います。

現象学は哲学という学問の一分野です。哲学と聞くと、難しくて、日常語から最もはなれた専門語を使って研究されている、と思われています。頁が専門語ばかりで埋まっていて、難しくて何をいっているのかさっぱりわからない哲学書がたくさんあるのも事実です。しかし、実は、現象学という哲学ほど、日常語で表現される世界を重視している哲学は他にありません。同じように日常語の表現を考察する哲学として、言語分析の哲学があげられます。そこでは、もっぱら、日常生活での言葉の使い方の分析が主要な考察の課題となっています。

しかし、フッサールの現象学は、分析哲学とは違って、日常語の言葉の使い方を分析する言語使用の枠組みだけにはとどまりません。たとえば、「夢に現われる別れた人の淋しげなまなざし」とか、「明るかったり、暗かったりする職場の雰囲気」とか、言葉で表現しつくせないような感覚や感情をも含めて、日常語の世界を、人の情感に色どられた「生活世界」として、哲学の課題にしようとします。

とはいっても、人の感情は、詩や小説として言葉に表現できても、哲学の対象にはならないのではないか、「別れた人のまなざしの意味」や「職場の雰囲気」をどうやって、哲学にできるのか、という問いがすぐに頭をもたげるでしょう。しかし、また、かりに私たちの日常生活から感情や漠とした気持ちを差し引けば、日常は普通の日常ではなくなってしまいます。哲学が根づいているかどうかを確かめるために日常生活に立ちかえるとはいっても、立ちかえるはずの日常生活に感情がなかったら、当たり前の日常生活からかけ離れたものになってしまいます。では、いったい、どのようにして、私たちにとって当たり前の日常生活、つまり、「気づかい」や「思いやり」などが色濃く行き交う日本の日常生活を、哲学の課題にすることができるのでしょうか。

別の問い方をすれば、そもそも、情感に満ちてはいても、日々同じことの繰り返しののっぺらぼうに思える日常生活の、いったい、どこに、哲学が見いだされるというのでしょうか。西洋哲学の「はじまり」であるギリシャ哲学では、哲学の「はじまり」は「驚き」にあるといわれます。毎日同じことの繰り返しにみえる日常生活のどこに、いったい、「驚き」があるというのでしょうか。

この本の「はじめに」で、各自の「常識のずれ」ということについて述べました。「ずれ」に気づくことが、哲学の「驚き」に通じています。また、哲学の「驚き」は、日常生活から離れるのではなく、日常生活の真っ只中で、その崩れがみえるところに、大きな謎としてその姿を現わしてくるものです。たとえば、「のどがカラカラになって、やっと飲めた水のうまさ」というように、「ものごと」は、それがなくなりかけるとき、それがそもそも、どんな意味をもつのか、わかるものです。日常生活も、それが崩れかけるとき、実は、毎日、「成り立つか成り立たないか」の瀬戸際に立たされているのだ、ということがはっきりしてきます。

昨今、危機管理が日常になっている企業の経営者にとって、「ほっといてうまくいく日常」などはじめからないことは、わかりきっています。経済の日常は、日常から遊離せず、日常を毎日作り上げるところに成り立っているのです。

このような経済活動の破綻にもみられる日常の崩れは、夫婦や、友人、また、仕事の同僚などとの人間関係の日常性の崩れに直面した場合、その日常の成り立ちが「どうしてもわからなければならない」最も深刻で切実な問題として、人間に突きつけられます。私の知人に、妻が統合失調症になってしまった人がいます。その人の妻は二度にわたって自殺を試みました。その人は、妻とともにその危機を生きぬくなかではじめて、「人の愛ということの真意がわかった」、とその体験を語ってくれました。対話の哲学の課題とするブーバー（一八七八―一九六五）は、愛をとおして、「本当の相手」に出会うことが、同時に、愛をとおした「本当の自分」になることだ、と主張しています。ブーバーは、フッサールと同じユダヤ人で、やはりウィーン大学で哲学を学びました。この私の知人の場合のように、精神の病といった、人間関係に深く関わる日常性の崩壊の危機をとおして、その同じ日常生活に潜んでいる本当の「出会い」が起こることがあるのです。

人間関係の日常性が精神の病いをとおして崩れはじめて、その崩れに不安になり、自殺といった崩れの現われに驚愕し、それをどうにか回復しようと必死になるときがあります。そのとき、日頃お互いに言葉をかけあって、慰めあったりする当たり前の人間関係が「なぜ崩れたのか、どうやって回復できるのか、そしてそれは、いったい、どうしてそうなっていったのか」、いままで自分に問いかけることのまったくなかったような問いが、切実な問題になります。切実にならざるをえないのは、当事者にとってあまりにも当然のことです。

しかし、フッサールは、このような個人史に関わる日常性の崩壊に直面して、日常性そのものの成り立ちを問うたのではありません。フッサールは、現象学の考察をとおして、彼の生きた時代の日常性に直面し、そこに、その成り立ちを明らかにしなければならない「自然科学的世界観」を見いだしました。この世界観は、崩壊どころか、ますますその支配力を日常生活に及ぼしていますが、フッサールは、この世界観の起源と成り立ち、ならびに構造を、その根底から徹底的に照らしだしたのです。では、そのような徹底した哲学の考察にフッサールを駆りたてたものは、いったい何だったのでしょうか。それは、彼が敏感に、また痛切に感じていた、彼が生きた「時代精神の危機」、つまり、本来、具体的な生活との深い結びつきを根底から解明することができるはずの「真の哲学が崩壊に瀕している、そのような危機」でした。

対話哲学のブーバーは、一九二三年、『我と汝』の出版をもって、本当の「出会い」が危機に瀕しているという現実を訴えかけました。ブーバーは、フッサールの『ヨーロッパの学問の危機と超越論的現象学』（ナチスのユダヤ人弾圧のなか、一九三五年、ウィーンとプラハで大きな反響を呼び起こした公開講演がもとになり、ベオグラードで一九三六年に出版、以下『危機書』と記す）という書物に、自分が感じた同じ深刻な「危機意識」を読み取っています。その「危機意識」とは、第一次世界大戦というできごとに発しています。まさにこのとき、西洋の合理性と科学性に依拠した政治と経済機構がもたらすはずの人間の繁栄は、世界大戦、つまり、科学技術を駆使した相互の殺戮という現実に、無残に打ち砕かれ、取って代わられたのです。

フッサールが『危機書』で描いた時代の危機に対する処方箋は、もちろん、ヨーロッパの学問そのものの否定とか、科学文明の否定ではありません。フッサールが試みたのは、合理的科学的思考そのものの起源と生成、ならびにその構造の徹底した実態解明でした。彼は、当の自然科学的世界観は、実は、「情感に満ちた私たちの日常世界（フッサールは『生活世界』と呼ぶ）」にその起源をもち、そこから生成してきた、といいます。しかし、自然科学という学問は、「生活世界を基盤にする」にもかかわらず、そのような自分の起源、いわば、自分の出生を忘れきって、「はじめ」から自存自立しているような幻想を抱き、それに呪縛されている、とフッサールは主張します。彼は、自然科学という学問の成り立ち（同時にその世界観を生きる私たちの日常の成り立ち）を現象学の「生活世界論」（第九章を参照）として呈示したのです。

この生活世界論は、日本では、六〇年代の学生運動の直後から七〇年代にかけて、頻繁に論ぜられましたが、実は、その本当の内容の解明は、徹底されないまま、今日に至っています。なぜなら、「生活世界」に戻れとはいっても、それは、ただその生活世界を重視してあらためて生きなおすことではなく、フッサールが解明していた、生活世界の只中で隠れて働いている「生活世界の規則性」が探求されなければ、本当に「生活世界を復権」したことにはならないからです。

それにもかかわらず、この「生活世界論」を中心にしたフッサールの後期の思想は、現代の現象学の発展に大きな影響を与えています。フランスの現象学者であるメルロ・ポンティ（一九〇八―一九六一）は、フッサール後期思想の「受動的綜合」（第五章を参照）にまっさきに注目して、「生活世界」に生きる私たちの身体を現象学をとおして分析しています。メルロ・ポンティの現象学はヨーロッパを超え、アメリカや日本にも大きな影響をあたえつつあります。日本では、たとえば、演出家である竹内敏晴氏の『ことばが劈かれるとき』（「語りかけ、語りかけられる身体」がこれほどまでに説得力をもって描き出されている本を、私は他に知りません）には、ブーバーの「我‐汝‐関係」論と同様、メルロ・ポンティの身体論が生き生きと活用されている様子が印象深く描かれています。

精神病理学の領域で、「受動的発生」や「受動的綜合」に注目しているのは、『自明性の喪失』で著名なブランケンブルク（一九二八―二〇〇二）です。統合失調症の患者には、日常世界の自明性を喪失してしまって、生き生きした奥行きを欠いた、凍てついた平面的世界を生きねばならない患者がいます。その患者がどうやって日常性を回復できるのか、ブランケンブルクは、統合失調症の治癒論に、「生活世界論」を援用しようと試みています。最近、彼は、「システム論」や生命科学の哲学である「オートポイエーシス論」に接近しているのですが、興味深いことは、当の「オートポイエーシス論」の推進者であるヴァレラ（一九四六―二〇〇一）自身、近年、フッサールの「生活世界論」を自己の理論の基盤にすえようとしていることです。

このような大きな影響にもかかわらず、フッサールの現象学を継続した多くの現象学者は、フッサールの中期と後期の思想の豊かな内容を十分に汲み取れていません。そして、その際取られた現象学の方法で、その最も重要な方法である「発生的現象学の方法」（第六章で扱われます）に十分な考察が及んでいません。この方法をとおして、フッサールは、「無意識」の現象学、つまり、「感情や衝動や本能」の現象学の領域を開拓しました。この領域は、人が意識する手前、つまり、気づく手前に、生命体としての人が他の人やまわりの状況との間に関わりが生じているような、いわば、「ことがすでに成っている」、その意味で、「事発的」な領域なのです。フッサールはこの領域を「受動性」の領域と呼びました（第五章で明らかにされる課題です）。

この「受動性」の領域の開拓は、現代哲学の展開にとって、最も革命的で画期的なできごとでした。この領域こそ、デカルト（一五九六―一六五〇）にはじまる近世哲学以来、現代哲学にいたるまで、問題にされたり、無視されたりしながら、未解決の問題でありつづけた「独我論（すべての存在の根源を自我にみる立論）の克服」の問題に根本的解決をもたらしました。また同時に、この領域は、心と身体のつながりを対立するととらえる「心身二元論」の問題にも、根本的な解決を呈示できる領域なのです。

「自我にのみ実在性を認める独我論が克服しうるかどうか」というのは、いいかえれば、本当の出会いが可能か、つまり、「本当の相手（汝）との出会いをとおして本当の自分（我）になる」ことができるのかどうか、という対話哲学の問いと同質の問いです。いったい「本当の相手に触れる」ということがありうるのでしょうか。この問いは、「あなたの肌の温かさは、私が感じる私の感じにすぎないのか」、「私の意識をとおしてしか、すべては与えられないのか」、また、「物や人を利用するということから開放された、ただただ感じる感触とか、色とか、音や情感は、芸術家だけに与えられた特権なのか（第二章を参照）」という問いといいかえることもできます。この他の人と自分を区別する、各自それぞれに生じている「私の」という意識は、私たちが生きるあいだ中、私たちの身体に染みついて離れないのか、振りきろうとおもっても振りきれない「眼鏡」（「原罪」、「エゴイズム」、「無明」など、色々な言葉で表現できます）なのか、という問題です。

いまから九〇年前（一九一一年）、西田幾多郎（一八七〇―一九四五）は、『善の研究』の序文で、「独我論が解消された」と高々と宣言しました。西田は、自我と他我の区別が生じていない「主客未分」において生ずる「純粋経験」に独我論解消の根拠をすえたのです。しかし、注意しなければならないのは、フッサールのいう「受動性の領域」は、この西田の「主客未分の純粋経験」には、対応していないことです。西田が独我論の解消を主張する「純粋経験」とは、むしろ、先に言及した「出会い」、つまり、ブーバーの「我‐汝‐関係」に対応するものだと思います。ということは、同じように「独我論の克服」とはいっても、フッサールの克服の仕方と西田とブーバーの克服の仕方は、異なっているといわねばなりません。

ブーバーの「我‐汝‐関係」は、普通、成人に起こることとされています。しかし、実は、それ以前に、各自の自我が形成される前に生じている、幼児期の「我‐汝‐関係」がある、とブーバーはいいます。フッサールのいう「受動性の領域」とは、実は、通常の成人の場合の「我‐汝‐関係」にではなく、幼児期の「〝我‐汝〟‐関係」の領域に対応しています。そして、この受動性の領域で生じている幼児の養育者との互いの関係を「受動的相互主観性（第八章を参照）」と呼ぶことができます。

ここで特に注意しなければならないのは、ここでいわれている「受動性」とは、文法上での能動態と受動態（たとえば「誉める」、「誉められる」）といったような「行為する当事者の能動」に対する「行為される当事者の受動」を意味しているのではないことです。そもそも、先に述べたように、ことがすでに成っているという意味で「事発」といっているのであり、いかなる自意識をもつ当事者も前提されないところで起こっているのですから、近世哲学の自我を前提にした「作為（action）か受苦（passion）」という選択肢ではとらえられないのです。したがって、「受動性はいずれ能動性になる前段階にすぎない」といった、あくまでも自我の働きから受動性を理解する誤解は、完全に払拭されねばなりません（第六章を参照）。

ブーバーは、この幼児期の「生まれながらの汝への関わり」の領域から「我」と「それ（特定の性質の集まりである物のような対象）」の世界が生成して「我‐それ‐関係」ができあがると主張します。ですから、この「受動的相互主観性」を、「我」と「それ」ができあがった後に生じている、普通の社会生活での「能動的相互主観性」ときちんと区別しなければなりません。成人の間に生じるブーバーの「我-汝-関係」は、フッサールにとっては、この「能動的相互主観性」を前提にして、しかもそれが突破されて初めて実現する「人格相互の関係」とみなされるのです（第八章を参照）。

「幼児期の〝我-汝〟-関係」（「受動的相互主観性」）と通常の「能動的相互主観性」が突破されて生じる「我-汝-関係」とを同じこととみてしまうと、自閉症や統合失調症に苦悩する患者を治すことはできません。たとえば、重度の自閉症のため、病室のベッドの上で緊張のあまりぶるぶる震えながら、すべてを拒否する患者に、その拒否にもかかわらず、医師が患者との「出会い」を求めて、「我-汝-関係」を結ぼうとすれば、患者の拒否は倍化し、病状は悪化するばかりです。[1] すべてを拒否する患者が、唯一拒否せずに、病室に医師が居るのを許したのは、その医師がなすすべもなく、患者を目の前にしていることを忘れ、自分のもの想いにふけり、居眠りしたときだけでした。自閉の緊張をほぐして安らかな睡眠をもたらしたのは、医師と患者という思いや病室という状況が与えるすべての意識の活動（医者の観察、看護にまつわるさまざまな配慮等々）が途絶えた「居眠り」でした。二人の居眠りがだんだん長くなり、それが繰り返されることをとおして、すべてを拒否していた患者が、黙って同室の人（医師）にみかんを手渡すようになり、そのうち、ぽつぽつと言葉の行き来も生じ、さまざまな経過ののち、完全に回復しました。母と子の昼下がりのうたたねのように、ただそばで寝ていることが、「幼児期の〝我-汝〟-関係」（「受動的相互主観性」）をはぐくみ、日常性の回復をうながしたのです。

1　松尾正氏は、『沈黙と自閉』という書物で、「沈黙」を本当に何も考えていない沈黙と、気遣いしたり、色々なことを考えている沈黙とに区別し、何の思いも行き来しない沈黙が「受動的相互主観性」をはぐくむことを説得力をもって描写しています。松尾正『沈黙と自閉』参照。

**第三の領域**：人格相互の交わりの領域（「我 - 汝 - 関係」）【8、10】自他の区別の解消と自他の統合、心身一如、生きられた宗教性（無心と愛）、真の人間の実現、理性の目的論【6】

**第二の領域**：能動性の領域、能動的相互主観性（「我 - それ - 関係」）、自他の隔離と主客の対立【8】、自他の身体の区別【7】、心身分離、知覚【2】と判断による学問の世界【1、9】、本質直観【4】と静態的現象学、個人と社会の成立【8】

↑ **基づけ関係**【5、6】 ↓ 発生的現象学【5、6】

**第一の領域**：自発性（受動性）の領域【5】、受動的相互主観性（「幼児期の“我 - 汝”- 関係」）【7、8】、“自他”の融合、宇宙的な一つの身体を生きること、感覚【2】と衝動による情動の世界【6】、根源的時間化【3、9】

**図１　フッサール現象学の三層構造**

このような何の思いも考えも浮かばない、眠りに近い沈黙と、言葉にしなくてもさまざまな思いと関心がさかんに行き交う騒々しい沈黙の違いは、自閉症の治療に、決定的意味をもっています。フッサールの現象学は、このような、まさに、思いが起こっていたり、起こらなかったり、あることに気づいたり、気づかなかったり、何かに関心を向けたり、向けなかったりすること、この日常起こっている当たり前なこと、それらがいったいどうやって起こったり、起こらなかったりするのか、このことを最も厳密に学問として、すなわち、哲学として解明することができるのです。現象学では、この「思い」とか、「気づき」とか「関心」は、すべて「意識」の働きとして総称され、意識の作用とそれに相応した意識の意味内容という「意識の志向性」の働き（第二章を参照）が、ありとあらゆる「意識」にわたって分析され、どのように生じているのかが解明されます。

その際、とりわけ興味深いのは、意識の分析が無意識の領域にまでわたり、「衝動や本能の覚醒」が現象学として分析されることです。自分と他人とを峻別することなく働いている、〝人と人〟の間を行き交う「その場の雰囲気」とか、「気分」とか、それらがどのように生じているのかが明らかにされていることです（第五章と第六章を参照）。

また、この衝動や本能の働きが「時間の流れ」を規則づけていること、つまり、私たちの日常で直接感じ、生きられている時間の流れ（楽しい時間は早く過ぎたり、退屈な時間はゆっくりながれたり、ときには時間が止まったり感じられる）の流れ方を根底から秩序づけていること（第三章、第六章、第九章を参照）、も明らかにされます。そして、それだけでなく、普通に「何時何分」とか、「宇宙が生じた時」とか数えている（第一章「数えること」を参照）客観的な時間は、宇宙ができたときから、あるいは、宇宙ができる前から、すでに「はじめ」からあるのではなく、この生きられている時間の流れから、他の人々との間で作り上げられていること、このことの解明が、「受動性」の現象学の成果として、強調されなければならないことなのです。われわれの日常を支配している自然科学的世界観の根底は、自然科学が前提にする客観的時間と客観的空間の起源が解明されることによって、はじめて、徹底して考察されるのです。

これまで「日常から立ち上がる哲学としての現象学」について述べてきたことをまとめながら、この本で取り扱われる問題の組織図にあたるようなものを描いてみましょう（図1を参照。【】カッコの中の数字は取り扱われる章の番号）。

第一の領域は、フッサールの後期現象学が開示した最も革命的で画期的な領域、つまり、「こと」が生成する受動性（事発性）の領域です。ここでは、本能の覚醒と衝動の形成が生じるなかで、受動的相互主観性（「幼児期の〝我-汝〟-関係」）が生きられています。そこでは、自分と他人の身体の違いがまだ形成されておらず、自我と他我も形成されていません。しかし、この領域が生きられているのは、幼児期に限られません。人の表情や身振りが自分に乗り移ってきてしまう、たとえば「もらい泣き」にみられるような、歌や絵や演技が人と人の間の情感の行き交いを成り立たせている、そのような場合にもこの領域が生きて働いています。つまり、感覚と情動の行き交う領域ですから、幼児期に限られるわけではなく、成人の日常を成り立たせている基盤として働いている領域なのです。

第二の領域は、自我が形成された後の、能動的な志向性が働き、ものごとを知覚して、判断し、行動している、普通、自意識を伴う日常的な意識活動が生じている領域です。ブーバーのいう「我-それ-関係」の領域でもあり、人の性格や能力が問題にされ、自分の利益と他人の利益が衝突したり、補足しあったりする社会生活が成り立ち、能動的相互主観性が働いている領域です。学問が成立している領域でもあり、物事の本質が問われ、現象学では、本質直観（第四章参照）をとおして意識の構成層の構造が解明される領域です。

第三の領域は、人格同士の交わりが生じる領域であり、ブーバーの「我-汝-関係」が成立し、自我と他我の区別が解消され、各自にとって最も創造的な活動が実現するなかで、人間が本当の人間となる領域です。西田のいう「主客未分」の世界であり、鈴木大拙がいう「無心」の世界でもあり、『弓と禅』で著名なE・ヘリゲル（一八八四―一九五五）の「射るということが起こる」世界でもあります。

これら三つの領域間の関係については、次のようにいえます。第一の領域は他の二つの領域を地盤として下支えしていて、第二と第三の領域が活動するとき、表面には出なくても、いつも隠れて働いています。海の潮流が海面の波頭を乗せているようなものです。そのような意味での下支え（「基づけ」ともいいます）です。独我論とか独在論というのは、経験論的であれ超越論的であれ（両者の区別について第八章を参照）、「自我」の出処と起源である第一の領域が現実に働いていることが十分考察できずに、後でできあがっている第二領域の「自我」が、はじめから存在するものと盲信して、そのような「自我」を観念として前提する観念論の一種に属します。自然科学的実在論も、第一の領域の規則性に気づかないのは観念論と同じで、第二領域で形成されている客観的事物をはじめから存在するものと前提して、すべてを因果的にそこから説明しようとするのです。

この第一の領域がどのように発見され、解明されていったのか、それを明らかにする方法は、発生的現象学の「脱構築の方法」といわれます。感覚や時間の意識の分析をとおして、非志向的な過去把持の働き（第三章を参照）が開示され、印象と過去把持の空虚な形態や表象との間の「連合」や「触発」の働きが、受動的綜合として解明され、最終的に、衝動や本能の働きがあきらかになったのは、隠れて働く意識の層を露呈していく、発生の秩序を解明する方法によるのです。

この本の目的の一つは、これまで述べられてきたように、フッサールの現象学をとおして、当たり前と思っている日常が、日常生活の真っ只中で、非日常的な驚きに変貌する様を少しでも描写することです。そして、この驚きに対面して、「一体この驚きはどこから来るのか」、それを明らかにしようと懸命になるフッサールと、考察の歩みをともに推し進めて、「この日常の不思議に目覚めること」、それがわずかでも実現できれば、この本の目的は、達成されたことになります。

# 第一章　数えること

## 第一節　きちんと数えること

私たちは、毎日、何かを数えています。「いま何時だろう」と時計を見るとき、「あと幾つあったっけ」と蜜柑《みかん》の残りを数えるとき、数えることは、日常のことです。こんな例をあげてみましょう。やっと数えられるようになった妹と、三つ上のお兄ちゃんが、たくさんある苺《いちご》を分けて食べようとしています。お兄ちゃんが、おいしい苺を一つでも多く食べようと、ずるして数えようとしても、妹は「正しく数える」ことはどういうことか、ちゃんとわかっていて、ずるはさせまいとするでしょう。お兄ちゃんが、「一つ、二つ、三つ、三つ、四つ、五つ」といいながら自分の苺を皿にのせれば、妹は、「だめ」、といって、もう一度、「一つ、二つ、三つ、四つ、五つ、……」ときちんと数えなおせというでしょうし、苺の代わりに、苺に似た赤い飴玉を妹の皿にのせようとすれば、「これ苺じゃない」といって本物の苺ととりかえようとするでしょう。

数えることを覚えたばかりの幼児でも、一つ一つ数を加えていくとき、それまで数えた数、すくなくともいま数えたばかりの数はちゃんと覚えていて、「いま三つだったから次は四つ」と数えます。また、何かを数えるとき、数えているものはいったい何なのか、ということがしっかりわかっています。つまり、「いま、他でもない、おいしい本当の苺を数えている」ことも、わかって数えています。

いったい、この数を加えていくときの心の働きは、どんなふうに成り立っているのでしょうか。間違えのない加算は、どう成り立っているのでしょうか。この問いが、現象学を築き上げたフッサールという哲学者が、現象学の成立時期に、本格的な哲学の問題として立てた問いでした。このような問いに対して、「なんてわかりきったことに時間をつぶすのか、物価、株価、利率、そういった重要な数値の情報をえて、景気の動向を占うことこそ大事なんだ」という声がすぐ聞こえてきそうです。

同じような批判は、ドイツを代表する文学者ゲーテが、ドイツを代表する哲学者カントに当てて、「私は、いろいろなことを知ることには興味があるが、知ることがどう成り立っているかなど興味がない」といったとされる批判にも共通しています。

またこの批判は、「死んだら魂はどうなるのか」という修行者の問いに対して、「そんなことを詮索するのは、毒矢にあたって死にそうなのに、毒矢が何でできているのか詮索したり、論議したりして、それがわかるまで、必要な手当てをしないのと同じだ」という仏陀の批判的な答えに通ずるところがあります。

これらは、「何であるか」、「どうあるか」という議論よりも、「役に立つこと」、「必要なこと」をすぐに実践するべきだ、という批判です。しかし、「哲学する」ということは、この「いったい何が、どうなっているのか」という問いを、本当にわかったと納得するまで、問いつづけることです。そして、このような問いを立てて、それによって、開けてくる世界がたしかにあります。

このような世界は、実は、いわゆる現実問題とされる「重要な数値を知ること」、「さまざまな知識を広め、深めること」、「生死の意味を極めるために修行すること」にも、実は、直接関わっているものなのです。このような哲学の問いを本当に自分で納得するまで、堅持することによって、それらに共通な世界が明らかになってくるでしょう。この開けてくる世界を解明しようとするのが、この本全体を貫く試みでもあります。

## 第二節　数えるということを自覚していること

さて、「数を数えていくときの心の働き」にもどって、フッサールが考えた道のりをたどってみましょう。

フッサールはこの問いに向かうとき、ウィーン大学で哲学を教えていた自分の師でもあるブレンターノという哲学者の考えを参照します。ブレンターノは、「心の働き」を考えるうえで、根本的に、次の二つを区別しています。それは、「喜んだり、悲しんだり、見たり、聞いたり、想像したり、思い出したり、判断したりする」といった心の働きそのものと、その働きをとおして心にもたれている「喜びや悲しみといった感情、見えている何か、聞こえている何か、想像されている何か、判断されている何か」、といった心にもたれる内容との区別です。この「心の働き」と「心の内容」の二つを取り違えてはならない、というのです。

というのも、心の働きを解明するとされている心理学者が、この取り違いをしていることに気づかないことが多いからです。彼らは、働きそのものではない、心にもたれている何かとして、感情を観察したり、見たり、聞いたりします。つまり、知覚される何か、想像されたり判断されたりする何かを、観察の対象にしているのです。しかも、その心にもたれる何かを、ちょうど物理学者が物の運動を測定したり、化学者が薬品を調合して反応を見るように「物」と同じように観察しています。しかし、心の働きそのものは、決して「物」と同じではない、とブレンターノはいうのです。

では、そもそも、心にもたれている何かではなくて、心の活動とか、働きそのものは、いったいどのようにして、理解できるのでしょうか。私たちの、日常の心の活動を考えてみましょう。たとえば、ある人を現にその場で見ているのか、「その人が来ればいいのに」とその人のことを思っているのか、というように、私たちは、自分が何をしているのか自覚しているのが普通です。たとえば、ある人と待ち合わせをしていて、その人が来なかったことを次の日、相手に電話で問いただすとき、昨日、その人が来るのを見ることができなかったのであり、その人の姿を待ちわびていた、来る姿を期待していたのだ、ということが前提になっています。自分が何をしているのかということは、きちんとそのときだけでなく、昨日の記憶としてさえ、残っているのです。

普通、私たちは、日常生活でこのような「何をしているのか、見ているのか、想像しているのか」などの違いに注意していません。それらの違いが意識に上ることはありません。しかし、これらの違いは、自分でわかっています。その証拠に、たとえば、授業中にもの想いにふけっている生徒に「しっかり聞きなさい」と注意する先生は、先生自身の心の働きの違いだけでなく、生徒の心の働き方の違い、「授業を聞かないで、ぼんやりもの想いにふけっていること」にさえ気づいて、それを注意し、注意された生徒も、先生の気づきと注意する言葉にしたがって、自分の心の働かせ方をきちんと区別しながら、実際にしっかり聞くように切り換えることができるのです。

このように、働いている最中でも、その働き方の違いに気づいているのですから、この気づきは、そのつどの心の働きに付随している気づきということができます。いわば、いろいろな心の活動に随伴する意識ということができるでしょう[2]。しかも、この随伴意識は、先の例にみられるように、自分の心が働くときに機能しているだけでなく、他の人の心の働きにさえ確認できるようです。

2　この付随する意識が、ブレンターノによって「付帯的意識」として、どのように考えられているのかについて、村田純一氏の『知覚と生活世界』での精緻な描写を参照してください。氏はここで、この「付帯的意識」は、他の意識活動とどう違っているか、という観点が、フッサールの「感覚」についての考え方に影響を与えていることを指摘しています。村田純一『知覚と生活世界』一六、一七、三四―三七頁を参照のこと。また、フッサールが、この心の働き方の違いに気づく独特の随伴する意識について、どのように語っているかは、本書九九頁以降を参照してください。

そして、ブレンターノは、このような「心の働き方の違い」を克明に描き、記述しようとするのが、自然科学的な心理学ではなく哲学的心理学だ、と主張します。ということは、ブレンターノの哲学的心理学は、通常の心理学のように心を自然科学の対象物と同じように外から観察するのではなく、随伴意識に与えられる心の働きそのものを、そのまま描写していこうとするわけです。

先の例にもどって、もう一度考えてみましょう。数を数えられるようになった妹は、一つ一つの数がちゃんとわかっていました。数えているときには、「一つに一つ加えると二になり、二に一つ加えると三になり、……」というように、加えるという心の働きと加えてできた数を区別できているわけです。だからこそ、お兄ちゃんがちゃんと加えていない（ちゃんとした心の働きをしていない）ことがわかって、数えた数（働きをとおしてできた数）を訂正できるのです。

さて、この「気づいている」とか「わかっている」、ないし「自覚している」という言葉（日本語）で表現されていることは、ドイツ語でも、それぞれの言葉に対応するドイツ語が考えられます。たとえば、フッサールが使うBewußtseinという語は、いま述べたいろいろな言葉の意味を含んだ広い意味での「意識」を意味しています。このBewußtseinという語は、普通、日本語では、広い意味で「意識」と訳されます（動詞としては、「意識する」、「意識している」と訳されます）。しかし、日本語の「意識」という言葉は、日常では、あまり使われません。「ちゃんとわかってるの？」という代わりに、「ちゃんと意識してるの？」と聞くお母さんはいないでしょう。この日常ではあまり使われない「意識」という語――Bewußtsein――は、ドイツでも日常語としてはあまり使われません。しかし、現象学ではとても重要な鍵になる言葉です。

フッサールはブレンターノが指摘した働きとしての「見ている、捜している、想い出している」といった心の活動、ないし働きを、総じて「意識の作用（意識作用）」と名づけました。たとえば、「数えるという心の働き」は、「数えるという意識の作用」とみなします。しかし、もし、心理学で、「心因性」とか「心の病気」とかいうときの「心」を「意識」と呼ぶとすれば、通常使われている「心」という言葉の意味の広がりを狭めることにならないか、と懸念されるかもしれません。またそれだけでなく、「心の働き方の違いがわかっている」ということは、フッサールの言葉だと、「意識の作用の違いを意識している」という表現になります。これは、「意識するのを意識する」ということですから、また、自分自身の働きを意識する、つまり意識が意識自身（自己）を意識するのですから、「自己意識」が成り立っていることにもなります。

すると、先に述べた、働きの違いを意識する「随伴する意識」と「自己意識」とは、同じことを意味しているのでしょうか。随伴する意識が、すべての意識作用にも伴っているとすれば、「自己意識」をしていないような意識活動はないわけですから、いわゆる、「無意識」、つまり、自己意識を伴わない「無意識」は、現象学で問題にできなくなってしまいます。このような問題について、ここで最終的な答えは出さずに、第六章で取り扱うことにします。では、次に、この「意識の作用」をめぐるフッサールの議論をさらに追っていきましょう。

## 第三節　数えていくつとわかること

妹は苺を数えて、数える心の働きである「数える」という意識の作用によって、「五つじゃなくて六つ」とか、「六つある」というように複数であることがわかります。いいかえれば、特定の「複数六」を意識したのです。五つとか六つとかいう複数の数の意識は、数えるという意識の作用をとおして、そのつど意識されています。この意識の作用をとおしてできあがっている「意識の内容」、つまり、ここでいえば、五つとか六つとかの特定の「複数の数という意識」、この意識内容がいつも、意識作用と対（つい）になって考えられています。

意識作用をとおして意識内容ができあがっていること、このことを「組み立ててできあがる」という意味で「構成」と呼びます。何かが意識されているとき、たとえば「六つ」と意識されているとき、その六つという意識内容は、数えるという意識作用によって組み立てられている、すなわち、構成されているというのです。数えるから、いくつあるかわかります。いくつという数がわかるのは、すでに数えるという意識作用が働いた後です。意識内容は意識作用によって構成されているということは、このことを指しています。

フッサールは、これを「数える」という意識作用と複数の数という意識内容に限定せず、すべての心の働きと、それに応じた（喜び、悲しみ、見えている何か、聞こえている何か、想像されている何か、判断されている何かといった）すべての心のもつ経験内容にあてはめようとしました。つまり、すべての心の活動は、「意識作用による意識内容の構成」によって成り立っているという考え方です。

しかし、それに対して、「そんなことはない、数える前にいくつ苺があるかは、はじめからいくつと決まっている。兄と妹が数える前に、苺の数は決まっていて、苺の方で増えたり減ったりするわけがない。たまたま、その兄と妹が数えていくつとわかっただけの話だ」、と反論できるでしょう。その証拠に、妹が数える前に、兄が幾つかくすねていれば、「もっとたくさんあった」と、妹は文句をいうじゃないか、ということもできます。しかし、漠然と「たくさんある」という意識内容と「六つ目、七つ目」と数えていった結果である、「全部で二〇個だ」という意識内容は、同じ意識作用によって構成されている、といえるでしょうか。

そもそも、苺を数える前に「あっ、苺だ」と苺を目にしたときの意識内容や、数えている最中に「これは飴じゃなくて本当の苺だ」、と他と区別して「苺」を意識するときの意識内容といったように、同じ苺についてではあっても、さまざまな意識内容と、それに応じた意識作用がみられるのではないでしょうか。「数える」意識作用とそれによる複数の数という意識内容も、それと同じように、ある特定の「意識作用と意識内容の対《つい》」となっています。「あっ、たくさんある」という意識内容もまた、それが構成されるためには、それに相応した特定の意識作用が考えられなければならない、というのが、フッサールの主張です。

## 第四節　たくさん見えることとそれを数えること

満開の桜の下で、花を見やりながら酒を飲むとき、「きれいに咲いた」と花を愛でる人はいても、この枝に花が何房ついていて、蕾はいくつ、開花したのは幾つ、開花率何パーセントと考えながらながめる人は、ほとんどいません。開いている花がたくさんかわずかか、そのぐらいの区別で十分なわけです。漠然とした「たくさん」とか「少し」の区別と、それを区別する心の働きである意識の作用は、はたして一つ一つきちんと数えているときに働いている意識作用と同じでしょうか。

一目して「たくさんか、少しか」わかることと、きちんと数えて加算することの違いを、フッサールは、ちょっと見ればわかる場合の、見ることによる「感性的綜合」と、きちんと数えて、考えてわかる場合の知性に関わる「カテゴリー的綜合」に区別します。そしてこの「ちょっと見て」という言葉には、「見て、聞いて、触わって」というように、普通「知覚」といわれる心の働きが意味されています。これは感性の領域での心の働きです。

ここで、「感性的綜合」というように、普通の「総合」という語ではなく、「綜合」という漢字を使うのは、たんにばらばらなものをとりまとめるのではなく、そのつど、まとまりが新たに生成する（宗《おおもと》となる）ということを表現したいからです。

カテゴリーという言葉は、ギリシャ哲学のアリストテレスに発して、ドイツの哲学者カントの認識論をとおしてよく知られている言葉で、数えたり、性質を比べたり、推測したりするときに用いられる、「知性の働き方の規則」という意味をもっています。そしてこの知性の働き方は、私たちの意識に直接、意識されているというのです。このような二つの「はっきりわかること」の違いは、それぞれの場合に、意識にはっきり与えられるということが、一体どういうことか確かめると、より明確になってきます。

たとえば、ある一冊の本を手にとって見ているとします。そのとき、手にしている本の重さと触わった感触や見えている表紙の色や印刷されている文字など、一連の諸感覚が与えられながら、一冊の本が「一冊の本」として直接自分に知覚されています。このとき個々の感覚に与えられている「本の重さ」の感覚、「本の表紙の触覚」、「本の表紙の色覚」、等々は、実は決してそれぞればらばらにではなくて、「一冊の本」という知覚にまとめられています。

桜の花の例であれば、ぱっと咲いた桜の色の広がりが風にゆれる光と陰りのなかで、「たくさん咲いた桜」と見られています。このとき個々の花房の感覚が一つの知覚へとまとまるまとまり方は、個々の感覚の境界がはっきり見える、積み木細工や組み込みパズルのようなまとまり方ではなく、境目のはっきりしない、溶け合っている「融合」のようなものだ、とフッサールはいいます。[3]

3　フッサール『論理学研究』第二巻の二、一四八頁（邦訳一七四頁）を参照してください。

それに対して、数えたり、比較したり、関係づけたり、結合したりしてまとめることをカテゴリー的綜合とか、カテゴリー的直観といいます。その場合、たくさんある本を一冊一冊数える場合のように、独立して個々別々に知覚されています。だから数えることができるし、複数の本の諸部分である本の大きさや重さや色やページ数を比較したりすることができるわけです。ということは、カテゴリー的綜合が成立するときには、諸感覚が融合して一冊の本という一つの知覚にまとまる感性的綜合を前提にして、そのようにしてできあがっている個々の本を、知性的に、いわば高次の段階でカテゴリー的綜合にまとめているのだといえます。だからこそ、苺の代わりに赤い飴玉を混ぜれば、妹はちゃんと「飴玉は苺じゃない」ということがわかるのです。つまり、ちゃんと知覚しているということです。飴玉が見えたとき、つやつやした表面やその赤い色が見えても、小さな黒い点々（種）が見えない、などの諸感覚をまとめる感性的綜合をとおして、「飴玉を飴玉」と見ていたのです。

ではこの「融合」ともいわれる感性的綜合は、いったいどんなふうに生じるのでしょうか。「ぱっと咲いた桜」はどう見えているのでしょうか。これを明らかにしようとするのが、次章の課題です。

さて、この第一章を振り返り、まとめてみましょう。

(1) 数えること、足し算や引き算をすること、その作用としての働きを意識作用と呼び、そのつど数えてできた結果を数えられた内容として意識内容と呼ぶことを学びました。

(2) また、さまざまに異なった意識作用（現実に知覚したり、あればいいと想像したりする）が働くとき、自分で何をしているのかわかっています。知覚しているか、想像しているか区別されて、自覚されているのです。

この自覚の働きを、それぞれの意識作用に随伴している随伴意識と呼ぼうというのでした。

(3) この章の最後の節では、きちっと数えていくつあるとわかるときのような知性の働きと、何か特定のものに注意しなくても与えられている感覚野のまとまり（たとえば視覚野に映る色のひろがり）に違いがあることについて述べられました。前者を知性の働きである「カテゴリー的綜合」と呼び、後者が「感性的綜合」と呼ばれ、後に、知覚と感覚の違いとして大事な区別になっていきます。

# 第二章　見えることと感じること

## 第一節　見えている世界はでき上がってくるということ

前の章では、漠然と見たとき「たくさんだ」と感じる心の働きと、一つ一つ数えて「複数」を作り上げる（構成する）心の働きとの違いについて述べました。ここで、この違いからはじめて、さらに、漠然とでも何かが見えている知覚の世界と「感覚」という言葉で述べられる感じている世界の区別について考えてみましょう。

私の机の上に梟《ふくろう》（この字は木の上にとまっている鳥の典型という意味なのでしょう）の置物があります。本を片手（翼？）にもち、片眼鏡をかけ、眼鏡をかけてないほうの目が中空をにらんでいます。まるで、本を読んだ後で何かを考えているような様子です。右上の壁には写楽の役者絵がはってあります。フクロウの置物には、ものとしての奥行きがあります。後姿を見たければ、置物をぐるっと回すか、首を動かして後ろを見ることができます。一方、写楽の絵にも目、鼻、額というように、やはり顔としての奥行きがあります。しかし、後ろ姿を実際に見ることはできず、想像できるだけです。

こんなふうに当たり前に見えている世界を描写してみて何になるのか、と思われるかもしれません。しかし、この当たり前に見えている世界のこの「見え」は、決して「当たり前」ではないのです。ブランケンブルクという精神病理学者は、こんなふうに見えることの成り立ちを、この当たり前の「見え」を失ってしまった患者をめぐる『自明性の喪失』という本で、大変印象深く描いています。[4]統合失調症の患者にとって、世界は、奥行きを欠き、私たちに運動や関わりを促す生き生きとした性格を失ってしまいます。「なにかを意識的に眺めているのに、それが私にはたらきかけてこないのは、恐ろしいことです。……なにを見ても、見えるのは表面ばかりで、なにかその表面で擦りむいたり、それにぶつかったりするみたいな感じなんです」[5]、とある患者はいいます。物の奥行き、描かれた絵の奥行きがなくなってしまう世界があるのです。失われた奥行きや当たり前に見える世界を再獲得することが、患者と治療者との間の生存をかけた課題となるのです。

4　ブランケンブルクは、現象学的な考察を、精神病理学で縦横に活用している精神病理学者として、大変著名です。特に『自明性の喪失』という主著では、統合失調症の患者に世界がどのように映っているのか、そしてその原因を、現象学で扱う自我論に即して、解明しています。
5　ブランケンブルク『自明性の喪失』（邦訳）一四四頁。

また、当たり前に見えている世界が、その成り立ちの歴史をもつことは、生まれながらに盲目だった人が、手術で目が見えるようになった事例でも、はっきり確認することができます。手術で〝開眼〟した人に見える世界は、私たちが通常見ているような、常態のノーマルな線と色とで、きっちり象《かたど》られている外界の視覚野として、与えられるのではありません。それは、混沌とした諸印象がぐるぐると渦まく世界であることが報告されています。〝開眼〟したとき、患者は、襲いかかってくる視覚上の刺激の洪水に身をさらすことになります。この場合、見える世界を獲得するのは、決して機械の機能を修復するように、容易なことなのではありません。なぜなら、はっきりした形と色をもたない印象の混沌とした渦巻きの世界に、秩序を築き上げていく格闘がそこに待ちうけているからです。その際、この苦闘に耐え切れず、自殺する人さえいるといいます。

このような見える世界の獲得がどのように達成されるか、その幼児期からの具体的な経過については、後の章（第七章）で正面から取りあげることとし、見えている世界は決して当たり前ではないことを確認したうえで、私たちにいま見えている「フクロウと写楽」にもどりましょう。

## 第二節　見える側と見えない側とのまとまり

フクロウの見え方は、実にさまざまです。朝の光にほの赤く浮きあがってきたり、蛍光灯の光に影を落としたり、電気を消した暗がりにひっそり場所を占めたりしています。ぐるっと横にまわせば、それまで見えていなかった、褐色の整った羽と尾が見えてきます。手にとってゆっくり回して眺めると、その見え方は無限に近いほど、さまざまな現われを示してくれます。それでいて、無限に近い現われの変化にもかかわらず、それらの無限の現われは、同じ一つの「私のフクロウ」の現われでありつづけるのです。この同じままでありつづける同一のものを、同一の「対象」と名づけます。対象というのは、われわれに対して、われわれの前にある象《かたど》り、事物という意味で、対象と呼ばれるわけです。

このフクロウという対象には、どこからどう見ているかによって、実にさまざまな、「見え」が与えられています。その「見え」の一つ一つが現われることを「射映《しゃえい》する」と呼び、その個々の現われを「射映」といいます。「射」は、弓を射るというように使いますから、一方向に向かうという意味で、「映」と一緒になって、一方向に映っている、ということを表現しています。この同じ対象であるフクロウが、一連の、ある方向をとる映《は》えである射映を通して見えています。このとき大切なのは、現に見えている側は、ただそれだけでなく、現に見えていない背後をも、あわせもっていることです。このような見え方は、置物のフクロウに限らず、暈《かさ》のある物の場合、すべてに当てはまります。

物が一連のさまざまに見える側面という射映を通して、一つの対象として見えていること、すなわち、この見えの成り立ちは、射映がそれぞればらばらに孤立しているのでなく、一つの対象の一連の射映として取りまとまっていることによります。この取りまとまりを綜合と呼び、この綜合のされ方を、フッサールは、第一章で扱った感性的綜合にならって、「融合的な綜合」[6]と呼びます。ただし、この融合的な綜合は、綜合であり、一目で与えられているように見えても、個々の射映を取りまとめている働きです。そして、それだけでなく、このまとめられている個々の射映そのものが一つ一つ、その特有な与えられ方をもっています。ですから、一つの対象の綜合は、実は個々の射映という意識の仕方がまとまっているものとして、一段階上の綜合する意識、ということができるでしょう。

6　フッサール『イデーンⅠ』九二頁以降からの引用です。なお、「射映」については、『イデーンⅠ』の同じ頁以降（邦訳一七八頁以降）を参照してください。

しかしフッサールは、この射映と綜合、見えている側と、いままで見えていて見えなくなった側や、まだ見えていない側とのまとまりを、確認するだけで、見えている物の世界の描写が十分できたと考えるのではありません。さらにこの融合的綜合がいったいどのように構成されているのか（作り上げられているのか）を問いただすだけでなく、さらに個々の射映そのものの成り立ちをも、問うていきます。どうしてそのような問い詰めが必要であり、またどのように、そのような分析が実際に可能なのでしょうか。

現象学とは立場の異なる哲学に、分析哲学があります。この哲学の立場は、この見える側と見えない側のまとまりを認めていますが、それを、それ以上たどっても意味のない、物の知覚の「事実」とみなします。そして、この事実が言葉で表現されているその表現のされ方だけに注意して、知覚の世界の了解が明らかになると考えるのです。

この分析哲学の場合、フッサールのいう融合的綜合は、すでに知覚の事実とされ、その事実が他の事実とどのように異なって表現されているかを確認すれば、それ以上、その事実について問うことはありません。また、この立場にとっては、右に取りあげた物のもつ「かさばり」や「奥行き」も、同様に知覚の「事実」として認められはしても、その成り立ちが問われることはないのです。物が前景や背景をもって見えていることは、それ以上、その意味の区別や成り立ちを問えない視覚上の事実だということになるからです。

とすれば、このような考え方では、そのような事実が崩壊してしまうといった事態に対して、たとえば、奥行きが見えない精神病患者や、盲目で生まれた人の〝開眼〟の手術後に、その人に迫り来る印象の混沌という事態に対して、事実を事実として組み立て直したり、修理したりするほか、事態を解決する手段は見あたらないことになります。事実と事実の因果関係を観察する自然科学的な「事実学」が治療に対する唯一の解答ということになります。これは、フッサールの主張する意識の構成の仕方とその成り立ち、構成の仕方を意識そのものを分析して解明する方向とは根本的に異なっているのです。

## 第三節　意識はそのままですでに「何かについての意識」であること

見えている側と見えていない側について、もう少し詳しく、私たちの意識に与えられている「与えられ方」の違いに即して、描写していくことができます。置物のフクロウを見ているときには、その見えている側と、実際には見えてはいなくても、ある一定の仕方で意識されている見えていない裏側が、同時に与えられています。見えていない側がどのように意識されているかということは、写楽の絵を見れば、はっきりします。写楽の絵の場合、後姿は想像をたくましくしなければ与えられませんが、フクロウの場合、あえて想像しなくても、見えていない側がそのまま与えられているのです。

もちろんその場合、どんな後ろ側が与えられているかは、さまざまでしょう。はじめて見るときは、そのフクロウに裏側があることは、意識されてはいても、どんな裏側かは、意識に与えられているわけではありません。他方、フクロウを手にしてゆっくり回して見た場合、見たばかりの裏側がどうなっているかは、意識に与えられています。しかし、見えない側がさまざまに異なって与えられていることがここで重要なのではありません。ここで最も重要なことは、「見えている意識」と実際に「見えてはいないがそこに与えられている意識」との根本的な意識のされ方の違いです。

この問題に直接、向かう前に、これまで述べてきた「意識の仕方」、「与えられ方」という場合の、この「意識」といういい方そのものが現象学でどう理解されているか、これまでのフクロウと写楽の絵の例にもどって、もっと、はっきりさせておきましょう。

いつもの見なれたフクロウの置物を手にしながら、ゆっくり回してみたときに、いつもの整った褐色の羽に、子供が貼り付けたミッキーマウスのシールが見えたとします。「あれっ？」、と違いに気がつくのが普通ですが、それは、どうしてでしょうか。どうして「あれっ？」と思うのでしょうか。手にしたフクロウに見えない裏側があることは、わかりきっています。そしてそれと同時に、ただの裏側ではなく、自分のよく知っているフクロウの整った褐色の羽であることもわかっています。その褐色の羽は、実際には見えていなくても、また、わざわざ想像しなくても、それとして予測されています。

この無自覚的な予測、ないし前もっての期待という意味での予期があるからこそ、その予期に反する意外（思いの外《ほか》）という気持ち、「あれっ？」をもつわけです。いつもの通りの褐色の羽が見えたのだったら、そのまま自覚せずに見ていて、前もって働いている予期などに気づくことはないでしょう。気づかずに働いている予期が予期された通りに満たされて、外れることがないからです。

予期は、この場合、自覚はしていないとしても、予期ですから、「何か」の意味（右の場合の「褐色の羽」）を予期しています。この何かがあるから、その通りだったり、外れたりするわけです。そして、この予期に限らず、あらゆる意識活動は、「何かを意識している」、「何かに向けられている」という意味で、意識は意識である限り、「何かに向かっている」という性格、つまり「志向性をもつ」、と現象学では主張されています。この当然に思える、意識が「何かに向けられている」という「意識の志向性」は、なぜことさらに、強調される必要があるのでしょうか。

普通、何かを見るというとき、自分の心が自分の外にある「何か」を見ると考えます。ですから、「何見てるの？」と聞くとき、その人の外に何かがあって、その何かを見ているということが、前提にされています。「何かあるので、注意してそれを見る」というわけです。こうして、「見る」とか、「聞く」とかいう知覚の場合に、見たり聞いたりする「主観」（主は主人の主、観は「観光」の観でよく見ることを意味し、見る側という意味ですが、広く一般に、心の活動が起こり、それを担っている側を意味する）と、見られたり聞かれたりする側である「客観」（お客の客であり、主人に対してお客は入れ替わり立ち替わりさまざまに異なって現われる）が、二つ並び立つ構図が、できあがっています。

このことによって、近代の「主観と客観の二元論」（元は元気の元で、「もと」という意味ですから、もとが二つになっている論議という意味）が、よく問題にされるわけです。このような二元論の構図のもとでは、意識は主観の側に属すると考えられます。しかし、フッサールのいう意識は、このような二元論の主観の働きを意味していません。フッサールの場合、意識は、注意を心の光に比べて、何かを照らしだす灯台の光のようなものではないのです。

そうではなく、ちょうど先の「フクロウの置物」の例のように、意識はすべて、自覚せずにすでに何かが予期されながら、それと気づく前に、すでに何かに向かってしまっているものなのです。二元論の枠組みでいえば、意識という主観が物という客観を意識してとらえるのか、あるいは物という客観が意識という主観を刺激して何かが意識されるか、そのどちらかということになりますが、フッサールのいう意識はそのどちらの場合の主観としての意識にも該当しません。そのような主観と客観がまずあることを前提にしないで、「何かを意識してしまっている」というそのことが、まずはじめにあり、そこを出発点にするのです。

現象学は、この何かを意識しているということ（たとえば、「フクロウが見える」ということ）がはじめにあって、これを出発点にして、この何かに向かっている意識の志向性を、二つの観点から分析します。

一つは、何を意識しているのかその「意識内容」に注目する観点で、二つ目は、どのように意識しているのかという「意識作用」の観点です。その分析の際、重要なのは、意識内容と意識作用との間に密接な関係があることです。

たとえば、第一章で「見るのか想像するのか」という意識作用の違いについて述べました。待ちわびた人を実際に見るのか、来ることを期待してその人の姿を人ごみのなかで探すのか、その意識作用の違いがあります。この違いが実は、意識内容の違いにはっきり反映しています。というのも、「現に見えるその人の姿」という意識内容と、「探し求めるその人の姿」の意識内容は、はっきり異なっています。

自分の受験番号を現に合格者の掲示板に「見る―見えている番号」なのか、「探す―探している番号」なのかの違いがわからない受験者はいないはずです。「探している番号」には、「見えている番号」の具体性が欠けています。フッサールはこの具体性をLeibhaftigkeit（身体のように与えられているという意味で有体性）といい、見たり、聞いたりする知覚に特徴的だとします。知覚された何かという意識内容は、知覚という意識作用に相応して、想像された何かという意識内容は、想像という意識作用に相応していること、このことをフッサールは意識作用と意識内容の「相関関係（お互いに相応する関係）」と呼びます。現象学の意識分析というのは、この「意識の相関関係」の分析を意味します。

この相関関係は、ことさら分析など必要としない、わかりきったものに思えるかもしれませんが、そう単純なものではありません。たとえば、「他の人の悲しみが伝わる」というとき、自分の悲しみとまったく同じ悲しみが、自分が悲しむのと同じように、伝わっているでしょうか。それがはっきりそうだ、といえるためには、その「他の人の悲しみ」と「自分の悲しみ」という意識内容に注目し、違いがあればそれを分析し、その違いに相関している「悲しみ方」という意識作用の違いの分析を、しなければなりません（これが第八章の課題です）。

こうして、現象学の場合の意識というのは、繰り返しになりますが、二元論的に、心である主観が意識作用として働き、物である客観をある特定の意識内容として構成する（作り上げる）、というように理解されてはならないのです。まずもともとにあるのが、この「何かを意識している」という事態そのものと、その意識の相関関係です。この事態を出発点に取るということは、主観（心）と客観（物）の二元を出発点に取るのとは、その根本において異なっているのです。このような根本的な意識の事態に立ち戻るということが、現象学という哲学の基本的な考察方法なのです。

この現象学にとっての「元（意識という事態）」に戻ることを、「還」（かえる、ないし、もどる）という意味の語をつかって、現象学の「還元」、すなわち「現象学的還元」といいます。この「現象学的還元」の方法なしに現象学がありえないのは、ある特定の出発点や立場をとることなくして、学問としての哲学が成立しえないことと同じことを意味しています。この方法と出発点が他の哲学の立場とどのように違っているか、その結果、どんな見解の相違が生まれるかは、これからの考察で、ますますはっきりしてくるでしょう。

さて、この節ではじめに立てた問いである、「見えている側」と「見えていないが、与えられている側」の意識のされ方の違いに戻りましょう。これまで、フクロウを手にしているときの後姿の見え方を問題にしてみて、前もっての予期が、満たされるか満たされないか、という違いについて述べました。意識はそのつど予期として、何かについての意識として、志向性をもっています。その志向性の「何かの意味（たとえば、自覚はしていないが、予期している〝褐色の羽〟

という意味)」が、満たされる以前を「空虚」と呼び、満たされた場合を「充実」と名づけます。

フクロウをぐるっと回すとき、見えている側は、その見えている側としての志向性は満たされ、「充実」されています。先に述べた身体のような具体性(有体性)をもって、知覚されています。しかし、そのとき同時に与えられている、〝褐色の羽〟という「空虚」な予期としての志向性は、はじめは、現に見えていないのですから、空虚のままです。そして、その褐色の羽が実際に見えてくるとき、その無自覚的な予期が満たされ、充実されるわけです。ですから、何かについての意識の志向性は、いわば、そのままでは空っぽ(空虚)な何かの意味の枠組みをいつも投げかけてしまっている、ともいえます。この意味の枠組みが、充実される場合を、「直観される」とか、「直観にもたらされる」、といいます。

では、この空虚な意味の枠は、いったい何によって、満たされるのでしょうか。実は、次節で解明される「感覚素材」といわれるものによってなのです。このことについては、次節を待つことにして、充実され、直観されている志向性と空虚なままにとどまっている「空虚な志向性」との区別を、とても大切な区別として、ここで確認しておきましょう。

## 第四節　感じること、感覚と知覚の違い

さて、置物のフクロウの姿が、千差万別に見えると述べました。そこで、このフクロウが片方の羽でもっている本の部分に触わってみることにしましょう。この材料は石ではないらしく、合成樹脂のほのかな温かみを感じます。では、ここでいう「ほのかな温かさを感じる」というときの意識はどう働いているのでしょうか。「暖かさ、暑さ、涼しさ、寒さ」といった体感や「柔らかさ、硬さ」といった触覚、「甘さ、すっぱさ」といった味覚、また「コーヒーの香り、ガスの臭い」といった嗅覚など、いわゆる感覚の世界は、実に多彩で奥の深いものです。それだからこそ、「有名な陶磁器の特有な色つや」とか、「あの店だけのラーメンの味」とかいって、感覚上の質的価値が強調されるのです。

フクロウがもつ本の「ほのかな温かみ」は、いつも変わらずにそう感じるわけではなく、風邪をひいて熱があれば、冷たくも感じます。ただこの変化の仕方は、フクロウをさまざまな角度から見て与えられる射映の変化とは、かなり違っているようです。

当然のことながら、温かさは、物として、一つの対象なのではありません。同一の対象でありつづけるフクロウは、さまざまな射映をもって、さまざまな角度から見えるのに対し、温かいと感じるときのその感じは、さまざまな角度から感じているわけではなく、温かいと感じるがままに、そう感じています。無論、温かかったのが冷たくなったり、また急に熱くなったりする変化はありますが、冷たくなれば、冷たいと感じ、熱くなれば、熱いと感じる、ただそれだけです。

フッサールは、物を見る視覚の場合、物が射映を通して、ある特定の物として見られているのに対して、触わって冷たいという触覚は、射映を通して与えられているのではなく、その触っている身体の部位、たとえば指先にそのまま感じていることを強調します。そして、この感覚が身体の部位、たとえば指先に感じられる場合、そのような身体の特定の部位に結びついている感覚を、感覚態（Empfindniss）と呼びます。[7]

7　フッサール『イデーンⅡ』一四四頁、および次頁を参照してください。そこで、フッサールは、感覚態は、身体の部位に結びついてはいても、そこを外から物理的に観察して、ある特定の広がりと特質（外から測定しうる硬度、色、温度等）をもつといった、外的な身体と結びつけているのではなく、身体の表面でだったり、身体の内側から感じたりする身体の部位で、そのまま感じる、感覚態であることに、注意をうながしています。

ただし、ここで注意しなければならないのは、身体の部位を特定するときの身体の部位がもつ対象の意味です。たとえば、「歯の痛み、足の痛み、頭の痛み」というように、いろいろな痛み方を身体の特定の部位に結びつけて表現します

（部位を特定できない、どこの痛みかはっきりしない痛みもありますが、ここではそれを括弧にいれておきましょう）。医者も、痛みがどこから発しているのか、特定できないと、痛みを除くことができません。つまり、身体の部分である、手足などの対象の意味に、その痛みを結び付けて意識するときと、特定できずに、痛みを感じるがままに感じているときとは、痛みの意識の仕方が違っている、とフッサールはいいます。[8]

8　フッサールは、この感じられたままの感じと、対象に結びつけた感覚とを、きちんと区別しています。「健康な歯がずきずき痛むように思われることもある。このような錯覚が生じる可能性は明らかである。すなわち、知覚される対象は、体験されているがままの痛みではなく、歯と結びつけて超越的に〔外にある事物に結びつけてという意味〕解釈される痛みである」（フッサール『論理学研究』邦訳、第四巻二七三頁）

この「感じるがまま」という特有の意識の仕方を、フッサールは、「感じること」と「感じがあること」とを切り離して考えることができない、といういい方で表現します。[9] それに対して、「ある対象を見ること」と「その見られた対象があること」とは、いつも一致しているとは限りません。たとえば、本の影に置物のフクロウの尻尾が見えているとおもったら、ぬいぐるみの子犬の尻尾だったというように、そこに「見えるものがない」という、見間違いはいくらでもあります。しかし、「感じ―間違う」ことは不可能です。

9　フッサール『受動的綜合の分析』（邦訳）三〇頁以降を参照してください。

もちろん、ある特定の感じを身体の部位といった対象に結びつけて、たとえば、痛む虫歯とその隣の健康な歯を間違えたり、合成の皮のハンドバックを本皮のハンドバックと間違えた、ということは、いくらでもあります。しかし、虫歯であれ、健康な歯であれ、また、本皮であれ、合成であれ、いま、問題にしているのは、その感じているときの感じそのもの、つまり、痛みそのもの、ハンドバックの表面の触った感じそのものなのです。この感じそのものは、たとえ夢であろうと、現実であろうと、怖い人の顔は怖いのであり、だからこそ、夢で怖くて、うなされて、汗をかいたりするわけです。

見間違いの場合、一瞥して、フクロウの尻尾をそこに見たとき、一つの射映が現われ、見えている側面と見えていない側面が同時に与えられ、その一瞬の見えに即して、それをフクロウの尻尾と見た、ないし、見なしたのでしょう。普通ものを見るとき、わざわざ一連の射映をまとめずとも、一瞥でそれが何であるか、わかります。本物かな、と不信に思うとき、多くの射映にことさら注意して、それをとりまとめたり、もっと近くにいって、より詳細な射映を獲得しようとして、よく見たりするわけです。

しかし、感覚の場合、まさに感じたままが、意識に直接、与えられています。ですから、フッサールは、感覚のような直接的な体験は、空間的な物の知覚のように射映することはない[10]、と主張します。そして、この感覚は、外に在るとされるものの知覚、「外的知覚」に対して、内にそのまま与えられて在るという意味で、「内在的知覚」とも呼ばれます。

10 フッサール『イデーンⅠ』の七七頁（邦訳一八三頁）を参照してください。

この内在的知覚と外的知覚の区別は、感覚と通常の意味での知覚の区別と見ることができますが、ここで、両者の関係があらためて問題にされなければなりません。そのときまずいえることは、温かさ冷たさなどの体感や痛さなどの触覚や味覚などの場合の、内在的知覚である感覚が、「机の硬さ」とか、「バラのとげの痛さ」など、外的知覚の対象と結びついた感覚の土台になっていることです。ということは、何の硬さかわからなくとも、何の痛さかわからなくとも——ためしに目を閉じてものに触ったり、中が見えないようにした箱の中のものに、穴を通して手探りしながら触ってみてください——「硬さ」と「痛さ」を感じていることからしても、この感覚という特有な意識の働きが、外的知覚とは異なった働きとして別にあることは確実なことです。

しかし、それにもかかわらず、感覚と知覚の区別について、現象学者の間にさえ、別の立場があります。「見えている褐色の羽」、「聞こえているバイオリンの音」、それらが直接、意識されているのであって、直接、意識されているのはそれだけであり、それを別にして、見えているままの色の広がりとか、聞こえているままの音といった、特別な感覚という意識の働きを考えなければならない必然性は、どこにもない、という考え方があります。私たちの意識に直接、経験されているのは、たとえば、「あの人の赤いセーター」であり、物の知覚を別にして、見られているままの赤など意識されていない、とするのです。

しかし、何の色でもかまわない、何の音でもかまわない、いま見えているがままの色の広がり、いま聞こえているままの音の響き、これらは、ただ、画家に与えられた色、音楽家に与えられた音にすぎないのでしょうか。そんなものは、具体的なものに属する色や物から、見える色や聞こえてくる音を、そのものとの結びつきを捨てて、象《かたど》った、捨象してできたものにすぎない、すなわち、哲学者が共通なものを抽出し、捻出して象った抽象物にすぎないのでしょうか。そうではありません。生まれながらに盲人だった人が、開眼のあとに格闘している、その人の視野の「印象の渦」とされるもの、つまり、到底、対象という形をもたない混沌とした印象の渦は、たんなる具体的対象から抽象した抽象物とは、決して言えません。それらは、生命体と周囲世界との間の秩序が成立するまで、その生存を脅かすような混沌という何かではあっても、哲学者の頭のなかの捏造物や仮説で立てたイメージといった、たんなる抽象物であろうはずがありません。

ある外にあるものの知覚に際して、複数の射映のまとまりがみられるとき、その一つ一つの射映には、ある特定の色の象られた広がりがみえます。褐色のフクロウの尻尾が子犬の尻尾に変わるとき、一瞥して褐色の尻尾だったものが、新たな射映が付け加わることによって、子犬の尻尾として見られました。この変化を誘ったものは、いったい、新たに加わった射映を他にして何でありえましょうか。この射映の内容をなしているもの、ある特定の色に象られた広がりこそ、ある対象の色とか形とかいわれる以前の、見られたままの色と形、すなわち色や形の感覚の意識にほかなりません。そして、この感覚は、一つの対象として取りまとめる知覚の、いわば材料になっているので、その感覚の内容の側面に関して、「感覚素材」と呼ばれ、その感覚が与えられている時間の位置に関連づけて、その感覚の、局面的な「感覚位相」という言葉が使われます。

このとき注意されなければならないのは、これまでの記述で明らかなように、この感覚素材は、まったく質をもたない無内容の、ある物理量といったものではなく、特定の「意味内容」を帯びていることです。そして、問題は、この意味内容をどう理解するかにかかっています。こうして、ある感覚位相に位置づけられる感覚素材のまとまりが、知覚の土台であり前提になっているというのが、フッサールの基本的な考えです。このことが最も明確に、疑いようもなく、現象学的に根拠づけられているのが、次の章で取り扱う、時間の意識の成り立ちをめぐる、音を聞くという聴覚の場合です。

さて、この章を締めくくるにあたって、感覚と知覚の違いを整理しておきましょう。

(1)「何色」、「何の痛み」というように知覚される以前の、「見られているままの色」、「感じられているままの痛み」という感覚の領域があるということ。

(2) 感覚は内在的知覚とも呼ばれ、それが「あること」は疑いえないが、外に知覚される物が「あること」は保証されていないこと。

(3) 対象の知覚は一連の射映をまとめて統一することで構成されるが、感覚内容は、個々の射映そのものに他ならないこと。

(4) 感覚である色の広がり（感覚内容）は、感覚素材のまとまりであり、感覚である痛みの持続も同様、感覚素材の持続的なまとまりである。そのとき、それらの感覚素材の質がそれとして区別されており、それぞれの感覚位相のまとまり方にも秩序があり、その秩序が明らかにされねばならないこと。

これらの論点は、次章以降で、さらにさまざまな具体例とその分析をとおして、論拠づけられていきます。まずは、(4) でいわれている感覚の質の変化、「いったいこの歯の痛みはいつおさまるのか」といった例にみられる、ある「感覚の長さ（持続）」の成り立ち、つまり感覚と時間のつながりについて、次の章で明らかにしてみましょう。

# 第三章　時がたつこと

普通、私たちは、時間をどんなふうに経験しているでしょうか。もっとも身近な例は、約束の時間に間に合うかどうか、という例でしょう。なぜそれが深刻かといえば、過ぎてしまった時間は、もとに戻らないからです。このもとに戻らないということが時間の「不可逆性」と呼ばれるものです。何かが起こったら、起こったのであって、起こる前と起こった後には、のっぴきならない「時間の前後」という秩序があります。落として壊れた瀬戸物の人形をみて、落とす前に戻れたらと思っても、落とす前には戻れません。

そして、このことと並んでよく経験されることは、物理的にみて同じ一秒間が人によって、また、状況によって、長く感じられたり、短く感じられたりすることです。一つの極端な例をみてみましょう。ある店で店員が洋弓をお客さんに見せていたとき、不意に、矢が外れ、店員に向かって、放たれてしまいました。幸いにも矢は店員の耳元をかすめ、後ろの壁に突き刺さりました。このときその店員が語るには、矢が自分に、スローモーションの映画を見るように、ゆっくり飛んでくるのが見えた、というのです。〇・〇何秒が二〜三秒に見えたという例です。

また時間が延びるように感じる他の例はいくつもあります。よくスポーツ選手の話として聞く例ですが、絶好調の打者にとって、投手の投げるボールが止まっているように見えるとか、卓球選手にとって相手の動きがゆっくり見える、といった例です。また、その反対に、楽しいことをしていて、時間があっという間に過ぎてしまう、ということもよく経験されます。このような「時間がたつ」という経験と「時間の延び縮み」の経験は、いったい全体、どのようにして、このように、経験され、意識されているのでしょうか。

しかし、この「どうやって経験されているのか」、という問い、こんな問いに、見いだされる答えがあるのでしょうか。このような経験をしたとしても、どのようにして経験されるのかという経験の仕組みや根拠は、日常生活で問われることはめったにありません。普通、人が考えて疑わないのは、「誰にでも同じ速さで流れる、物理的で客観的な時間があり（誰でも、公平に年を取るのであり）、その同じであるはずの速さを、それぞれ各自、主観的に短かったり長かったり、感じているだけだ、すべてのできごとが同じ速さで流れる時間の流れの上に乗っている」という考えです。

ですから、この「みんなに共通の客観的時間」とされるものが、実は、「人々の間にできあがった約束事である」といえば、そんな馬鹿なことはあるはずがない、それは、哲学者の詭弁だ、という反論がすぐ返ってくるでしょう。しかもやっかいなのは、この約束事が、そもそも「約束事であること」をほとんどの人は自覚していないことです。というのも、多くの場合、自分でそれと気づかずに、つまり、自覚されずに、時計を読むことを他の人と一緒に学校で学ぶことをとおして、自然に身についてきた約束事だからです。

このような約束事が、どのようにして成立したのか、この途方もないと思えることを考察（反省）してみようというのが、現象学の重要課題の一つである「時間意識の分析」なのです。

ただし、この客観的時間が他の人々と言葉や数などの共通の知識をとおしてできあがっているということについて、その成り立ちを誰もが納得できるように説明することは、この章だけで一挙に達成できることではありません。客観的時間というときの、「客観的」という意味は、誰にでも妥当するということです。「誰にでも妥当する」ということは、各自の「主観的な時間の経験」を超えて、客観的といえる時間の経験の成り立ちを説明しなければならないからです。したがってこの章では、「主観的な時間の経験」と言われる、右に述べた「時間がたつ」という経験と「時間の延び縮み」の問題だけに限って取り扱うことにしましょう。

## 第一節　今、鳴ったばかりの音を覚えていること

まず、「時がたつ」という経験ですが、この経験を、「音を聞く」という例で解明しようと思います。知っている曲をピアノの鍵盤を人差し指でたたいて弾いてみる、という例を取りあげます。習ったばかりの「さくら」の曲を、妹の直美が一生懸命、卓上ピアノで弾いてみようとしています。はじめてですから、よく間違えます。間違えた音は、一旦たたいた以上、もうそこで鳴っていて、それを弾く前とは、決定的に違っています。こぼした水と同じで、弾く直前に戻れないので、もう一度、はじめから弾きなおします。

「さ」にあたる鍵盤をたたいて聞きます。「く」の鍵盤をたたいて聞きます。音階でいうと同じ「ソ」の音です。「ら」の鍵盤をたたきましたが、たたく鍵盤を間違えて、一つ音をはずし、聞き覚えたあの「ら」の音が聞こえません。「苺」を数えるときにもいいましたが、今ちょうど「三つ」といったのか「四つ」といったのか、そのとき、ちゃんと覚えていないと、苺を数えられないように、このとき、「さ」の音と「く」の音がちゃんと聞いたばかりの音として残っていなければ、「ら」の音へのつづき具合がわかりません。その音が残っていなければ、次に聞こえた音が、正しい音なのか間違った音なのかの区別さえ、つかなくなってしまいます。

では、いったい、「ら」を弾くとき、「さ」の音と「く」の音はどこに残っているのでしょうか。オルガンであれば、鍵盤を押しっぱなしだと、ずっとその音が鳴りつづけていますが、ピアノですので、そのように鳴りつづけで残っているわけではありません。また、残響をつけようにも、妹の卓上ピアノには残響ペダルがありません。また、残響の少ない固い木琴でも、「さくら」は弾けます。そこに現実に響いている、現に在る（それを実在するといいます）残響だったら残響

として聞けますが、「さ」の音は、「ら」の音を聞くとき、同時に聞こえる実際の音としてそこに実在して残っている必要は、まったくありません。

心理学でしたら、鳴ったばかりの音が残っていることを「短期記憶」と呼ぶでしょう。短期記憶は、短くても記憶ですから、たった今でも、過ぎてしまって今はないものを、そして過ぎたばかりですが、過去のものになったものを記憶しているのでなければなりません。そして、この短期記憶に該当する意識の働きをフッサールは、過ぎ去るできごとを保っておく意識の働きとして、Retention：「過去把持」（本当は「過去保持」が適切な訳語かもしれませんが）と名づけます。

妹にとって、「さ」の音をたたいて、「く」の音をたたくとき、過ぎ去ったはずの「さ」の音は、覚えられたまま「く」の音が聞こえ、「ら」の音をたたくときには、「さ」の音と「く」の両方の音がその順番に覚えられたまま、「ら」の音が聞こえます。この過ぎ去ったばかりの音（音に限らず、どんなできごとでもいい）を「過去把持」するのは、いま過ぎ去った音を「過ぎ去った音」として、別にわざわざそうしようと思わなくても、覚えている意識の働きなのです。この過去把持によって、人が「過去の何か」というときの「過ぎ去る、すなわち過去」という意味が意識される、とフッサールはいいます。

しかし、ある特定の意識の働きが「過ぎ去った」という、過去という意味、意識内容を作る（構成する）とは、考えてみると、なんて奇妙な主張でしょうか。意識が働こうが働くまいが、現在から過去に流れていくのが時間であり、その時間の流れのなかで意識が働いたり、働かなかったりしているのではないでしょうか。フッサールは、このような常識的な、誰に対しても流れ去り行く客観的な時間についての考えがあることは、それはそれとして認めます。しかし、実は、このような考え方をする、その考え方には、そう考えざるをえないようにしてしまう仕組みがあり、その仕組みを現象学が解明できる、とします。しかも、いわゆる時計で測る客観的時間を使わずに、意識に直接、与えられている意識作用と意識内容の分析によってその仕組みを解明しようとします。そして、先に述べたような、同じ音がつづいたり、別の音が聞こえたりする、音の「持続と変化」の意識を出発点にして、その仕組みを明らかにしているのです。

となると、当然、この過去把持が過去の意識を形成するということは、いったいどんなことなのか、納得いくまで考えてみなければなりません。しかし、ここで、その前に、「過去のことを想い出す」という「想起」の働きが、過去と現在の意味の区別をつけることになる、つまり、「想起」によって過去という意味と現在という意味が理解されてくる、という分析哲学の主張を取りあげてみます。片方の現象学は、短期記憶に似た過去把持、そして、もう一方の分析哲学は、過ぎ去ったことを想い出すという「想起」、というように、一見して似ているようで、実は、まったく異なった考え方なのだということが、これからの記述で明らかになります。

## 第二節　感覚の変化と時間の意識

「さくら」の曲の「さ」の音が鳴って、過ぎ去っても、そのまま覚えているので、「く」の音のキーをたたいたとき、「さ」の音と同じ高さの音として聞こえます。同じ音の継続です。では、そのとき、どうやって、その二つの同じ高さの音が同じ音として聞こえているのでしょうか。「く」の音を聞いて、過ぎたばかりの「さ」の音を想い出して、つまり、想起して、その想起された「さ」の音と今、聞こえる「く」の音を比較して、同じ音と聞いているのでしょうか。「さ」の音をそのまま「覚えている」ことと、「さ」の音を「その気になって想い出すこと（想起すること）」は、そもそも、同じことなのでしょうか。

### a　言葉遣いの分析で過ぎ去る時間を説明できるか？

ここでいま、現象学の立場からではない、他の哲学的立場からみて、「時がたつ」ということが、どのように考察されているのか、紹介してみます。それによって、現象学でいう「過去把持」がどんな意識の働きなのか、はっきりさせることができると思うからです。

これから取りあげる言葉の使い方の分析をする分析哲学の立場は、過去について考えるとき、いままで取りあげた鳴ったばかりの音（いわゆる短期記憶）によるのでなく、しばらくたって、聴いた音楽を想い出すというときの「想起」に注目します。

この立場は、まず、まさに今、見たり、聞いたり知覚するときの言葉遣いが、今という「現在」の時間意識を生じる、つまり、作り出すといいます。そして、何かを想い出すという想起が起こったとき、その想起を表現する言葉遣いが、「過ぎ去った」、「時がたった」という「過去」の時間意識を生じさせる、作り出す、と考えるのです。

そしてその知覚する現在は「食べている」、「読んでいる」といった「……している」という現在進行形の時制で表現され、想起による過去は、「食べた」、「読んだ」というように、「……した」という過去形の時制で表現される、と主張します。つまり、「過ぎ去った」という過去の意味は、過去形を使って言葉で表現したまさにそのとき、直接、与えられる、意味づけられ、そう意識される、というのです。

簡単にいえば、言葉遣い、すなわち、過去形の使用が過去の意味を作り、現在進行形の使用が、現在の意味を作るというのです。このような言語分析の哲学の立場を取り込んだ時間論の立場を展開している中島氏の見解を取りあげ、批判的に考察してみましょう。中島氏は、「暑い」、「暑かった」という現在形と過去形の言語の使用により、ふと「今日は暑かったなあ」と語るまさにそのとき、「暑い」という現在から「暑かった」という過去への移行がなされる、すなわち、現在と過去の、意味上の言語的な区切りが成立すると主張します[11]。

11　中島義道『時間を哲学する』一五八頁を参照してください。また、中島氏は、言語の使用を中心に時間を考える基本的視点を大森荘蔵氏から継承しています。大森荘蔵『時間と自我』を参照してください。

## b　感覚の変化に言葉は追いつかないこと

この哲学の立場は言語の使用を強調するあまり、言葉を使える人間の「痛いという思い」と言葉を使えない動物の生物学上の反射にすぎない「痛さ」とを峻別します。「痛いと思えない」と言葉を使えず、「現在の意識」も働かないというのです。

ということは、ここで問題にしなければならないのは、当然、感覚の変化そのものと言語による表現との関係です。言語以前の「感覚の変化や持続」という事態をそれとして認めなければならないのではないか、そして、言語の使用以前の感覚の変化と持続にこそ、過去と現在の時間意識の区別の源、つまり、出発点があるのではないのか、感覚が先であり、言語はその表現なのだから、感覚の変化にこそ、時間の意識の源泉があるはずだ、という現象学の側からの批判がなされなければなりません。

たとえば、角を曲がってやっときたバスを見て、「あ、バスがきた！」というとき一体なにが起こっているのでしょうか。ときどき目をやって、いままで見えなかった角に、待ちこがれたバスの姿が見えます。「バスだ！」といっても、「バスがきた！」といっても、どちらも使えますが、まずは、そのバスの姿をその人が、バスとして見ることが前提になっています。分析哲学の立場に立てば、「バスだ！」と思えば、現在という意味が生じ、「バスがきた！」と過去形を使って想い出せば、過去という意味が生じるはずです。とすると、「バスがきた！」というとき、いま見える（知覚される）「現在」のバスを、その同じ瞬間に、想い出して、想起して、「過去のもの」にした、「過去のバス」にしたことになります。奇妙なのはそれだけではありません。その「過去のものにしたはずのバス」、「過去のバス」が角を曲がって近づいてくるのが見える（やっと見えたバスが来る途中で、バスでなくてトラックだったことがわかったりするのではなく、そのまま同じバスでありつづけている、いま近づいてきている同じ）当の「現在のバス」であることです。ということは、過ぎ去ったはずの「過去のバス」がいま見える同じ「現在のバス」であることになります。そこで、見えるはずのない過去を見ているのでなければならなくなります。

また、向こうに見えるバスを「過去」とみるのも、「現在」とみるのも、見る側の勝手（態度次第）ということにもなりかねません。バスなら、まだ来てほしいものだからいいのですが、本章のはじめに出した例の、自分に向かって飛んでくる冷たく光る矢の切っ先を、目覚めて後から語れる夢にしたくて、つまり、「過去」のものにしたくて、「飛んでくる」という現在形を使う代わりに、「矢がきた！　矢がきた！」といえば、夢から覚めて語れる「過去のもの」になる、とでもいうのでしょうか。

このような言語による概念が作り上げる過去と現在という時間の意味の矛盾を知ってか、知らずか、中島氏は、大森氏の見解をその基本的なところで受け容れて、時間論を展開したその最後の数頁で、読者に「大逆転劇」を見せます。そこで、突然、たんなる言葉ではない、剝き出しの〈いま〉を主張します。現在が現在と了解されるのは、言語的で意味的な概念としての今によってだったはずが、「『痛み』が剝き出しのかたちで現在しているからこそ、そう言える[12]」、と言語以前のなまの「痛み」をもちだし、概念化され、過去化されない、「痛い！」といわせる「個々の刺激」を主張します。言語の先の刺激です。そして、このような大逆転、つまり、このような〈いま〉に到達できるのは、実は、まず、言葉による概念を経た把握を試み、それでは把握できないという否定をとおして、はじめてやっと可能になるというのです。

12　中島義道、同上、二〇九頁。

## c　感じられるがままの感覚と時間の意識

しかしはたして、このような「感覚のいま」は、言葉の使用ではとらえられない、ということをとおしてしか、理解できないものなのでしょうか。むしろ、中島氏も最終的に主張するように、なまの感覚が現在あるからこそ、言語によるその表現が可能になるのではないでしょうか。お風呂に入っていて、目に石鹸水がはいって痛くなるとき、「石鹸がはいった！」という子供の言葉は、お風呂に入っているという現在の只中で、急に想起の過去が入り込み、目に入った石鹸水を過去のものとする、そして、お風呂に入っているという現在は途中で中断し、石鹸水の過去が割り込み、その痛みが消えれば、またお風呂に入っているという現在が再開する、とでもいうのでしょうか。むしろ、ここで起こっているのは、お風呂にはいっていて、目が痛くなり、「石鹸が目に入った」と思い、目を水ですすぎ、痛みがなくなって、また身体を洗いつづける、といった、感覚の変化に他なりません。しかしもちろん、この感覚の変化は、中島氏もいうように、たんなる生理的な物理‐化学的変化を意味はしません。とはいえ、それはまた、言語的意味の変化でもなく、前章で述べられている感覚素材（刺激）の意味内容に相当するのです[13]。

13　中島氏は「なまの痛み」にあたるものを「言語的意味」でも「物理‐化学的‐因果性」でもなく、むしろM・ブーバーの「純粋現在」にあたると主張します。ここでこのような理解に対する正面からの批判は、さし控えますが、氏が、フッサールの感覚概念こそ、心の世界にも物の世界にも属さない、受動的綜合（詳細は、第五章で説明）によることを見過ごしているように思われます。

## 第三節　時間は時間点の連続ではないこと

「ゼノンのパラドクス」という話があります。この章の冒頭にでてきた、飛んでくる矢がスローモーションで見えたという実体験の話にくらべて、いかにも、理屈だけの世界という印象をもちます。「飛ぶ矢は実は、理屈の上では、飛ぶことはない」というのです。なぜなら、「壁に突き刺さる前に、その半分を飛ばねばならない。この半分を飛ぶ前に、そのまた半分を飛ばねばならない、そのように、半分の半分を区切っていて、空間は、無限に切り刻むことができる。切り刻まれる空間は、無限であり、無限の空間を矢は飛びきることはできない」というのです。

この無限の空間という考えは、無限に切り刻める位置だけの時間点にも当てはめることができます。壁に突き刺さるのにかかる時間は、その半分までに至る時間、そのまた半分に至る時間というように、半分を繰り返し、時間が空間のように、無限に切り刻まれると考えることができます。幅のない位置だけの点を想定し、時間点を考え、時の流れを、無限の時間点の連なり、ないし連続と考えるわけです。となると、時が経つということは、実は、とんでもない、ありえない話になってきます。無限の時間点をどうやって、のりこえて、流れているのか、点から点へどうやって移ることができるのか、大きな謎の前に立ちすくむことになります。しかし、この捏造された謎は、時の流れをイデア（観念）としての時間点の集合とみなす思い込みに起因しています。現象学はこのような思い込みから自由に、意識に直接、与えられている時間の流れの経験から出発するのです。

## a　なまの感覚の持続と変化

さて、ここで、もう一度、直美の弾く「さくら」の曲に戻りましょう。過ぎ去った「さ」の音と今、聞く「く」の音が同じ音と聞こえるとき、分析哲学の場合ですと、その瞬間に聞こえていない「さ」の音を想い出して「過去」のものとして想起し、いま聞こえる「く」の音と比較して同じだということになるのでしょう。あるいはむしろ、分析哲学は、「さ」も「く」も今、聞いている「つづいて持続している」現在に属していて、二つの音の時間の前後は、物理的刺激の前後を意味するほかなく、その両者を一つの現在のまとまりのなかで聞いているだけで、「さ」と「く」の前後関係という時間上の区別の重要性は認めないかもしれません。

しかし、「ら」の音を弾き間違えて、「間違っちゃった」と思ったときはどうなのでしょうか。その音は「過去の音」になるはずです。もし、間違わずに弾きつづけて、間違ったと思わないのであれば、「さ」と「く」と「ら」は、同じ持続する現在に属するとされるはずです。では、間違ったとき、どうやって、「ら」が「間違っている」と聞き分けているのでしょうか。また、どうやって、「さ」の音と「く」の音が同じと聞き分けているのでしょうか。やはり、行きつくところは同じで、感覚内容の持続と変化をどうやって区別しているのか、ということに問題が帰するわけです。

「さ」の音は、「く」が聞こえるときに、過ぎ去ったものとして、わざわざその同じ瞬間に想い出されて、想起されているのではなく、ただそこに残っています。その残っている「さ」の音と今、弾いた「く」の音が同じ音と聞こえているとき、問題はその「さ」の音の残り方、フッサールのいう過去把持の仕方です。この過去把持という心の働き方は、想起する意識の仕方とは異なります。では、どう違っていて、どんな意識の仕方なのでしょうか。

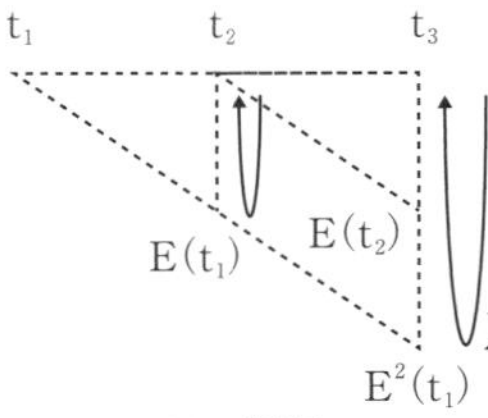


E＝想起

**図2**

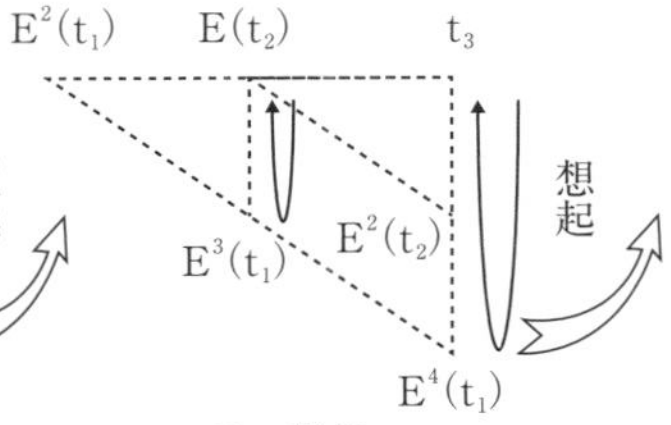


E＝想起

**図3**

### b　「過去把持」は過去の時間点を想い起こす「想起」ではないこと

想起するとは、想い起すことです。フッサールの「意識作用と意識内容の相関関係」によって、「想起する意識作用」と「想起された意識内容」というように、その相関関係が解明されることになります。では、ここで例をかえて、「トン、トン、トン」とドアをたたく音がする場合、この音の連なりを聞くとき、そのような「想起」で説明するとなると、一体どのような説明の仕方になるのでしょうか。

まず、初めの「トン」と次の「トン」の音の連なりを問題にして、「トン、トン」と続いて聞こえるとき、二番目の「トン」を聞いたとき、同時に初めの「トン」を想起するとします。しかし、聞くという「トン」の知覚と想い起こす「トン」の想起が、本当に同時であるとすると、知覚の「トン」と想起の「トン」が重なってしまい、一つの「トン」としてしか聞こえません。

となると、まずは、想起と知覚が同時に起こらない、とせねばなりません。では、「トン、トン、トン」という継続音を、知覚と想起に順番をつけて説明してみましょう。三番目の最後の「トン $t_3$」が聞こえた（知覚した）直後に、まず、初めの「トン $t_1$」を想起し、次に二番目の「トン $t_2$」を想起して、「トン $t_3$、トン $t_1$、トン $t_2$」と継続するとしてみます。図の2がその説明にあたります。

この図でEという文字は、Erinnerung（ドイツ語で「想起」）の略号です。三番目の「トン $t_3$」を知覚して、$E^2(t_1)$［$E^2$というのは、二番目の「トン $t_2$」を聞いたとき、初めの「トン $t_1$」は、一度、想起されているので、二回目の想起で

あること を意味する」という想起がまず起こり、次に$E(t_2)$という想起が起こり、知覚した三番目の「トン$t_3$」につなげるという説明になります。

ところで、ここで問われてくるのは、三番目の「トン$t_3$」の知覚の後、初めに$E^2(t_1)$という想起が起こり、次に$E(t_2)$の想起が起こるという、この$E^2(t_1)$と$E(t_2)$の想起の順番そのものは、どのようにしてその順番として決められるのか、という問いです。どうして、はじめに初めの「トン$t_1$」を想起し、次に二番目の「トン$t_2$」を想起するというその順番が決まるのでしょうか。何を先に想い出すかは、想起する人の自由に任されて、想起された順番に聞こえた音の順番が決まるとすると、二番目の「トン$t_2$」を初めに想起し、次に一番初めの「トン$t_1$」を想起すれば、想起することで、聞こえた順番が逆になってしまいます。他の例をあげれば、剣道の試合を振り返って、相手の面が先だったか、自分の小手が先だったか、自分が想起する順番で勝手に決めるわけにはいかず、その順番は、もう確定していて、その順番に想起されるのです。

となると、ここでどうして想起「$E^2(t_1)$」が初めに起こり、次に想起$E(t_2)$が起こるのか、というその順番（時間の前後）」がどんな風に決められるのか、と問うことは、実は、もともと、「トン、トン、トン」という音の連なりがどのようにして想起をとおして説明できるのか、と問うことの繰り返しであることに気づきます。「トン、トン、トン」の音の連なりを問うて、図の2を作図し、三番目の「トン$t_3$」の知覚と$E^2(t_1)$と$E(t_2)$との積み重なりが、図の縦軸に描かれました。ところが、三番目の「トン$t_3$」の知覚と、まず$E^2(t_1)$という想起、次に$E(t_2)$という想起という想起の順番が説明されるために、もう一度、図2とおなじ、想起による作図3、をしなければならないことになるわけです。

そこで、再度、三番目の「トン$t_3$」を知覚し、$E^4(t_1)$を想起し、次に$E^2(t_2)$を想起すると説明することになります。ところが、図の2の場合と同様、今度は、$E^4(t_1)$の想起と$E^2(t_2)$の想起の順序の成り立ちが問われ、さらに次の作図が必要とされ、というように、想起と知覚による説明は、無限回の作図を必要とすることになってしまいます[14]。無限回の作図では、説明になりません。現に聞こえている、私たちの意識に直接、与えられている「トン、トン、トン」という音のまとまりにおいて、無限回の想起が起こっているとは到底、考えることはできません。その説明は私たちの意識に、「トン、トン、トン」の継続音がそのまま与えられているあり方と完全に矛盾しています。

このことからフッサールが結論づけるのは、仮に、そのつどの音の知覚は、間違いないとして、そのつど過ぎ去る音を「過ぎ去る音」として、とりまとめているのは、想い起こすという想起（意識作用）ではない、別様の意識の働き、フッサールのいう、「過去把持」とされねばならないとする結論です。

14　この統一の根拠を無限に辿らなければ説明がつかないという事態をフッサールは、「無限遡及の問題」として、時間論でいつも自覚していた問題と言うことができます。このことについて、自著『フッサールの時間論』第一部第5章、自著『人を生かす倫理』一四八頁から一五四頁まで、また『存在から生成へ』一五七頁から一六二頁を参照してください。

### c　音の聞こえる順番が過去把持に残っていくということ（時間点はこうして決まる）

それでは、今度は、「トン、トン、トン」という音のつらなりを図の4で、この過去把持（Retention の略語Rを使って）によって説明し直してみましょう。

「トン $t_1$」の音が聞こえて、「トン $t_2$」の音が聞こえるとき、過去把持をとおして（＼＼という斜線でその経過が示されています）$R(t_1)$ が「トン $t_2$」の下方向に沈澱されて残っていきます。この沈澱されて残るような志向性をフッサールは、潜在的に含まれていくという意味で、含蓄的志向性（implizite Intentionalität）と呼びます。

「記憶に残る」といったときの過ぎ去ることが、残りゆく「過去把持」の志向性の特性といえます。「トン $t_2$」が聞こえるとき、過去把持されたR($t_1$)は、今、聞こえてはいませんが、「$t_2$」も「$t_1$」も同じ音(t)であるという感覚内容の同質性によって、同じ音の連なりとして残ります。そのとき、想起によって思い出す音「$t_1$」と聞こえる音「$t_2$」を音として比較する必要もなく、今、聞こえる「$t_2$」の音の印象としての〝感覚内容〟と過去把持されたR($t_1$)の〝感覚内容〟との「感覚内容上の合致（(Deckung) 図4でDと記載）」によって、成立していると見做されています。

そして、三番目の「トン$t_3$」の音が聞こえるとき、その直前の「トン$t_2$」が過去把持されてR($t_1$)となっているだけでなく、「トン$t_2$」の知覚のときに過去把持されていたR($t_1$)が、もう一度（再度）、過去把持された$R^2$($t_1$)も、三番目の「トン$t_3$」の音の下方に沈澱されていきます。このように、来る音、来る音が、過去把持され、垂直方向に沈澱していき、過去把持が繰り返されていきます。この下方に過去把持が沈澱していく方向をフッサールは、過去把持の交差志向性(Querintentionalität)と呼びます。来る音、来る音の流れに垂直方向に交差するように沈澱していく過去把持の志向性だからです。

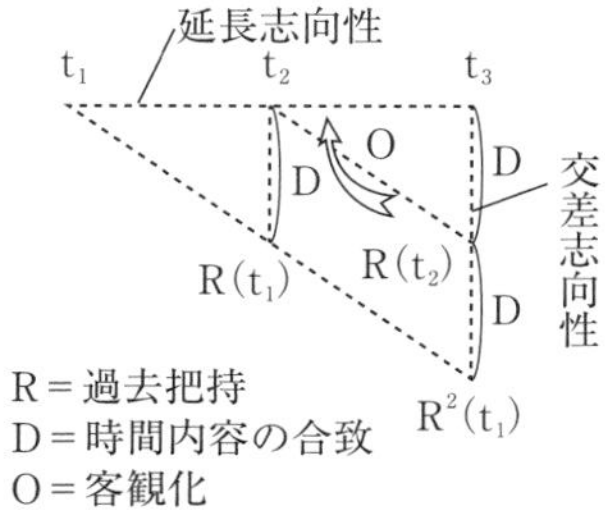

**図4**

「トン$t_1$」の音が聞こえて、過去把持されていき、「トン$t_2$」の音が聞こえるというとき、「トン$t_2$」の音は、今、はっきり、「トン$t_2$」の音として聞こえますが、過去把持された「トン$t_1$」の音は、「トン$t_2$」の音のように、はっきり聞こえているわけではなく、そのはっきりさ（直観の飽和度）は、少し薄らいでいっています。このことをフッサールは、「トン$t_1$」の音が「トン$t_1$」の音として直観され、その直観による充実の飽和度が、失われていく、空しく、空虚になっていくことと名づけます。

しかし、そのとき、「トン$t_1$」の音の「トン$t_1$」の音としての意味そのものは、同質の意味にとどまり、空虚な意味の枠組みとして記憶に残るとされます[15]。ということは、

「トン $t_3$」が聞こえたときの過去把持の交差志向性には、直観の充実度が二度の過去把持をとおして、繰り返し空虚になった「トン $t_1$」、つまり $R^2(t_1)$ が一番下に沈澱していて、その上に、一度、過去把持されて空虚になった $R(t_2)$ が重なり、「トン $t_3$」の知覚が頂点になっているのです。

このとき、注目すべきは、「トン $t_1$」と「トン $t_2$」の順番は、過去把持されて直観が空虚になっている程度にしたがって、最も空虚な「トン $t_1$」、次に空虚な「トン $t_2$」という順番で、「どれぐらい以前か」という「過ぎ去った時間の順序」ができあがってきているということなのです。つまり、過ぎ去っていくという過去の意識は、意識に与えられる感覚内容の直観の鮮度が失われていくその程度差が、意識に直接、与えられていることで決まってくる、といえるのです。

15　フッサールは、『受動的綜合の分析』で、「過去把持的経過は、……意味の持続的な同一性が保持されるにもかかわらず、たえざる貧困化の経過であり、意味からその直観的充実が失われていく」（E・フッサール『受動的綜合の分析』邦訳二四八頁）といっています。

他方、横軸に描かれている過去把持の延長志向性（Längsintentionalität）には、「トン $t_3$」の知覚からみて、交差志向性において最も空虚になっている $R^2(t_1)$ が、「トン $t_3$」の知覚から最も遠くに、「トン $t_1$」の与えられた「トン $t_1$」の今として描かれ、空虚になったばかりの $R(t_2)$ が「トン $t_3$」の知覚の近くに、「$t_2$」の与えられた「トン $t_2$」の今として位置するように描かれています。この複数の「今」の到来の順序が、今が延長するように作図されることから、延長志向性と呼ばれるのです。

「トン $t_3$」の知覚が生じるその同じ今には、その「トン $t_3$」の知覚を頂点にした過去把持の交差志向性において、今、過ぎたばかりで空虚になりはじめた $R(t_2)$ が沈澱しており、それだけでなく、なお一層、空虚になっている $R^2(t_1)$ が、その下に沈澱しています。この空虚になっている度合い（程度）に応じて、延長志向性における「トン$t_3$」の知覚の今からの隔たりが決まるように、延長志向性における「トン$t_1$」の今の位置と「トン$t_2$」の今の位置が決まるのです。

このことをフッサールは、交差志向性における「内在的時間」が延長志向性において「客観化（(Objektivierung)図4でOと記載)」されるといいます（矢印↙が客観化を表現しています）。つまり、「トン$t_1$」が聞こえて、「トン$t_2$」が聞こえて、「トン$t_3$」が聞こえたというそれぞれの今の順番は、空虚になっている程度の違いで決まり、「トン$t_1$」の今、「トン$t_2$」の今、「トン$t_3$」の今というように、延長志向性における今の位置が、客観化された今の位置として決まってくるというのです[16]。

ということは、客観化する前の内在的時間は、それぞれの今において、時は流れることなく留まりつづけていて、客観化をとおして、流れる今の時間の位置が決まるということを意味するのです。このように客観化された今の位置は、時計によって計測され、たとえば、「トン$t_3$」の聞こえたときより二秒前に「トン$t_1$」が聞こえ、一秒前に「トン$t_2$」が聞こえたというように、客観化された客観的時間の時の刻みとして表現することができるようになるのです。

16　フッサールは、このことを「内在的時間が、内在的な諸現出において構成された客観的諸客観の時間へと客観化されるのは、現象学的時間の諸統一としての感覚内容の射映の多様性において、……同一の事物性が現出することをとおしてであり、……」（E・フッサール、Hua.X、九二頁）といっています。

## 第四節　無意識に働く未来の予測（未来予持）

さて、「トン、トン、トン」という音の連なりがどのようにできあがっているかを、今と、この今に含まれている、「過ぎ去る」という意味を成立させている過去把持によって説明してきました。フッサールは、この今には、過去把持だけでなく、過去把持されたものの意味が、過去把持されるにつれ、そのつど、未来に向けて予測として投げかけられることを指摘してみせました。これをフッサールは、過去把持されたものを、予測するとして、未来を予《あらかじ》め持つという意味で、「未来予持（Protention）」と名づけました。

過去把持の働く今に、どんなふうに未来予持が働いているのか、たとえば「歩いていて躓く」という例で説明しましょう。何か考え事をしながら歩道を歩いているとします。そんなとき、ときとして、歩道の出っ張りに気づかず、躓くことがあります。考え事をしながら歩いているとき、気をつけなくても、歩ける歩道の平坦さや硬さを感じ分けているはずです。一歩一歩、歩を進めるごとに、平坦さや硬さが感じられ過去把持されているはずなのです。

しかし、それだけでは、「躓く」といったことは起こりません。躓くことが起こりうるには、歩道の質感（平坦さと硬さ）が過去把持され、それがそのまま、無意識に予測されていたのでなければならないはずです。誰も躓きたいとおもって躓く人はいません。そのまま歩ける歩道が続くものと、とくに気に留めることなく予測していたからこそ、その歩道の平坦さと硬さに相応した歩みを前に進めていて、普通に歩く時のつま先の高さを先送りしていたからこそ、その高さでは足りない歩道の出っ張りにつま先をぶつけ、躓いたというわけです。

この無意識の予測である「未来予持」は、歩くときにだけ働いているのではありません。どんな目的の動作であれ、習慣になっている人間の行動のすべてに過去把持から生じる未来予持が含まれています。妹の直美が「さくらの曲」を卓上ピアノで弾こうとするとき、鍵盤を間違えて、一つ音をはずしたときも、耳に残っていた『ら』の音が聞こえない」というように聞き分けることができるのは、「ら」の音の予測が、「く」の鍵盤をたたいたとき、未来予持として働いていたからです。数を覚えたばかりの直美が、苺を数えるときにも、「一つ」、「二つ」、「三つ」の後は、「四つ」のはずであると、「三つ目」を数えるとき予測しているからこそ、兄が、「三つ」、「三つ」といえば、「おかしい」と思えるのです。

## 第五節　気づかずに聞こえていたメロディー（意識にのぼらない過去把持）

こうしてみてくると、「さくら」という曲のメロディーが、そのメロディーとして聞こえることは、実は大変なことであるのが、よくわかります。一つ一つの音、どんな高さの音が、どういう順序に、どのぐらい長く続くか、一つ一つ間違いなくそれとして聞かれることによって、はじめてある特定のメロディーが、まさにそのメロディーとして聞くことができます。そのとき、ある音が鳴って、それが過ぎ去り、次に別の音が続く、というとき、そのはじめの音が過ぎ去るのをそれとして意識しているのは、想起として想い出しているのではないことは、はっきりしました。過去把持は、普通の「何かについて」意識する意識作用なのではなくて、記憶にそのまま残っていくような特有な「含蓄的志向性」であることも示されました。ここで、この含蓄的志向性としての過去把持がどのような働き方をしているのか、他の事例を出してより明確にしてみましょう。

たとえば、本を読むなり、手紙を書くなりしていて、隣の部屋からあるメロディーが流れてきていることに、まったく気づいていないとします。そのとき、そのまだ聞こえていないメロディーのある一節にさしかかった途端、その一節が急に聞こえ、それだけでなく、それまで聞こえずに流れ去っていたそのメロディーの部分全体に気づいたという事例です。

ここで、この例を描写するフッサール自身の文章を引用しますが、そこで使われている、現象学で使われている用語を幾つか、前もって説明しておきます。「触発」という用語です。細かな説明は第五章でしますが、まず大まかにいえば、意識活動を担う主体である自分、つまり「自我」に感覚素材（刺激）が働きかけ、「自我」の関心を引きつけようとすること、と理解してください。「感動的な音が触発される」ということは、感動的な音が自我に訴える力をもつということです。つまり、気づくように促す、誘いかけ、「誘発する」ということです。

ここでフッサールの文章の引用ですが、フッサールは、

「一つのメロディーが……流れているとする。われわれは他のことに携わっていて、メロディーが『邪魔になるような雑音』とさえ触発されていないとする。そこに感動的な音が響き、感覚的な快不快を強く呼び起こすような変化が生じたとする。そのとき、たんにこの音だけがそれ自身生き生きと触発されるだけでなく、むしろ一度にメロディー全体が、その現在野に生き生きと残っている範囲で、際立ってくる。触発が過去把持されているものに遡及的に及び、まずもって統一的に際立つように働きかけ、それと同時に、それぞれの個々のものを際立たせ、つまり個々の音に個別的触発を促しながら働きかけるのである」[17]と述べています。

17　フッサール『受動的綜合の分析』二二四頁を参照してください。

ここで、背景に流れていたと後でわかるメロディーは、はじめは、「邪魔になる雑音」とさえ意識されていないのですから、その音が自我に触発していても、自我がその触発に気づいていないという状況です。そこに「感動的な音」が響き、自我がそれに気づいた瞬間、その「感動的な音」だけに気づくのではなく、その現在野にそれまで気づかれることなく過去把持されて残っていた範囲のメロディーの部分全体が際立つ、つまり、メロディーの一部としてそれが意識される、というのです。

## a　今、聞こえた音だけ過去になる？

ここで描写されていることは、まさに、まったく気づかれずに、いわば、無意識的に過去把持されていた音の連なりの全体が、後で気づかれるということです。しかし、いったい全体、聞いていない音が過去把持される、ということがありうるのでしょうか。今、聞こえるメロディーといった音の前後関係は、きっちり決まっていて、この音の「今」と別の音の「今」は、その前後を取り違えることはできません。しかし、いつ鳴っているか、その「今」が不明であるばかりか、そもそも聞こえていない音のメロディーが過去に残っていくわけがないのではないでしょうか。

実は、フッサール自身も『時間講義』を執筆していた当時は、このような場合、つまり、「『意識されていない』内容があって、それが後で、意識にもたらされるなどということをいうのは、実に馬鹿げたことだ[18]」とはっきり述べています。というのも、聞こえていない音にそのはじまりも終わりも、長さもなく、そもそもその「今」の意識がないからであり、「今」の意識がない感覚は、感じられていない感覚であり、それは感覚とはいえず、したがって、無意識とはいえても、過去把持されようがないと考えたからです[19]。

18　フッサール『内的時間意識の現象学』一一九頁からの引用です。

19　デリダというフランスの哲学者が、この『内的時間意識の現象学』のフッサールの見解を根拠にして、ここでいわれている「今の意識」に重点を置いた、フッサールの時間論の解釈を展開しています。彼はそこで、フッサールに見られる「現前の形而上学」というフッサールに妥当しない批判をしました。これは、デリダがフッサールの中期および後期の時間論の展開に目が届いていないことを、意味するに他なりません。より詳しいことについて、自著『存在から生成へ』八三頁以降を参照してください。

しかし、この場合、聞かずに聞こえていたメロディーの一部とはいえ、フッサールにとってこのメロディー全体が、すでに馴染みの曲であり、生き生きと触発する節の一部が聞こえれば、いつでも想起することができるようになっていただけだ、といえるかもしれません。そのような疑問も含めて、このような例は、あまりにも特殊だとするにしても、気づかずに過去把持していることがはっきりするような、他の多くの事例をあげることができます。

### b　聞かずに聞こえていたクーラーの音

この「聞かずに聞こえていたメロディー」の例は、特殊な例と思われるかもしれません。この例に代えて、私たちの日常生活の中から、気づかずに、特定の感覚が過去把持されている例をいくつかあげてみましょう。

まず初めに、授業中、教室で、急に静かになったと思ったら、それまでクーラーの音が鳴っていたのに気づいたといった例があります。このとき、授業中ですので、先生の話に注意を向けていました。それにもかかわらず、クーラーが止まった「静かさ」に気づけるのはどうしてでしょうか。「静か」と気づけるためには、それ以前のクーラーから出ていた操作音が止んだのでなければなりません。しかし、自分の関心は、授業の内容に向かっていましたので、クーラーの操作音には、まるで気づいていなかったわけです。とはいえ、気づかずとも、この操作音が過去把持されていたのでなければ、「静かになった」という感覚の変化は、変化として気づけません。

なぜなら、変化が変化になるには、少なくとも、変化以前と変化以後が、変化を境に接している（連なって接していることから、「連接」ということもできる）のでなければならず、気づかずに聞こえて比較されていなければならないからです。しかもこの場合に興味深いのは、意識にのぼらずに〝聞こえていない〟音と、止まるのですから、そこに生じていない、そこに無い音との比較が生じていなければならないということです。ということは、そこに無い音との比較は、唯一、無意識に過去把持されてそこに〝有る〟音との比較をとおしてしか「静かになる」という違いに気づきようがないということなのです。

### c 「ふと」感覚の変化に気づくこと

次に、同じような例ですが、操作音といった聴覚の場合ではなく、「明暗」といった視覚や「寒暖」といった体性感覚に関わる場合をあげてみましょう。たとえば、読書に夢中になっていて、ふと、部屋が暗く、足元が冷えてきたのに気づくという例です。このとき、気になって、自分の関心が向いていたのは、読んでいる本の内容であり、周りの明るさや部屋の空気の寒暖の差は、どうでもよく、気に留めていませんでした。

しかし、「暗くなった」と感じられるためには、気づかずに過去把持されていた「明るさ」が「暗さ」に連接するのでなければなりません。「冷えてきた」と感じるのも同様で、気づかずに過去把持されていた「暖かい」状態が、「冷ややかな」状態に連接しているのです。このように、「ふと感覚の変化に気づく」というときには、いつでも、その「ふと」の以前の、気づかれる以前の感覚の状態が気づかれないまま過去把持に残っているという前提を必要としているのです。

さて、ここでいわれる「ふと何かを感じる」というときの「ふと」という気づく以前の感覚の状態が、気づかずに過去把持されていることとの必然性が、納得していただけたと思います。そして、それに加えて、「ふと」何かを感じるときの、気づかない未来予持の果たす役割もはっきりすることになります。

というのも、もし、気づかないままクーラーの音が鳴り続けていたり、本を読み終わっても、周りの明るさや空気の寒暖の差に違いがなければ、その気づかずに過去把持されていた「音や明るさや暖かさ」がそのまま続いていたのでは、そもそも「ふと、感じの変化に気づくこと」もなかったといえるからです。「ふと」が「ふと」という気づきになったのは、気づかない過去把持の志向（意味づけや価値づけ）がそのまま未来予持され、未来予持された無意識の志向（意味づけや価値づけ）が満たされないからです。無意識の予測が外れるからです。気づかずに未来予持された〝クーラーの音〟や、〝明るさ〟や〝暖かさ〟がそれらの感覚内容に相応する感覚素材によって満たされず、無意識の予測が外れて、「意外さ」となり、自我に対して触発力を増し、気づけるように仕向けるからです。

つまり、これらの事例は、まず第一に、ある特定の感覚素材の意味内容が、そのことに気づかなくても生じうること、それが、普通、ものごとに気づくときに働いている、「何かとして」はっきり意識するという意識の志向性が働く以前に、すでに成立しうるということを、はっきり例示できているのです。

第二に、この感覚素材の意味内容は、当然ですが、それと気づかずにできあがっているのですから、何かについての普通の意識のように、はっきり「何かとして」という対象の意味内容ではありません。そうではなく、何かという同一の対象の意味にとりまとめられる以前の意味内容であって、それが、気づかれずに聞かれていたメロディーといった、感覚素材の意味のまとまりを形成しうる、ということです。

第三に、流れゆく現在においては、そのつどの自我の関心に即して、いまの意識を伴って意識されている、普通に気づかれている意識内容（聞かずに聞こえていたメロディーの例では読み書きする文意の意味内容）が一方にあります。そして、それと同時に、意識されずに、感覚素材の流れを受け取りながら取りまとめている、広大な背景を形成する意識野が、気づかれずに流れている（先の例では、読み書きと同時に、その人は、そのつもりで聞かなくても、メロディーが聞こえていた）ということになります。現在の意識の流れを下から支えて流れさせている、水面下を流れる深大な海の潮流のような無意識の流れが、ちらっとその姿を見せているのです。

このように、「今の意識」をもたない感覚の流れをめぐって、原印象と過去把持が、どのように感覚内容に即して合致しているのか、という事態の解明が、意識を下から支える無意識を露呈し、「無意識の現象学」への入り口となっているのです。こうして、無意識の流れを基礎にする、最も根源的な時間の流れの成り立ちが問われる準備が整ったわけです。その詳細で具体的な展開は、第六章で述べられます。

## 第六節　どうして時間が長く感じられたり、短く感じられたりするのか――試論

このようにして、「時がたつこと」、過ぎ去る時間の意識の成り立ちが、次第に明るみにでてきました。気づいていても、気づかずとも、ある音が流れ、その原印象（その音の感覚素材）が過去把持に保たれていき、その過去把持された感覚素材の意味内容が未来予持され、それが次の原印象とその過去把持によって充実されるか、充実されないかによって、同じ音として聞かれるか聞かれないかの違いができてきます。

音の長さとは、この同質化と差異化が継続して起こる、継起をとおして決まってきます。したがって、この継続のあり方は、感覚素材が継起するという側面と、その感覚素材の内容が同質化されたり、されなかったりして、ある特定の感覚素材（たとえばある特定の音）の長さが決まってくるという側面から成り立っているのです。

前者を、つまり、いろいろな感覚素材が絶え間なく生じてくる側面を、フッサールは過ぎ去ってゆく時間の意識の「延長志向性」と名づけ、そして、後者を、つまり、特定の音の持続（継続）が成立してくる側面を、「交差志向性」と名づけたのでした。

この延長と交差との、流れ去る意識に特有な過去把持の志向性の成り立ちによって、時間が長かったり、短かったりする、時間の持続の意識が成立しているのですが、そのあり方を次の例を参照に考えてみましょう。しかし、この事例の分析の試みは、筆者の試論であり、フッサールがこのような記述をしているのではないことを、まずは、お断りしておきます。

この「交差志向性と延長志向性」という見解を、私たちが日常、時間があっという間に過ぎていったとか、退屈で今か今かと時間が過ぎるのを待った、とかいう時間の長短の経験にあてはめてみると、次のような描写ができます。

感覚素材が、延長志向性に絶えず継起しています。たとえば、ある人が友だちを待っていて、その人が現われるはずの改札口に目をやります。待ち合わせの時間が過ぎたのに、まだ来ません。そこに彼の姿はありません。二、三分後、もう一度目をやります。まだ来ません。また目をやります。まだいません。「姿が見えない」という、特定の感覚素材が充実されないことの意識、すなわち、その同じ「いない」という特定化を何度となく繰り返す意識、つまり、「繰り返される同一化の意識」が、そのことの長さ、そのことの時間の長さを決めている、といえないでしょうか。このとき、同一化の意識は、そのつど、交差志向性において、過去把持された感覚素材がまとめられ、意識されることで成立しています。

同様な状況で、別のケースを想定してみます。感覚素材は、ここでも同様に、延長志向性に絶えず継起しているとします。彼が現われるはずの改札口に目をやります。まだ来ません。ふと、自分と同じように人を待っている女の人の横顔が目につきます。知人の顔によく似ています。「あの人だれだったっけ」、といろいろな知人を思い出します。思いつきません。なんだか気になるので、「いっそ話しかけてみようか」とも思います。「突然、話し掛けるのは失礼だし」、とどうしようかと迷っています。そうこうしているうちに、「誰の顔見てんの」と自分が待っていた彼に声をかけられて、驚かされました。

この場合、同じことの同一化の意識の繰り返しはありません。自分の関心に即してさまざまな意識活動が前後しています。彼が来るか来ないかという意識は、はじめにもたれて、それ以後、別のことに関心が向き、待っていることがほぼ忘れられる頃、彼に声をかけられるまで、繰り返されませんでした。したがって、逆に、ある「特定の同一化の意識が繰り返されないこと」が、時間の短さの意識を決めている、といえましょう。そのとき、交差志向性に現われる意識内容は、さまざまな内容が変転するという生じ方をしています。

いま述べた見解は、この章の冒頭に出した、飛んでくる矢を眼前にした店員の場合にも、あてはまります。自分の生存をかけた「矢の先の位置！　矢の先の位置！　矢の先の位置！……」という同一化の意識の無限に近い繰り返しが、矢が動く時間の長さを延ばしたのだ、とはいえないでしょうか。野球の球の動きを止めるばかりに見据える集中力、「球の位置！　球の位置！　球の位置！……」という意識の繰り返しが球の速さを落としているのではないでしょうか。

飛んでくる矢の例を、第三節で例にだされたゼノンのパラドクスの問題と関連づけてみましょう。ゼノンというギリシャの哲学者は、矢が標的まで飛ぶには、まず「その半分」を飛ばなければならない、そして「その半分」を飛ぶには「そのまた半分」を飛ばねばならない。そして、その「そのまた半分」を飛ぶには、……という具合に無限に繰り返さなければならず、矢が飛ぶとはいっても、実は、矢はほんのわずかでも飛ぶことはできない、という逆説を示しました。

このように、たしかに、飛ぶ矢を目の前にする店員の場合も、ゼノンの場合も、短い時間に同じ意識活動を無限に近く繰り返すことができます。時間が延びて、ゆっくり流れるように意識されうるのでしょう。しかしゆっくりには、なっても、矢を止めることは、できません。矢の先という感覚素材は、否応なしに自分に向かってきます。「夢だったら」、と過去のものにしようとしても無理です。矢は自分の耳元をかすめて後ろの壁に突き刺さります。短い時間に無限に近く同じ意識活動を繰り返す試みはできます。

しかし、ゼノンは、意識作用がそれとして働くには時間がかかることを忘れてしまっています。「半分の半分の半分の、……」と順を追って考えながら、実は、時間が流れない、時間のない超時間的な論理と数理の高みで意識作用を無限に繰り返すことができる、と考えてしまっています。実は、そうやって、「半分の半分の……」を考えるはるか以前に、矢は、自分の耳をかすめて背後の壁に突き刺さってしまっているのです。

この時間の流れの外部にある、超時間的な高みを想定して、時間をとらえる考え方は、時間の観念論的考え方といわれます。フッサールは、新カント派に属するロッツェの、この観念論的考え方を、真っ向から批判しました。観念論的立場は、超時間的な雲の高みに「思考のはしご」を登りつめて、雲に乗ったと思った瞬間に、この「はしご」をとっぱらい、はじめから雲の上に居た、実は、はしごを作って地上に降り、また登ってきた、と思いこむのに似ています。フッサールは、「思考のはしご」を登る一歩一歩を、現象学の分析をとおして、はじめから雲の上に居ると思っている住人に突きつけているのです。

では、「それでも矢が飛ぶ」というこの短い時間、延びるように感ぜられても、やはり流れている時間、どう感じようと、考えようと、感じ、考えるためにかかっている時間、流れていっている、客観的とされるこの時間は、（それが、私たちの間で、日常「一時間」とか、「一秒」とか数えられ、表現されている、そのような客観的時間は）、どのように意識されているのでしょうか。

この客観的時間は、実は、各自に与えられている、いわゆる主観的で内在的な時間意識から、作り上げられているのだ、と先に述べてあります。ただこの客観的時間の構成の問題に本格的に取り組むには、各主観に個別的に経験される時間意識だけでなく、他の人が経験する時間意識との相互の関係が、考察されなければなりません。五分待たされて、ぷりぷりする人もいれば、三〇分、気長に待てる人もいます。どうやって、人さまざまな時間の感じ方を共有したり、何時何分と約束したりできるのでしょうか。同じ事柄に携わる二人の間に、共有される意識内容とか、共有する時間意識とか、それらの成り立ちを求めることが、探究されねばなりません。それは、第八章で扱う、お互いが意識の流れを共有する仕方を問題にして、つまり相互主観性の論議をへて、はじめて、納得のいく解答を見いだすことができるでしょう。

## 第七節　記憶と予期の時間、過去と未来

過去把持と未来予持は、広い意味での現在に属します。それを越えて広がる過去と未来の地平について、第二節で少し触れました。ここでは、過去を思い出したり、悔やんだりする、そのような本当に過ぎ去った過去の意識と、希望に満ちて計画され、期待されたり、予測されたりするときに働く未来の意識について、詳しく考えてみましょう。

あるとき聞いた美しい旋律が、美しかったという体験の軌跡だけ残し、細かな陰影を想い出そうとしても、聞こえてこない、ということがあります。聞いたそのときには、その旋律の一音一音がくっきりと染み入るように、耳に残っていきました。しかし、聞いたのが偶然で、なんの曲かもわからず、捜してもみつからずに、過去のかなたにうっすらと残りゆくばかり、ということもあります。

こうして、普通、感覚素材によって一度だけ充実され、直観されて生じたその意味内容は、その「意味の枠」だけぼんやり残しながら、忘れ去られていきます。フッサールは、この空虚な意味の枠をレリーフ（浮き彫り）に喩え、その浮き彫りの稜線が次第にぼやけはじめ、ついにはその凹凸がまったくなくなってしまうことに、喩えています。この空虚な意味の枠のレリーフに関連して、他の実例と対比させながら、レリーフの働き方を考えてみましょう。

たとえば、どこかに置き忘れた本を捜して、どこに置いたか、想い出そうとしています。たいてい、はっきり自覚しながら本を整理したり、もち運んだりしないので、想い出すのが大変です。何かをしていて、ふと、どこかに置いたのでしょう。昨日、あるいは一昨日の自分の一日を想い起こします。こうして、ああして、というように、行動の前後関係が思い浮かびます。習慣になっている部分がほとんどでしょうから、あのとき電話があったとか、速達が届いたとか、特別のことで、はっきり意識せざるをえなかったことは、その一連の行動の意味がもつ浮き彫りを、比較的はっきり残してい

ます。

それらの前後関係から、本をどこかに置いたのは、このときとこのときの間だ、と無自覚的に起こった事柄の、時間の枠が絞られてきます。そうこうするうちに、書類の下になっていた本が見つかり、電話の際に急いでもち出した書類で、本を隠すことになっていた、無意識的な行動のそのときの今を、そこではじめて意識する、といったことがありうるでしょう。

ここで働いている「思い出そうとすること」、つまり、自覚的な自我の活動である再想起（時間がたって、再び想い起こすことを意味します）を、考えてみると、その再想起が可能になるのは、自覚して行動したことが強く心に残っているということ、ないし、それが自然に想い出される、ということに依拠しているようです。つまり、自我の活動を伴う再想起には、その働きとは異なった自然に想い出されるということや、自我の活動を伴わない過去把持が前提となって働いているということです。

そしてそれだけでなく、再想起には、記憶違いということがあります。今の例で、やっと想い出して、電話のそばの書類の下で、本を見つけたという経験は、その行動連関の筋道を強く残しますから、しばらくして、また本を捜さなければならないとき、すぐ、電話のそばの書類の下に手が行くかもしれません。しかし、柳の下にいつもどじょうはいません。再想起は、特定の過去の意味連関（筋道）に引きつけられ、似た状況で、同じような行動を引き起こし、思いこみによる間違った状況を捏造してしまいました。思い違い（記憶違い）が生じてしまったのです。

再想起は明らかに自覚的な意識作用です。このとき、過去に沈んでいる意味のレリーフに注視しようとします。そして似たようなレリーフに類似した過去を読みこんでしまうわけです。このとき、どうして特定の意味のレリーフが、その当時その状況で生じていた他の意味連関に対して、特に強く過去に残るのでしょうか。また自然に想い出されるといっても、いったいどのように自然に想い出されるのでしょうか。このような問題は、それぞれ第五章と第六章の分析の課題として、ここで確認しておきたいと思います。

「先の課題として確認しておく」、といいましたが、この「先の」とか「将来の」という未来の時間の意識はどう形成されているのか、考えてみましょう。まずいえることは、先に、未来予持に関連して述べていたことです。つまり、無自覚であれ、意識してであれ、予期をとおして、前もってある特定の意味が描かれていること（前もって描き出すことを「先、、、行抽出」という）なしには、そもそも新たなことはなにも生じえない、「新た」という意味さえもちえない、ということです。

「まったく思いも及ばない、予想だにしえない」という意味は、そもそも、その人のそれまでの人生全体の経験が背景になってはじめて、その意味をもちうることは、明らかでしょう。そこではじめて、先行抽出したその意味の枠が満たされるかどうかが問題になります。そして、満たされたら満たされたで、ある特定の未来予持が満たされるはずなのに、そうならなければ、その意味の枠に適応しない「意外さ」が生じます。そして場合に応じて、「思ってもいなかったこと」、「夢にも考えたことのないこと」、「まったくはじめてのこと」、等々の意味が生じうるのです。ですから、新たなもの、来るものとは、自覚を伴わない未来予持であれ、自覚を伴う計画や約束の場合であれ、現実に充実されない空虚な意味の枠に対応してはじめて、「未来」であり続けるわけです。

過去把持が現在に属し、未来予持も現在に属するのに対して、はっきりした自覚を伴う再想起が過去の意識に属し、自覚を伴う予期が未来に属します。自覚を伴う場合、その自覚の際に、「何月何日何時に」という客観的時間の位置を前提にして、その時間位置にある、特定の行動を意図するのが普通です。となると、前に述べたように、他者のもつ時間意識を問題にすることによって、はじめて客観的時間の成立が検討できるわけですから、遠く過ぎ去ったことを日付をたどって想い出す、再想起による過去の地平と、同じく日付を設けて計画する未来は、いずれも、他の主観の成立という相互主観性の問題を抜きにしては、その完全な構成は語れないのです。

この「他の主観とともに形成する客観的時間」という問題は、第八章で解明するつもりです。この章で、私たちの生存にとってのっぴきならない感覚素材の意味内容（たとえば、飛んで来る弓矢の先）が、時間の持続の具体的意味内容を決めていることが明らかになってきました。ではいったい、この時々刻々に生じてくる感覚素材の意味内容そのものは、どうやってある特定の意味内容として感じられてくるのかが、問われねばなりません。この意味内容の「何」を明らかにしようとするのが次章の課題です。

さて、この章の内容を振り返り、次の四点にまとめてみることができるでしょう。

(1) 音の持続の意識は次のように構成されているといえます。ある音（$t_1$）の感覚内容が与えられると、その感覚内容は、過去把持の交差志向性に時間内容として過去把持され、次に同じ感覚内容の音（$t_2$）が与えられると、その音（$t_2$）とその直前に過去把持されたR（$t_1$）との間に感覚内容上の合致が起こり、$t_2$-R($t_1$)が過去把持の交差志向性に成立します。それが客観化されると$t_1$-$t_2$というそれぞれの今の連続としての過去把持の延長志向性が成立します。

(2) 音の持続（$t_1$-$t_2$）の意識が過去把持をとおして生じているとき、その過去把持された音R($t_1$)と同じ感覚内容の未来予持が生じます。次に、同じ感覚内容の音（$t_2$）が与えられると、その空虚な志向としての未来予持がその音（$t_2$）によって充実され、$t_2$-R($t_1$)という感覚内容の持続の直観が成立し、意識されます。

(3)「今」の意識を伴わない感覚の流れは、「ふと静かになったと思ったら、クーラーが点いていたことに気づいた」という例を使って説明できます。何かに集中していて（たとえば講義を聴くこと）、クーラーの音が気づかずに過去把持され、それが未来予持されて、その空虚な志向（〝クーラーの音〟という感覚内容の志向）が充実され、それが持続していたが、その〝クーラーの音〟が止むとき、その未来予持が充実されず、そのことが、予想が外れる意外なことして意識に上り（際立ち）ます。

(4)「明日のレポートのために、どこかに置いた本を探す」といった場合、過去と未来の意識が想起と予期をとおして働いています。本を置き忘れた場所を想い出そうとするとき、「置き忘れた」ことが、過去の出来事として想い起こされ、「明日のレポート」という意識内容には、レポートすることが予定され、予測されている「明日」という未来が意識されています。

# 第四章　変わることと変わらないこと

夏の夜空に花火が上がっていきます。暗い夜空に美しく映えわたっては消えていきます。私たちは、その一つ一つの色や形が変わり、消えていくまでの一瞬を楽しみます。しかし、一つ一つの花火は変化し、変わっても、もちろん「花火」であることに変わりはありません。でも、変わらないのはそれだけではありません。三十数年前に多摩川の河原で見た、空から降ってくるような光の大輪は、そのとき消えたはずなのに、まだ変わらずに、「あのときの花火」として自分の心に残っています。いったい何が変化して、何が変化しないのでしょうか。花火の美しさがテーマである限り、変化するものとしないものは、さほど大きな問題ではないかもしれません。しかし、世相の変化に伴う親子関係の意味合いとか、人間性や人権の理念、文化の差を超えた倫理的価値の普遍性などの問題になると、変化するものと変化しないものの違いは、切実な問題として私たちに迫ってきます。

よく「状況や外的条件は変わっても、事の本質は変わらない」といわれます。ものごとにはその本質があり、それを理解することが大切だということですが、それを理解するのは容易ではありません。すぐ思いつく難しさは、どこまでいったら、その本質を理解することになるのか、という全体性や包括性の問題です。たとえばカントは、哲学的人間学の課題を、「人間とは何か、人間は何をすべきか、人間は何を望むことが許されるか」の三つの問いをもって表現していますが、人間の本質は、この三つの問いの全体にかかわる、すなわち全体がみえてはじめて明確になる、包括的なことがらです。

実は、ものごとの本質は、このように、人間にとって、総合的で重要なテーマにかかわるだけではありません。これまで取り扱った感覚や時間の領域でも、ものごとの本質が、問題にされねばなりません。たとえば、流れる時間を作り上げている感覚素材には、特定の意味内容があることを述べました。

では、その意味内容とはいったい何なのでしょうか。原印象と過去把持にその度ごとに与えられる感覚素材は、その意味内容の同質性と差異の根拠を、いったいどこにもつのでしょうか。どのようにして、ある特定の感覚素材の意味内容が決まるのか、という問いに答えられない限り、感覚、知覚、時間の成り立ちの問いに最終的に答えたことにはなりません。それ自体変化することのない、同質と理解される感覚素材の意味内容は、そもそも、変わることのない本質として、どこで、どんなふうに保証されているのでしょうか。この章では、このような多岐にわたる「ことの本質」をテーマにしてみたいと思います。

## 第一節　変化するなかで変化しないもの

フッサールは、ことの本質を明らかにしようとするとき、ものごとの本質を直観する方法として、「本質直観」を主張しました。

よく取りあげられる例ですが、「三角形が見えるとき、いったい、何をそこに見ているのか」、という三角形の本質直観にかかわる事例をあげてみます。普通、考えるのは、学校で三角形の定義を点、線、面、立体等の他の定義といっしょに習って、はじめて、三角形とは何かという「三角形の本質」を理解する、という考えです。しかし、このような定義を定義として学ぶことは、子供にとって簡単なことではありません。この学習は、世代ごとに、そのつど新たに、実現されなければならないものです。

他方、このような定義を知らずとも、測量や土木建築の技術のなかで、三角形に関する経験知が活用されてきた、という事実もあります。しかし、本質直観で問題になるのは、三角形の本質が、三角形の幾何学上の定義の理解をとおして理解され、獲得されるその瞬間です。それをフッサールは、「創造的」瞬間と呼び、一度体験され、それが数回繰り返されると、当たり前になってしまい、それがわかったその瞬間を忘れてしまう、と述べています。そして、もっぱらそれを基礎にする高度な応用の技術にのみ関心をもつようになる、というのです。では、まずもって、この創造的瞬間を試しに追体験してみましょう。

たとえば、幼稚園の大きな机の上に、いろいろな形の図形がたくさん並べられているとします。先生が、「角《かど》があるもの集めましょう。」というと、園児は三角、四角、五角、などいろいろな角のある図形を集めるでしょう。「三つ角があるものはどれかな?」という問いに、数を数えられるようになっている園児は、いろいろな三角形を選ぶことができるでしょう。こうして園児たちは、典型的な三角形に馴染むことができます。

しかし、三角形の定義を学ぶのは、中学生ぐらいになってからでしょう。点と線と角度を定義として学ぶとき、点は幅のない位置だけであって、本当は見ることができない、ということや、線は二つの点を最短距離で結んでできる点の連なりであり、これも本当は見ることができない、ということを聞いても、すぐにその定義が理解できないかもしれません。

いずれにしても、三つの点をさまざまに動かしてできる図形を、さまざまに試みながら作ってみます。たとえば、二つの点を固定して、三つ目の点をさまざまな位置に変化させ、向こうに見える木のてっぺんに置いたり、二つの点でできる線分の〇・一ミリ上に置いたり、一〇〇メートル右に置いたり、左に置いたりして、各頂点の作る角度の変化をながめたりできます。

あるいはまた、月を同時にながめる恋人どうしの間でできる三角形を空想したり、日本とドイツとアメリカとのインターネットの三角形を考えたり、陽子と中性子と軌道上の電子とでできるある瞬間の三角形を考えることもできます。こうしてありとあらゆる自由に作り上げられた事例をとおして、同一線上にない三点を結んでできる図形という三角形の定義を理解することになり、それに即した無数の空想や想像をとおして理解されている、同一の、変わらない本質としての三角形が、理解されるわけです。

いま述べられたことの中で、どんな理解のされ方が生じているのか、考えてみると、それぞれの段階で、さまざまな違いのあることが明らかになります。「角《かど》のあるのはどれかな?」と聞かれたとき、幼児が探すのは、たぶん、遊んでいるとき体がぶつかって痛かった「角」のことでしょう。とすれば、とんがっているのが角でしょうから、一つの頂角が一八〇度に近くて平べったい場合、幼児はおそらくこれを「角」とは見ないでしょう。

数を数えることを習い、〇度から一八〇度をへて、三六〇度で元に戻ってくる角度について学びます。そして、量を比べることを学び、1+2が2+1と同じだといったことも学んでいって、やっと三角形の定義が理解できるでしょう。そしてこの定義に即して変化することのない本質と、それにもとづく定理の体系が、実在するあらゆる三角形や空想上の三角形にも当てはまることを、理解することができます。このとき理解している、いわゆる数学上の真理とされるものは、一回理解されると、その人の生涯を通じてだけでなく、他の人とも確認し合い、それが発見されて以来ずっと確証され、これから後の世代にも確証されていくだろうことをも、確信できます。

各世代や各人によって、確証されていく時と場所は違いますが、この三角形の意味は、時間を通じて変わらず、同一のものです。そして、この変わらない意味である本質が理解されるのは、フッサールによると、ある特有な「本質直観」と呼ばれる直観をとおしてである、といわれます。このフッサールの見解に対して、かりに、個々の三角形をみて三角形とわかるのは、直観によるといえても、点や線や角度の定義をすでに前提にしている三角形の定義の理解を、はたして、直観といえるのか、という疑問が生じるかもしれません。

第二章で感覚を問題にしたとき、「空虚な志向が充実にもたらされるのが、直観なのだ」、という現象学の直観の定義を知りました。空虚な志向は「意味の枠」をもっています。その意味の枠が充実されるかどうか、直観されるかを、問うことはできます。しかし、子供であれ、大人であれ、その本質の意味そのものがまだ意識されていないとき、三角形の意味を空虚な志向（空虚な意味の枠）としてさえ、もってはいないはずです。それなのにどうして本質の「直観」ということができるのでしょうか。ここで、この疑問に答えるために、フッサールが述べる、本質が直観されるときの経過を、詳しくみてみましょう。

## 第二節　変わらない本質が直観されること

フッサールは、この本質を直観する経過を、三つの段階で説明しています。

まずはじめの段階は、その事柄に関係するような、さまざまな実例をたどり、自由奔放な想像と空想を逞しくして、ありとあらゆる可能な事例を想定してみることです。極端から極端にわたる事例がたどられます。三角形がテーマである場合、右に述べたように、さまざまな三角形（たとえば、線に近いような極端な三角形をも含めて）にあたるような、空想を交えたあらゆる可能な限りの事例をたどるわけです。

いまここでは三角形の本質がテーマですが、別のテーマ、たとえば、色や形を人はどう見ているのか、色を見る、形を見るとはどういうことか、色の本質、形の本質は何かといった場合には、これらの事例をたどる際、当然、色や形などをめぐる視覚の知覚心理学や視覚器官をめぐる生物学などの観察と実験による個別科学の研究の成果も、そのような事例に、含まれてきます。ですから、現象学の本質直観というのは、個別科学の成果に対して、根本的に開かれているのであって、その成果を無視したり、自分の意識現象だけを内省して、そこから立ち現われる神秘的な直観を得るといったことでは、まったく、ないのです。このことは、しっかり理解しておかねばなりません。

この第一段階で、興味深いのは、さまざまな例から例をたどるときに、自由な空想と並んで、自然に生じる連想、似た例とか逆の例とかが、意図せずに、いわば自然に浮かんでくる、ということです。フッサールはこのことを、「はじめに与えられた実例から新たな〔心に浮かぶ〕像に移っていくとき、……連合や〔ひとりでに生じる〕受動的な空想が、目的をもたずに成り行きまかせに、生じることが役立っている」[20]、というように述べています。

たとえば三角形の例ですと、子供が角のある図形を探すとき、「体をぶつけて痛かった」という、形と痛みの結びつき（連合）が、角を「角がある」と見るようにさせているかもしれません。これは意図的に起こす空想によるというよりも、自然に浮かんでくる連合による、といったほうが、的確でしょう。しかし、ここでは、積極的に空想を働かせる自由な空想や変様や変更が、中心的役割として述べられていることも、同様に強調されねばなりません。

20　フッサール『経験と判断』四一三頁を参照してください。

第二番目の段階は、第一段階で、自然な連合や自由な空想をとおして生じてくるさまざまな像が、ずれたり、重なったりして生じてくる、「合一による統一的な結びつき」が生じる段階、とされます。つまり、思いつくままにいろいろな三角の形を想い浮かべ、自分から空想逞しく、思いついたものをさらに極端に、角度を広げたり狭めたり、辺の長さを無限に延ばしたり、縮めたりするなかで、それらの可能な限り多彩で多様な個々の像が、それ自身、「まったく受動的に」[21]、――ひとりでに、自然にということです――ある一致した、合一した何か、綜合され、「統一された何か」になる、というのです。

21　フッサール『経験と判断』四一四頁からの引用です。

そして、それまでの無数の個々の像は、実はこの「統一的な何か」の範囲のなかで、お互いに他とさまざまに異なり、変様して現われていたものなのだ、ということが、わかってくる、といいます。それは、自分で共通な何かを選んだり、まとめたりするのではなく、像のほうでひとりでに、重なったり、まとまったりしてくる、ということ、――もちろん自分でさまざまな可能な像を空想する、自分の側の能動性や積極性を経てきている、という前提を忘れてはいけませんが、――このことが、ここでいちばん重要なことで、このことを前もってできあがる、という意味で「先構成」といいます。問題はこのひとりでに生じる「受動的な先構成」が、いったいどのように起こっているのか、ということですが、この重要な問題は、次章の課題となります。

第三番目の段階では、第二段階で「先構成されたもの」が自覚的に、能動的に反省され、見て取られ、観取される段階です。この能動的に観取されるというのは、他でもありません。前章で取りあげた、気づかずに流れていたメロディーに気づいて、それまでに過去把持されていたメロディーを振り返って見る、つまり、反省する、観取することと同じことです。ここで先構成されたものが、本質として直観されるというのです。

このように観取され、理解される本質は、エイドス（形相）ないしイデア（理念）とも呼ばれ、これまで「変わることのない本質」と述べられてきたものです。ですから本質直観は、別のいい方では、「理念視」（イデアを見ること）とも呼ばれます。こうして一旦、観取された本質は、ある特定の個別的なもの、たとえば三角形に関していえば、教室の黒板に描かれた〝その三角形〟だけでなく、ありとあらゆる三角形にあてはまる一般的な性格をもつのです。

## 第三節　経験の事実と事実の経験

この変わらない本質を観ることと、「抽象の方法」、つまり、いろいろな事物を知覚して、細かな違いを無視し、次に共通の性質を抽出して、一般的な意味をもつ概念を獲得する、という方法とどう違うのでしょうか。

個々のものの知覚から出発する点は、両者に共通です。しかし、抽象の方法の場合は、始終、出発点とした個別的なものの経験の領域にとどまりますが、本質直観の場合は、そこにとどまらず、想像とか空想とか、さまざまな自由な変様の可能性の世界を巡ります。それによって、個々の事実の経験からいわば解放されて、「あるかもしれない」可能性の領域に踏み込むわけです。

このことは、抽象の方法からいわせると、経験という事実の世界から離れて、空想という虚構の世界に遊ぶことを意味します。それによって、事実の経験をとおして客観的規則性を求める科学的学問であることを断念することになる、という批判がでてくるでしょう。

これに対して、フッサールは、次のように反論します。一般的なものが観取されて、はじめて、一般的なものに対応する個別的なものという意味が正しく理解されるのだ、また、両者の出発点になっている現実的な「事実の経験」ということそのものが、正しく理解されるには、事実を離れて自由に空想して、現実ならぬ可能性の世界に考えを及ばせる必要がある、というのです。

というのも、個々のものを事実として経験することは、実は、その個々の事実が事実として経験され、意識される〝そのされ方〟を前提にし、それに依存しています。そして、事実をそれ以上たどりえない絶対的な出発点とみなす経験諸科学は、その事実の成り立ちそのものを問うことはありません。個別的事実を出発点にして抽象をすすめる経験論者は、この個別的事実が世界の中に起こっていることに何の疑いも、もちません。それは、経験論者でなくても、日常生活を送っているほとんどの人に共通の、当たり前にすぎる自明の事実なのでしょう。

世界の中で立ち現われてくるさまざまな事実、見えているものや聞こえている何か、触って感じる何かは、それぞれ、あるときにある場所で、（たとえば、量のある個物の場合、先に述べたように射映をとおして）そう経験されています。この「時間と空間」という、世界の中での事実という経験が欠くことのできない「枠組みの成り立ち」こそ、現象学が解明しようとする経験的事実の本質なのです。ということは、経験の事実にとどまるのではなく、事実が事実として経験されているその経験のされ方、すなわち、「事実の経験」を解明しようとするわけです。

とりわけ、現象学は、個別的な事実についての判断の成り立ちを解明するために、「判断停止（Epoche）」という方法をとります。これは、現象学の分析にとって、欠くことのできない方法であり、したがって本質直観にとっても同様に前提になっています。それは、たとえば、「これは赤い」という知覚判断に対して、「いや茶色だ」という知覚判断が対立した場合、経験諸科学のように、光の周波数やその人たちの視覚能力の検査をして、どの判断が妥当なのか、判断についての判断を重ねて、それぞれの判断の客観性をさぐるという方法と対立しています。

そうではなく、その「これは赤い」という知覚判断を、判断として肯定したり、否定したり、検証したりせずに、それをそのまま、ちょうど金魚鉢に金魚を泳がせるように、そっくり掬《すく》い取る方法をとります。そして、「赤いという意識内容が、見るという意識作用によって、どう構成されているのか」、意識の志向性の相関関係として、分析しようとするのです。つまり、判断を肯定したり、否定して、判断に判断を重ねていくのではなく、一旦停止して、いわば、その判断を意識活動そのものとして括弧に掬い取る方法を、「判断停止」と名づけるわけです。

ですから、本質直観の方法は、「抽象の方法」においてまったく欠落している、判断停止という操作を経ている、という点が違いとして、まず強調されねばなりません。それに加えて、上の本質直観の第二段階で述べられている、重なり合いをとおして、自然に統一され、合一する「先構成」と、抽象の方法との違いも、注意されなければなりません。

抽象の方法の場合、たとえば、「赤い」ものと「緑」のものを見て、両者に共通な、より一般的な「色」という本質を獲得する、という抽象の操作を行なうとき、赤の性質と緑の性質という一つのレベルから、その両性質を比較して、違いを捨て（捨象し）、共通点を抽出（抽象）して、色という本質を得るといわれます。

そして、この方法のなかで働いている比較、抽象という操作は、これまで扱った、数えることにはじまり、事実判断に事実判断を加えていく際に働いているような能動的な意識作用を意味しています。しかし、これに対して、本質直観の際に第二段階で働く「自然に合一する統一」は、このような高度な意識作用なのではなく、実は、次章で考察される「受動的な連合」によって働いています。

この連合は、自然科学でいう事実と事実の間に働く法則ではありません。どんな規則であるかは、次章で説明しますが、ちょうど時間の意識の解明のときと同様、経験科学は、すでに抽象という経験科学の基本操作の只中で、哲学が解明できるこの「連合という本質規則性」を、知らずに使っているのだ、ということができるでしょう。

## 第四節　「花火」に本質があるでしょうか

ふたたび、花火の例にもどりましょう。夏の夜空に花開くのが花火と限りません。ドイツでは、大晦日の夜の一二時、新年の訪れと同時にいっせいに花火が上がります。外套に身を包みながら冬の寒さのなか、庭で震えながら買っておいた花火を上げます。季節感が違っても、花火は花火です。日本では、夜空の大輪から線香花火、仕掛花火まで、すべて花火と呼びます。しかし、線香花火は、ドイツ語ではWunderkerzeといい、「すてきで不思議な蠟燭《ろうそく》」という意味で、花火（Feuerwerk）ではありません。日本語の「花火」という言葉で意味された花火と、他の国の花火に対応する言葉の意味と少しずれがあるばかりでなく、その言葉で連想される事柄もかなり違っています。

ずれの部分を除いて、共通と思える部分だけ取り出し、それを花火の本質ということができるでしょうか。「花のような火」と「Feuer（火の）Werk（こしらえもの）」との共通性は、言葉どおり取ると、火ということになりますが、それは一般性の高まった、より抽象された火の本質に近づいても、花火の本質から程遠いものになってしまいます。「花」と「こしらえもの」との間の共通性があるとすれば、「秩序だった形態」といった意味内容をもつといえるでしょうか。しかし、「秩序だった形態をもつ火」というのでは、私たちの想い描く花火でもなければ、ドイツ人の想い描くFeuerwerkでもありません。

この花火の本質を見定める困難さは、いったいどこからきているのでしょうか。三角形の本質ですと、このような難しさはありません。より抽象的であることと、より具体的であることとの違いがあることはわかりますが、いったい変わらない本質を理解するうえで、この違いは何を意味するのでしょうか。

三角形の場合、どんな個々の事物から出発して、自由な空想を経ようと、到達する本質に違いはありません。ところが花火の場合、個々の花火が日本とドイツでは、はじめからずれており、日本で空に上がる花火から線香花火、仕掛花火まで、事例の幅が限定されているのに対して、ドイツでは、普通の夜空に上がる花火は花火ですが、先ほど述べたように、線香花火は花火ではなく、普通の家庭で買われる小さな打ち上げ花火から、大きな打ち上げ花火まで、Feuerwerk（花火）ではなく、Rakate（ロケット）といいます。ですから、本質直観をはじめるそもそもの出発点において、意味の内容、意味の分類の仕方が異なっているわけです。

ここで、まず、日本語の花火とドイツ語の Feuerwerk というように、二つの違った言語を対比させるなかで本質直観を考えるから、問題が複雑になるのだ、という批判に答えておきましょう。同じものを二つの違った名で呼ぶこと、たとえば、同じ日本語でも、地方によって同じ魚の呼び名が違うこととか、「宵の明星」と「明けの明星」が同じ金星の別名であることなどからわかるように、何をどう呼ぶか、何をどんな言葉で表現するか、ということがここで問題になっていることがわかります。

何かがぱっと夜空に広がります。それを見る瞬間、花火を見たのなら、そこに花火を直接、見たのであり、「夜空にぱっと広がった何か」を見たのではありません。つまり、もし、それが何かわからないで、そこに「夜空にぱっと広がった何か」を見たのなら、まさにそう意識したように、「夜空にぱっと広がった何か」を見たわけです。ドイツ人の場合も同じで、そこに Feuerwerk を見たのなら Feuerwerk を見たのであり、「夜空にぱっと広がった何か」を見たのなら「夜空にぱっと広がった何か」を見たのです。

ですから、「宵の明星」を見たのなら「宵の明星」を見たのであり、「明けの明星」を見たのなら、「明けの明星」をそこに見ているのであって、いずれの場合も、科学的に実は同一の星であるはずの「金星」を、そこに見ているというのではありません。現象学の立場からすると、そのような客観的に存在するとする対象としての「金星」が、本当にあるという特権をもっていて、それが夕方は「宵の明星」として、朝方は「明けの明星」としてみられている、というのではないのです。

何かを「～として」見られているその意識内容、ないし、意味内容という意識の志向性の領域から離れ、外部に、ある分離した実在領域があり、そこにある同一の客観的で科学物理的事物（金星）が実在する、そして、それがあるときは、「宵の明星」として、あるときは「明けの明星」として見られる、というのではないのです。

なぜなら、「金星」として見えるのは、天文学の知識があって、その知識でもって金星として見ているからに他ならないからです。第二章で述べたように、「〜として」意識する意識の志向性から出発する現象学は、客観的物理的実在が「客観的物理的実在として」意識されていることそのものは認めます。そして、それを、その意識作用と意識内容に即して分析しますが、意識する主観と意識される客観、見る主観と見られる客観的実在という、主観と客観の二元的枠組みを、はじめから存在し、妥当するものとして、そのまま認めているわけではありません。

しかも、「〜として」知覚される、つまり、対象として見られたり、聞かれたりする以前に、感覚するという意識の層があり、そこで感覚された感覚素材がまとめられて「〜として」知覚されるのです。ですから、「夜空にぱっと広がった何か」、「花火」、「Feuerwerk」として知覚される以前に感覚としてまとめられて、受け取られている複数の感覚素材が、まずは、意識されているのでなければなりません。

ということは、ある一定の感覚素材の集まりが「花火」と名づけられるときに居合わせる、あるいは、子供が親から教え込まれる、また、Feuerwerk と名づけられるときに居合わせるといったように、各自がその言葉をそれぞれ使えるようになるときに居合わせることこそ、問題になります。つまり、感覚素材の意味内容と言語の表現する意味内容がどのように対応しあっているのか、という対応関係の問題になります。

普通、本質直観をとおして何かの本質が獲得される場合、具体的な個々の事例から出発します。ここで問題になっている感覚素材のまとまりが、「花火」として知覚される際の、花火という本質直観の場合も、それは同様で、花火の形態、色、音など、その感覚の意味内容を、さまざまに変様し、変化することになります。そして、さらに、その感覚の意味内容の変様に、言葉の意味内容がどう対応しているかが問題とされます。

また、細かに見ると、さまざまな事例を出発点に取るとき、個々の具体的な形、色、音など、それらの別々の感覚素材のまとまりに属する意味内容が、すでにできあがり済みであることも、明らかになってきます。

つまり、この花火、あの花火というように、さまざまな事例が集められる際、この可能性は実に多岐にわたっていますが、この可能性は、「無限の事例を集める」といった絶対性の要求を意味せず、さまざまな種類の相対性が、はじめからそこに含まれている、というのです[22]。それを花火の例で考えると、実は、出発点でいろいろな花火が見られる際、すでに感覚の段階で、その対応性が問題になります。

たとえば、それらの花火の形態や色が感覚される段階で、そもそも見ている身体は、普通の健康な状態か、それとも、風邪でぼやけた眼で見てるのか、そもそも、それらの感覚がノーマルな当たり前の感覚として感覚されているかどうか、感覚の「相対性」といった問題が顧慮されなければならなくなるというのです。

22　このことについて、フッサールは『経験と判断』という書物の中で、次のように述べています。具体的な事物の本質直観の難しさがどこにあるかといえば、「例をたどっていく出発点の直観にあたって、――つまり、まずは、一定の限られた諸例の直観から始めなければならないが――それが、〝それそのもの〟〔その本質〕として、一定の開かれた無限性のなかで思念されてはいるが、その思念において、この〝無限性〟を実は、ただ含蓄的にのみ内に含んでいることの中にある、つまり、このすべての無限性が、実に様々な相対性と絡み合っていることのなかにあるのである」（『経験と判断』四三九頁）、といっています。

フッサールはこの感覚の相対性に関して、『イデーンⅡ』という書物で、サントニンという胃薬を飲むと、周りがすべて黄色く見える、という事例をあげています。また、『経験と判断』では、身体の状態の変化によって、感覚がさまざまに変化することを、「経験をとおして事物が何であるかわかることは、常態（ノーマル）か否常態（アブノーマル）といった様式の違いに基づく状況に、関係づけられている。……ある事物に固有なものは、まずは、ノーマルな感覚性

（ノーマルな身体性がそれに属する）のもとで直観的であるものであって、またさらに、経験する私にとって直観的なものである」[23]と述べています。

23　フッサール『経験と判断』四三九頁および次頁からの引用です。強調は筆者によります。

感覚がノーマルかアブノーマルかという相対性に加えて、この「私にとって直観的」ということの中には、実は、大変な事柄が潜んでいます。自分一人でさえ、状況によって、感覚の仕方は異なっていますが、他人にとっての、つまり、他人の感覚の仕方という、自分にとってはまったく閉ざされていると思える領域をも加味して、具体的なものの本質を考えなければならないのです。

ですから、花火とFeuerwerkの違いといった複雑で高次な意味の違いどころか、日本人が同じ日本語で「花火」といっていても、各自が本当に同じ意味内容を直観しているのかどうか、どうやって確かめられるというのでしょうか。個人個人によって、変化することのない共通の意味内容を直観しているかどうか、どうやって確証する手だてがあるのでしょうか。

個人の感覚の常態性と、他の人々とともに作り上げている、誰にでもそう見えるという複数の人々の間の常態性が、どのように常態（ノーマル）として意識されているのか、その意識の成り立ちが明らかにされない限り、「花火の本質」の本質は、客観的には語れないのです。つまり、ものごとの本質という問題は、他者の意識が自分の意識にどのように与えられているのか、という他者の意識の問題が明らかにならない限り、最終的な解答は得られない、ということなのです。

この問題は第八章で検討します。

## 第五節　「あのときのあの花火」、体験の一回性と同一性

私たちは、「あ、花火！」というときの花火の意味が、日本人の間では、ノーマルな通常の変わらない意味をもっているだろう、と思っています。それでいて、個人個人で少しずつ違った意味で使われている可能性があることも認めています。これらのことは、日本語の花火とドイツ語の Feuerwerk という言葉の違いの場合にも、当然、当てはまります。ですから、同一言語の同じ言葉の意味の成り立ちを考察しなければならない事情がそこにあるわけです。

ここで、この一般的な意味で「花火」と名づけることと、一回限りの経験としてみられた「あのときのあの花火」の意味を、一般的に対して個別的と呼び、その違いをあらためて問題にしてみましょう。

「あのときの花火」というときには、すでにその時は、過ぎたとき、過去のある時です。きちんと日記をつける人は別ですが、あのときの花火は、何年何月何日、どこで、と書きとめ、その日時を覚えているというのは、稀なことかもしれません。大切なのは、「あのときの花火」で、そのときが何月何日という日付をもっていることより、「あのときの花火」としての全体の体験でしょう。

しかし、その特定の時は、その一時間前でも、また一週間前でも、その場所は、多摩川の土手のどの場所でもかまわないものでしょうか。「あの特定の時」は、その全体の体験が実現した時だったからこそ、大切な意味をともに担っているわけです。

一時間前だったら、「あの花火」でなくて、「別の花火」だったでしょうし、かりに同じタイプの花火が一時間前に上がったとしても、それが上がった前後の花火は「あのときの花火」の前後の花火とは別ですから、きっと別のように感じられたでしょう。

またそのとき自分は、一人だったのか、だれと一緒だったのか、どこに立っていたのか、すわっていたのか、細かなことは、想い出せないまま、あの空から降ってくるような大輪の花火が鮮やかに甦ります。細かなことは想い出せなくとも、あのときの全体的状況は、そのときにこそ、一回きりでそのように体験された、ということは明らかです。生きている人は、一刻一刻を常に新しく生きています。流れる時間の一刻一刻の一回性、時間の位置の一回性、そして場所の位置の一回性、これが生きる全体的状況の一回性を決定する基盤となるものです。

「あのときのあの花火」の一回性は、その特定の一回性のまま存続しつづけます。時が経っても、「あのときの花火」のままでありつづけるわけです。そのときの全体的状況を形作っていた細かなことは、忘れていき、花火の色、形も褪せていくかもしれません。ただ、あのとき、あの花火を体験したその体験そのもの、その体験が体験されたその「特定の体験の意味内容があった」ということ、そして、時折、想い出されるのは、まさに「そのこと」であり、別のことではないということは明らかなようです。つまりその特定の一回性は、時間を経ても、同一のままでありつづけるということです。

ところが、このようにある特定の体験の一回性と同一性は明らかでも、よく見間違いや聞き間違いがあるように、記憶違いはあるものです。「あの花火」だったはずが、実は場所も時間も違う、他の一回性、「他の花火」の体験に、重ね合わせていた、ということがあります。実は、見たいものを見たいから、見間違ったりするように、想い出したいものを想い出したいから、間違えて想い出す、ということがあるのではないでしょうか。とすると、特定の体験の一回性と同一性、つまり、「あのときの花火はあのときの花火だ」というのは、どこにその保証と確証があるのでしょうか。この問題の解明は、本質直観の経過で働く連合の問題と同様、次章の課題となります。

本質直観をめぐる本章は、次の三つの論点にまとめられるでしょう。

(1)　ものごとの本質を直観する本質直観は三段階で説明されます。その第一段階は、そのものごとに当てはまりそうなさまざまな事例を、極端な事例や自由な空想や想像による事例をたどる自由変更の段階であり、第二段階では、第一段階の自由変更をとおして、まったく受動的に（ひとりでに、自然に）「統一的な何か」が先構成されてきます。第三段階において、この先構成されたものが、本質として直観され、構成されます。

(2) 本質直観と抽象の方法との違いは、次の点にあります。抽象の場合、抽象されるものは、経験される事実に留まり、さまざまな事実の中から共通なものを認識し、抽出する操作を行いますが、本質直観の場合、経験される事実だけでなく、自由な発想や想像による事例をも含むことをその方法に組み込んでいます。経験の事実に制限づけられた抽象の方法の狭隘さは、本質直観の際の現象学的還元と判断停止の方法によっても明らかにされます。

(3) 本質直観の内実は、誰にとっても絶対に客観的であるということはできません。というのも、個々人の直接、体験する感覚内容の個々人で異なる相対性が、他者の意識への到達可能性を問う相互主観性論によって明らかにされてはじめて、本質直観の客観性が確証されるからです。

# 第五章　想い出さずに、想い出されるということ

一枚の写真を見て、そこに写っている人々の顔に、その当時の状況が彷彿としてきます。その彷彿とする、なにか雰囲気に似た、いま自分がそこで呼吸しているかのような、その人々との気持ちの響き合いが、写真を満たしています。陰影に富んだ細かな当時のできごとも浮かんできたりします。

思い出は、想い出そうとしても、自分の意のままにならず、思い出の方から自然に想い出されてくるかのようです。自分がいま見ている一枚の写真には、自分の過去が息づいています。そこに息づく過去のなかの自分と、いまそれを見ている自分との間にどんな繋《つな》がりがあるのでしょうか。本当に私はその写真の場所にいたのでしょうか。前の章で述べられた「あのときの花火」が、あのとき一回限りの、そして同一の花火だという保証は、どこにあるのでしょうか。

この現在と過去の絡み合い方、知覚と再想起（しばらくたって、ふたたび想い起こすという意味で再想起という）の絡み合いを明らかにすること、そして、現在、過去、未来という時間のたんなる形式にとどまらず、その時間を流れるさまざまな具体的内容が、どう構成されているのか、もっと詳しくみてみること、それらがこの章の課題です。

## 第一節　気づかずに起こっていること

フッサールは、これらの課題を、「受動的綜合」とか「連合や触発」という言葉を使って、解明していますが、その考察にあたって、まずは、第三章で「時がたつ」という言葉を分析したときにあげた、気づかず聞いていたメロディーが、

それと意識せずに心に残り、それがあとから気づいたという例を思い出してください。

何かに夢中になっていて、背景に流れていたメロディーに気づかなかったのですが、そのメロディーのある特定の音節が鳴った途端に、気づかずに流れ去って「過去把持」されていたメロディーの部分全体が聞こえたという例でした。

ここで、「後で気づく」という、はっきり自覚して意識が働いている場合、そのような意識を「能動的意識」、ないし「能動的志向性」と呼ぶことにします。そして、気づくという自覚がなく、自己意識を伴わないで、いわば起こっていることがただ受け取られていたこの例のような場合、そのような意識活動を「受動的意識」とか、「受動的志向性」、と呼ぶことにします。

ただ、気をつけなければならないのは、普通、「能動—受動」というと、「誉める—誉められる」、「けなす—けなされる」、「好く—好かれる」、「憎む—憎まれる」、といったように、「する人、される人」のいずれにしても、それにかかわる当事者がいることが前提です。そして、そのとき、いったい誰が誉め、誰が誉められているかは、大事なことですから、その当事者は、するにしろされるにしろ、そのことを自覚しているのが当然です。その行為を行なった人と受け手との関係を、行なう人の側からみて「能動」、受け手の視点からみて「受動」というように理解しています。

しかし、ここでいう受動的志向性の「受動」はそういう意味ではありません。というのも、自分で気づかずに、メロディーの一部を聞き分けていた場合には、「自分が受ける」という受け手の意識が当事者に働いていないのですから。ではなぜ、このようなことについて述べるのに、誤解されやすい「受動」という言葉を選んだのか、という批判ができます。それに対して、ここでは、おそらく、フッサールが他に適切な言葉を自分の哲学の伝統に簡単に見つけることができなかったからだ、というにとどめておきます。

では、「気づかずに起こっていること」をもっと事態に即して表現できる言葉はないのか、と考えると、実は、日本語に、「自発形」という用法があるのに気づきます。能動―受動の区別が生じる前に、実はその両者の根底には「自発」という用語法がありました。

もちろん、この「自発」の場合、起こることがらに気づいてはいます。しかし、その気づき方は人間を超えた神々しいできごとに接して、それに巻き込まれ、「自分がそのことに気づく」といった個我の意識は生じていないといわれます。古語である「ゆ」や「う」の「自発」の用法はこのような事態を表現しています。

そして、日本語学者の意見として、実は個我を前提にする能動―受動の区別は、それ以前に使われていたこの「自発」から分岐、発展した区別だそうです。[24] つまり、自発の方が、能動と受動より起源が古いわけです。そして、それだけでなく、この自発形は、尊敬語としても、使われました。人間の力を超えた神々しいことが起こると、それに自発形の尊敬語をもちいて、自然に起こることに対する敬意の念を表現しているわけです。

24　この点に関して、大野晋の『日本語の文法を考える』（一二三頁）と荒木博之『敬語のヤパノロジー』が参考になります。

それと関連して興味深いのは、日本語の受動形に、する人、される人という行為者がいないような、自然現象に苦しむという表現が使われることです。「雨に降られる」というような例ですが、それだけでなく、実は行為者がいるにもかかわらず、まるで自然現象かのように、「あの人に旅立たれた」とかいうこともあります。もとをただせば、自分の自由にならないできごと（自発）に苦しむわけです。ですから日本語で自発というときの「自」は、「自分」の「自」ではなく、「自然」の「自」であり、「おのずから」、「事柄の方から」の意味なのです。

ところが、同じ「自発」という言葉の「自」が「自発的に行動する」というときの「自分から、自由意志によって」という意味もあり、日常よく使われています。となれば、むしろ、いまここで問題にされている事態は、事がおのずから起こるという意味で、「事発的」といった言葉が最適なのかもしれません。

さて、この事発的な受動的意識ということでフッサールがいいたいのは、まず第一に、この受動的意識（ないし、志向性）といわれる「事発的」現象が、能動的意識（ないし、志向性）に対して、前もって起こっている、「先行している」ということです。

しかし、それだけではありません。それだけだったら、気づかずに聞いていたメロディーであっても、「ああそういうこともあるな」と思うぐらいで、人間の意識の働き方の多様さに驚くだけの話で終わるかもしれません。そうではなく、あらゆる意識活動が生じるとき、つまり、何かに気づき、何かを感じているとき、知覚しているとき、判断しているとき、まさにその真っ只中で、この「事発的」現象、受動的志向性が、気づく以前に基盤として、前提としてすでに生じている、働いているということが大事なのです。

そして、このような意識の下部層をもたない意識活動はそもそもありえないということです。そもそも、普通の意識は、意識される以前の受動的な自覚を伴わない意識を前提とし、この基礎なしには働きえないことを解明したことこそ、実は、フッサールによってなされた、現代哲学の展開のうえで、もっとも革命的な事柄なのです。

では、いったい何が革命的なのか、「基盤、前提」というのはいったいどういう意味なのか、はっきりさせなければなりません。

革命的とは、それまでの考え方を根本から変革する場合をいいます。それまでの考え方とは、いわゆる近代的世界観の基本的枠組みである、主観と客観が対立するという考え方をさします。かりに、それを表現してみれば、「朝起きて、人と世界を相手に生活がはじまる」、「心の活動の主体である自分が、他人とか、ものといった世界の中の客体に対峙しつつ、いろいろ経験したり利用したりして生きている」といった考え方です。それは、いってみれば、「心と物的世界との対立」の基本的枠組み、ないし、構造をもつともいえます。

そして、「心と物の」そのどちらを本当の根源とみなすかによって、心が根源である場合は観念論、実際に外に在る物が根源と見なされる場合、実在論が主張されます。また、心と物の二つが二つともまったく異なった根源（元）とされる場合、心と物の二元論といわれます。この「観念論、実在論、二元論」に共通しているのは、いま述べたように、心と物がはじめから別々に在るという「心と物の対立」の基本的構造がある、それがそのまま疑われることのない前提とされている、という考え方なのです。

この考え方に対して、フッサールは、これまで「志向性」という考え方について述べたように、はじめからこの対立、「主観と客観の対立」の深淵を乗り越えてしまっています。なぜなら、志向性は、「〜について」というように「何かに向かって」関係が立てられてしまっている、主客の対立がはじめから架橋されてしまっていることを意味しているからです。

意識は、心がサーチライトのように外にある物を照らすのではありません。はじめにすでに何かに向かってしまっている関係そのものができあがっており、主観と客観の対立は、「〜について」の意識である意識の志向性を分析していくと、その対立の仕方（対立のできあがり方）がそれとしてはっきりしてくるのです。つまり、はじめから客観に関係づけられている、架橋されている主観という志向性の事態があるのであり、この志向性が「意識作用と意識内容」に分析されて、はじめて主観と客観の成り立ちが解明されるのです。フッサールは、このことをいつも現象学の立場としてきました。

このように、「心―物」の対立構造は、まずもって、意識の志向性という考え方で、乗り越えられてはいるのですが、これは、心と物の二元論を克服するはじめの一歩にすぎませんでした。というのも、「すでに関係ができあがっている」といい、「意識が何かに向かって構成（作り上げて）してしまっている」といっても、ついつい、関係を作り上げる「心」を考え、想定してしまうことになるからです。「架橋されてしまっている」とはいっても、つい、架橋する手前を考え、光を投げかけるサーチライトのように、橋を架ける能動的な心を考えてしまうからです。

となると、克服されたはずの主観と客観の対立がふたたびひそかに現象学の性格づけに援用されることになります。そして、それによって、とくに意識が能動的に構成する主観的側面が強調されてしまい、現象学はやはり、「主観主義」だとか、人間の認識する意識作用である知性を中心に考える「主知主義」だとかいう批判がでてきてしまうのです。

そのような批判に対して、フッサールによって、それが完全に根拠のない批判として反批判され、二元論克服の徹底した歩みが実現されました。それは、この主観的側面と客観的側面の相関関係の成り立ちそのものを下から支えている、もはや主観的、客観的と言い分けることさえできない意識の層が露呈され、解明されることによってでした。つまり、能動と受動に自発が先行するというように、主観と客観に分岐する以前に働いている意識の層の解明によって可能になったのです。

この画期的な歩みは、まずは、第三章で問題にされた、過ぎ去ることの意識である「過去把持」の意識の解明によって進められました。過去把持は「意識作用—意識内容」という枠組みでは理解できない含蓄的志向性であることの解明です。そしてこの歩みを完璧なものにしたのが、実は、この章で扱う受動的志向性、「事発的」意識、そしてその受動的志向性による綜合である受動的綜合と呼ばれる意識に上らない無意識層の解明、つまり、「連合と触発」の解明なのです。

## 第二節　いろいろな感じはどこから来るのか

では、まず、時間意識の分析の際に取りあげた「過去把持ということ」をもう一度振り返ってみましょう。ある音が聞こえているとき、その音のはじまりがそのまま残っていって、来る音と音として同質化されることによって、その同質化の連なりがある音の長さとして聞こえている、ということがまず述べられました。このそのまま残っていくこと、これが可能になっている意識の働きを「過去把持」といい、過去把持は、普通の「自分が」という自己意識を伴う意識作用なのではなく、含蓄的志向性として働いています。

ここで、この含蓄的志向性の働き方について、より詳しく説明してみましょう。まず、想い起こしていただきたいのは、第一章で自分の意識作用の働き方の違い、たとえば、待ち合わせでその人が来るのが実際に「見える」のか、その人が来ることを「待ちわびている」のか、それらの意識作用が働いている最中で、「自分が何をしているのか」その違いを自覚できていることについて述べたことです。この自覚の仕方をそこでは、意識作用の働きに伴う意識として「随伴意識」と呼びました。

随伴意識は、意識作用に伴う意識で、意識作用ではありませんので、随伴意識そのものが、意識作用のように、随伴されて意識されることはありません。何らかの意識作用（知覚、想像、判断等々）には、随伴意識が伴い、それら諸々の意識作用の働き方の違いが、随伴的に自覚されますが、随伴意識は、通常の意識作用ではなく、随伴意識の随伴意識が必要とされることなく、そのまま自覚されているだけです。「自分が何をしているのか」についての自覚は、一回で十分です。

たとえば、その人に「はい」と答えたのか、「いいえ」と答えたのか、一回自覚すれば十分であり、自覚の自覚は不必要であるばかりか、あとになって、自覚していたことを何回も想起しなおすことは自由ですが、それは、自覚していたことが、再想起されることであり、自覚の自覚ではありません。そのような働き方の違いが意識されることのない、それ以上、遡ることのできない意識をフッサールは、「原意識」ないし、「内的意識」と呼びます。

意識されている過去把持は、まさに、このような、それ自身、意識作用ではない原意識の働き方をしているのです。意識された内容が残っていく含蓄的志向性としての過去把持の志向性は、この原意識の働き方をしているということができます。そして、この原意識というのは、感じられるままに感じられている感覚にも妥当し、過去把持は、感覚に即した時間の意識ともいえるのです。

問題は、ここでいわれる感覚の感覚素材（原印象）の意味内容です。この意味内容はいったいどこから来るのでしょうか。はっきりした時間位置をもたずに、気づかずに過去把持されていた音や明るさや暖かさは、いったいどうやって感じ分けられていたのでしょうか。

まず、感覚素材の意味内容は、「原印象」に直接、与えられているというのが、普通に考えられる答えでしょう。原印象がそもそも感覚素材であり、その意味内容をもち、それがそのままの意味内容で、過去把持に与えられ、過去把持をとおして変様しながら残っていくという考えです。フッサールも事実、そう見る見方をもちつづけてもいました。しかし、この見方に平行して、別の見方が発展してきて、それが優勢になっていきます。

それは、ここで区別されている原印象と過去把持は、実は、区別できない一つのできごとであること（第三章で述べていたことでもあります）、そして、感覚素材の意味内容は、はじめから決まっているのではなく、その両者（原印象と過去把持）が一体になって「合致し、連合」することによってはじめて、その意味内容がそれとしてできあがる、という考え方です。そして、この第二の考え方こそ、最終的には、フッサール自身の分析に即した見解である、といえるのです。

この連合を説明するにあたって、さまざまな事例を導入することができます。まず、時計の時を刻む「チクタク、チクタク」という音が聞こえているとします。このときの一つ一つの音の連なりの成り立ちを考えると（第三章の時間の分析を振り返ってください）、はじめの音が、原印象と過去把持をとおして、感覚素材の意味内容として与えられます。

そして、その過去把持された意味内容は、第二章で述べた「ただただの感覚」と「対象の知覚」の区別にあるように、「チクタク、チクタク」がただ感覚された意味内容である場合、過去把持をとおして空虚になる感覚の意味内容は、空虚な形態、「空虚形態」となり、この同じ「チクタク、チクタク」が対象である「時計の音」として聞かれている場合の知覚の意味内容の場合、過去把持をとおして空虚になる知覚の意味内容は、空虚な表象、「空虚表象」と呼ばれ、この二つの空虚な意味の枠に区別されます。

こうして、そのつど過去把持された空虚形態の意味内容、あるいは、空虚表象の意味内容と、そのつどの原印象の意味内容とが、お互いにその意味を呼び覚まし合い、（これを覚まし、起こす、という意味で「覚起」と名づける）その意味内容の「同質化、あるいは同一化」が生じる、というように分析されます。

このことをフッサールは、時計の音の代わりにハンマーの音を例にして、次のように描写します。「二度目のハンマーの音が響くとき、直観的に空虚になりはじめている、あるいはまったく空虚になっているはじめの音との綜合は、どのようにして成り立つのだろうか。……過去把持の変化を通して、まさに同一の対象的意味が存続し、その同一の意味内実〔含まれている内容を強調して内実という〕が、一度だけは印象の様相〔「あり方、存在の仕方」といった意味〕において、その他は空虚の様相においてその綜合を根拠づけている[25]」と述べています。

つまり、ハンマーの一つ一つの音の連続は、そのつどの印象の意味内実と過去把持されて空虚になっている意味内実との間に、共通な意味内実が、そのつど、綜合をとおして成立しているというのです。連続した音を聞くというのは、せいぜい数秒の間です。その間に、印象と過去把持されている空虚形態、あるいは空虚表象との間に、このような意味内実の綜合が生じているからこそ、同一の音が同一の音として聞こえ、連続が連続として聞こえる、というのです。

25　フッサール『受動的綜合の分析』（邦訳）二五〇頁からの引用を参照してください。強調は筆者によります。

このような綜合が原印象と過去把持の意味内容の融合による「連合」と呼ばれることになります。しかし、そう呼ばれるようになるには、実は、連合という言葉の厳密な意味をめぐって、幾つかの段階的な考察が行なわれました。

なぜ、このような手続きの必要があるかといえば、まず第一に、前章でいわれたように、ここでいう連合は、心理学でいわれる連合とは違っているからです。次に、連合にも能動的志向性としての連合と受動的志向性としての連合があるからです。そのために、細かな議論を追わねばなりません。

フッサールは、はじめ、原印象と過去把持の間には、通常の意味の「連合」を認めませんでした。なぜなら、過去把持は、それを働きとしてみた場合、原印象の意味内容をまったくそのまま受け取るだけで、未来予持のように「〜について」という、ある意味内容に向かうはっきりした方向性をもっていないとしたからです。過去把持は、「その内部に、そこから放射される、空虚に表象された過去への方向づけをもっていない、いかなる志向的性格ももっていない」[26]とされたからです。

26　フッサール『受動的綜合の分析』（邦訳）一一六頁からの引用です。後にフッサールは「受動性」をはっきり、「『受動性』とは、ここで、自我の活動を伴わないことであり、仮に自我が目覚めていたとしても、……〔意識の〕流れは生じる、つまり流れは自我の活動からできあがっているのではない、ということである」、と述べています（一九三〇年、C草稿、一頁および次頁、参照）。この本で「草稿」というのは、フッサールの未公開の草稿をさします。

つまり、未来予持の場合は、原印象と過去把持からその意味内容を受け取り、次にくる感覚素材に、その意味内容を投げかけていると描写されます。たとえば、置物のフクロウの裏側が、表と同時に与えられている場合に、それが当てはまります。そこでは、普通は自覚されませんが、明確な「～について」の意識が与えられています。

しかし、過去把持は、「～について」意識する意識作用ではありません。ただ意識された、あるいは、意識されない（メロディーに気づいていない場合）意味内容を、そのまま受け取る意識なのです。ですから、はっきりと志向性をもつ未来予持に、通常の意味の志向性として考えられた「連合」という言葉が適切であったとしても、過去把持はこのような志向性をもたない以上、連合と呼ぶのは不適切である、とはじめの頃、フッサールは考えていました。

しかしここでフッサールは、「過去把持は志向的性格をもたない」、ということの指摘に付け加えて、過去把持が、あとから志向的性格をもつことは、ありうるとしています。このことは、たとえば、これまで取りあげた、気づかずに聞いて過去把持されていたメロディーの部分に、覚起が及ぶ例を振り返ってみると明らかです。

現在から発する原印象のもつ特定の意味内容（特別に感動的な音節の意味内容）が、いまだ志向的性格をもっていない、過去把持されたままそこに残っている、空虚表象になりつつある意味内容（それまでのメロディーの部分の意味内容）に働きかけ、つまり、覚起し、連合をとおして、その過去把持が志向的性格、すなわち、未来予持と同様の「～についての」意識（流れていたメロディーの意識）という性格をもつことは、大いにありうることだ、というのです[27]。

というとことは、先ほどあげたハンマーの連続音の場合にも、気づかずに聞いていたメロディーの場合と同様、はじめは

27　フッサール『受動的綜合の分析』（邦訳）一一七頁を参照してください。

志向性をもたないハンマーの音$t_1$の過去把持R（$t_1$）と、次につづく音$t_2$の原印象との意味内容が、過去把持R（$t_1$）が志向的性格を帯びることをとおして、意味の「連合」を生じると主張することができるわけです。

このように、フッサールは、ハンマーの連続音のような、時間の隔たりを置かない、生き生きした現在の内部での連合を、時間の隔たりを置いた、思い出の場合のような再想起の際の連合と区別して「原連合」と名づけました。そして、次節の課題は、この生き生きした現在の原連合が実は、たまたま偶然に起こりうる可能性というのではなく、必然的にいつも生じていること、しかも、これまでの例にみられる聴覚野だけでなく、視覚野、触覚野を含めた、全体の感覚野に働いていることを解明することです。それによって、このような原連合を通じて、感覚素材の意味内容が生成していることが、さらに厳密に解明されるのです。

## 第三節　磁場のような感覚の領野

まず、前節で問題にされた、感覚野での原印象と過去把持との原連合に関する他の事例を示してみましょう。この例では、原印象と過去把持の融合している様子が、触発という現象をとおしてより明瞭になります。

フッサールは、触発をめぐって次のような視覚野の例を出します。「ロレットの丘〔フライブルグ市南西部にある〕を夕方散歩していて、地平に突然、ラインの谷に沿った街灯が灯る。そのときそれらは、即座に触発的に統一的に際立ち、そのさい、ことさら注意をそこへ対向〔向けること〕させるような〔別の〕刺激を必要としない。……〔そして、〕光の列のうちの一つが突然はっきりわかるような強度で、白い色から赤い色に変化する、あるいはその白い色だけ強度が変化し、特に強い光を放つとする。その光はそれ自身、特別触発的になるが、それと同時に、それまで触発のための分節化を欠いていた列全体が際立つように、それを助けるのである」[28]、という事例です。

28　フッサール『受動的綜合の分析』（邦訳）二二二頁および二二三頁からの引用です。

ここで、まず注目すべき点は、ことさら見る側が、注意をそこに向けなくても、その光の列が、そのまとまりとして、自分に見えてくる、ということです。写真を見て雰囲気が髣髴としてくるのとよく似ています。また、この引用の後半の部分で、「一つの光の変化」が生じたとき、ある新しい触発が生じて、すでに前もって働いていた、他の光の触発的な覚起の力を取りまとめながら、より強い覚起の統一が生成する、という描写があります。ここで、興味深いのは、前もってまとまりとして働いていた街灯の列の触発の力と、新しい触発の力をもつことになった「一つの光の変化」との関係です。

このとき、気づかずに聞いていたメロディーの場合と同様、前もって気づかずに聞いていた、過去把持されたメロディーの部分の全体と、新たに立ち現われた強い触発力をもつ音節との関係によく似ています。違うのは、メロディーの場合、音が過去把持され、過ぎ去った感覚素材であるのに対して、光の列の場合、そのまま同じ現在に見られたまま、存続していることです。この光の列の場合は、いわば、同じ時間に、多くの感覚素材がともにある、という意味で、「共在性」における複数の触発の例になっています。

触発は前にも述べましたように、自我に対して、自我の関心を誘い出し、誘発して、そこに生じている何かに引きつけようとする働きです。では、そもそも街灯の光がいっせいにパッと灯ったときに、自我に対して強い触発する力をもつのは、どうしてでしょうか。散歩をしていてまわりが薄暗くなってきています。光の列は、その薄暗い背景に浮き出るはっきりしたコントラストをもつものです。別に光の例でなくても、一点の強い光でも、それが目につくのに、変わりはないでしょう。

この理由を考える際、フッサールが右の引用文で、光の列内の一つの光が変化して、そのまわりの光と影響し合い、光の列全体がより強い触発力をもつ、ということを示していることが、役立ちます。この例によって、感覚の領野には（街灯が灯る以前の薄暗い光景であれ、いかなる感覚野においても）、はじめから、無数の感覚素材から発する触発の力が（力がゼロの場合も含めて）まわり全体にわたって、磁場のように伝播していることが、より明瞭に理解できるからです。というのも、すでに灯っている光の列の個々の光から出ている触発力が、相互に影響し合って、全体の触発力を高めている、という描写にならって、光が灯る以前の薄暗い視覚野全体のひろがりさえも、相互に隣接する部分である「薄暗い広がり」どうしの間に、「薄暗い広がり」という意味内容のもつ触発力が伝播している場である、とみることができるからです[29]。

29　このことをフッサールは、「別の全体のもつ覚起が、初めから、すべての項に、間接的に特別な触発を分与していること、しかも、全体の総体的触発の内部で、それを行っている、と初めから言うことができた」（『受動的綜合の分析』（邦訳）二一三頁）と述べています。

こうして、視覚野には、無数の触発する力が、原連合をとおして、磁場のように全体に行きわたっている、という見解が示されました。そして、この原連合の生き生きした現在の感覚野には、過去把持をとおして、思い出が彷彿としてくる、再想起の際の連合が生じる可能性があります。また、未来予持をとおして、物の裏側が自覚されずに予測されるというように、連合が生じている可能性もあります。

このように、感覚野の現在には、過去と未来に向かった連合の機能が兼ね備わっているわけです[30]。そして、ここで重要なことは、この志向性を帯びた両方向の連合の可能性は、生き生きした現在の感覚野全体に働く原連合において働いていること、そしてこのときの原連合においては、原印象と空虚形態や空虚表象との間の受動的綜合が生じていて、その一部が能動的綜合にもたらされることです。このことは、先に第一節で、能動的綜合が受動的綜合を前提にしていることとして、述べられていたことなのです。

30 このことをフッサールは、「すべての生き生きした現在の内部では、まずもってそこで統合されている感覚素材に限った場合、触発が、たえず、それ自身を超えて働きかけており、そこに、たえず、触発的覚起、すなわち連合が見いだされるのである」（『受動的綜合の分析』（邦訳二二七頁からの引用）と述べています。

## 第四節　対（ペア）になること

原印象と過去把持された空虚形態や空虚表象との連合の仕方で、最も特徴的なことは、その両者の間の「相互の覚起」ということです。このお互いがお互いにたよっている、依っているという相互性をより厳密に考えてみましょう。ここで、「相互」というのは、どんな相互のあり方なのか問うとき、フッサールが、この相互の間の連合をさらに「対化《ついか》の現象」として描写していることに、注目しなければなりません。

対化の現象は、そもそも「対《つい》」になる、「ペア」になって現われることを意味しています。二つの似たものが一つの組になる、対になるということですが、必ずしも、靴の対とか手袋の対の場合のように、正確な対称性が成り立つ必要はありません。また、対の極限の場合は、全く同じという完全な同一化で、普通の対は、似たものの対という意味で理解できます。

フッサールはこの対になるという現象を、『デカルト的省察』のなかで、「受動的綜合の一つの根源的形式[31]」と述べていて、なんらかの受動的綜合が生じているときには、いつも基本的に、この対化の現象という形式にのっとって、それが働いていることを示唆しています。受動的綜合ですから、当然、能動的な志向性、つまり、普通の志向性が働きはじめる前に働いています。自分でそれに気づいていなくても、気づく前に、すでにできあがっているのです。

31　フッサール『デカルト的省察』（邦訳）二〇二頁から引用です。

この対化の受動的綜合という面と対化における相互性をより明確にするために、「中ぐらいの青い石」を例に取ってみましょう。

この青い石は、置いて置物にしてもいいし、漬物や押し花の重石にしてもいいし、死んだ小動物の墓石にしてもいいし、絵のオブジェにしてもいいし、地質学上の観察対象や、物理、化学、数学といった自然科学上の観察対象にもなり、また今やっているように哲学上の議論の対象にもなります。そしてこの青い石の横に、例の置物のフクロウが見えるとします。

するとそこで、「置物」という類似性をとおして、この二つは、対として見られます。その石の横に、こんどは、文鎮が現われるとします。あるいは、十字架、果物、他の石ころ、が現われるとします。するとそこに、それぞれ、「重いもの」、「墓のしるし」、「絵を描く対象」、「さまざまな学問の観察対象とか考察対象」という類似性をとおして、それぞれ対として見られることが可能です。

ここで重要なことは、まず第一に、それらの類似性は、当然ですが、一つではそもそも成り立たないこと、つまり、二つがそろって、ペアになる相手が立ち現われるそのつど、はじめて生じるということです。この青い石があって、他の二つ目のものが立ち現われるその瞬間、そのつど、対を対として成り立たせるその類似性が成立するのです。

この相互性をフッサールはいろいろな個所で描写しています。あるもの（たとえば青い石）が見ている自分に触発してきて、その当のものからの同じ触発する力が、一方で、同時に自分に見えている他のもの（たとえば置物のフクロウ）のもつ触発する力に、ちょうど磁場のような視覚野において移っていってその力を強めます。そしてそれが一方（青い石）から他方（フクロウ）にだけ起こるのではなく、同じことがその他方（フクロウ）から一方（青い石）の方へも起こっていて、そのため、それを交互、ないし「相互の覚起」というのです[32]。

32　フッサール『間主観性の現象学Ⅱその展開』（邦訳）二一六頁から二二一頁を参照してください。

この相互性がはっきり述べられているのは、フッサールの『受動的綜合の分析』の、何かが想い起こされる想起のさいの連合による触発について述べている次の文章においてです。「触発的交通［行き交うこと］によって可能となる第一の結合は、もちろん、覚起するものと、空虚表象、すなわち、覚起されたものとの、現勢的［アクチャル］に意識された類似性、『相互に想起させる』、という本質的なノエマ的様相における類似性なのである[33]」、というのです。

つまり、想起の場合、何らかの原印象の意味内実の側から発する覚起と、覚起される空虚表象の側から原印象に向かう覚起が、相互に、すなわち原印象が空虚表象を一方的に覚起するのではなく、空虚表象の側から原印象の側への覚起の方向が生じつつ、想起が生じている、というのです。

33　フッサール『受動的綜合の分析』（邦訳）二五五頁および次頁からの引用です。強調は筆者がしました。

こうして、街灯の光の列の例で示されているように、触発力が行きわたっている磁場のような視覚野で、ある触発が他の触発に乗り移っていくような、「移行する傾向」が生じていて、「この覚起は、相互の覚起であって、相互に移行する傾向が生じている」[34]といわれます。

その際、注意しなければならないのは、たとえば青い石と置物のフクロウが立ち現われるとすると、そのときに、まず二つのもの（対象）、すなわち青い石と置物のフクロウがあると意識されて、そのあとに、その二つを比較して、置物として似ている、という類似性を、能動的な綜合をとおして、共通な性質を抽象して形成するのではないことです。そうではなく、「置物になる」と見ることは、そもそも、気づかずに聞かれていたメロディーに気づくように、「置物になる」という類似性の綜合がすでに受動的に成り立っていて、つまり、その意味のまとまりがまずできあがっていて、それに気づき（能動的志向性が働き）、そのようにともにある（共在する）ものとして、立ち現われることなのです。

ですから、気づかずに生じうるそのような受動的な類似性と、比較とか対照をとおして類似性を見いだすような抽象操作の際の類似性を、峻別しなければなりません。また、そのような受動的類似性において、覚起する側と覚起される側を分離することができないのは、当然であるばかりか、一方が他方を必然的に必要としている、という意味で、「相互の覚起」といわれるのです。

34　フッサール、『間主観性の現象学Ⅱその展開』二一八頁を参照。

## 第五節　見間違いの理由を求めて

前節で、「青い石」と「フクロウの置物」という例をあげました。これらの例は、すでにできあがり済みの、特定の対象として繰り返し知覚されている、それぞれの対象の意味をもっています。このような事例が、対化の現象の解明にあたって、用いられたのですが、その対化の徹底的な解明のためには、できあがり済みの対象の意味を前提にする事例にとどまっているのでは、不充分です。

なぜなら、対化の現象には、原印象（感覚素材）と過去把持との間の先対象的な意味内容相互の受動的綜合が気づく以前に働いていることこそ、論証されなければならないことだからです。つまり、いまだ対象の意味とはなっていない原印象の感覚素材の意味内容と、同様に対象の意味である必要のない過去把持の空虚形態の意味内容とが、その対象的意味の形成以前の受動的な類似性を媒介にして、対化の現象をとおして、成立していることが、明らかにされねばならないのです。

まず、青い石と何かが対になる以前に、そもそも青い石が青い石として見えるときこそ問われねばなりません。つまり、視覚野という、無数の感覚素材が触発し合って交錯している磁場のような領域に、ある一定のまとまりをもつ感覚素材の群が、自我に対して際立って立ち現われてきます。それがはじめて「青い石」と見られるのです。そして、そのとき、それらの共在する感覚素材と、その過去把持に含まれる空虚形態や空虚表象との間に起こっているのは、まさに対化の現象にほかならないということ、このことこそ、疑いえない確かさにもたらされねばなりません。

ここで、本の陰にチラッと見えていたフクロウの尻尾が、実は、ぬいぐるみの子犬の尻尾だった、という見間違いの例（第二章を参照）を、もう一度取りあげましょう。

ある褐色の色の広がりが、すでに右に述べた対化の現象によって、ある特定の色の形態のまとまりとして、原理的に受動的に、つまり、自分でそれに気づく以前に、できあがっています。どのようになのかといえば、ある色の感覚素材$k_1$と、それに隣接する$k_2$との間に、褐色（k）であるという同質性（ここで同質性を類似性の極限の場合と考えます）をとおして、$k_1$と$k_2$の対が、相互の覚起をとおして成立します。

このとき「褐色だ」と気づいて、すでに「褐色」という対象的意味ができあがっているとき、大文字のKを使い、気づかずに意味内容をもつことができる感覚素材としての、気づく以前の褐色を小文字のkで表記します。この$k_1$と$k_2$の間の対化現象は、右に述べたように、$k_1$と$k_2$が二つそろってはじめて、kをとおしての対化が成立します。

つまり、$k_1$が生き生きした現在に与えられるとき、それが過去把持され、$R(k_1)$となり、この意味内容が同時に未来予持されて$P(R(k_1))$となり、その未来予持が、空虚形態$R(k_1)$という意味内容を志向することになります。そこに$k_2$という感覚素材が現われると、$k_2$からその意味内容のもつ触発する力が、$R(k_1)$を覚起して、同時に$R(k_1)$から触発する力が$k_2$を覚起し、その相互の覚起が同質のkという触発する力を強め合うことをとおして、$k_1$-$k_2$の対化が成立しています。

そしてこの対化はそれだけにとどまらず、$k_2$に隣接する$k_3$との間に、同様に$k_2$-$k_3$という対が成立し、というように、一瞥した瞬間に、対化の繰り返しが生じて、この褐色の色の一系列ができあがっていて、それが自我に触発し、自我がそれに向かい合うとき、「褐色だ」というKの意識が成立するのです。

もちろん、まとまりがまとまりとして見えるには、まとまりの作る境界線が見えていなければなりません。この「見え」は、次のように描写できるでしょう。図5を参照してください。褐色（k）の対化の繰り返しは、あるに$k_n$に至ったとき、$k_n$に対して対化を見せるはずの過去把持$R(k_n)$の未来予持$P(R(k_n))$という未来予持が満たされず、その代わりに、白の感覚素材$w_1$が与えられ、褐色（k）の広がりに変化が生じます。

では、このとき、いったい何が生じているのでしょうか。どこから、感覚素材$w_1$が由来したのでしょうか。これは、いままで述べてきた対化の現象の説明で、次のように記述できます。

原印象としての感覚素材$w_1$が、その現在の視覚野という触発の磁場のような地平に、いつ覚起されてもよいように待機している、過去地平に含まれる無数の空虚形態と空虚表象（空虚の意味のleerを略して、Lで表記します）に、$w_1$という意味内容の触発力、すなわち、覚起する力を伝播します。

すると、過去地平に含まれている無数の空虚形態や空虚表象のなかから、以前の過去把持をとおして、その触発の地平に眠っていて、いつ覚起されてもよい$L(R(w_1))$が、$w_1$の覚起する力によって覚起され、同時に$L(R(w_1))$から$w_1$に覚起が働き、$w_1$と$L(R(w_1))$との間に、相互の覚起をとおして、対化の現象が生じます。この対化によってはじめて、$w_1$が$w_1$として生じることができるのです。

ここで重要なことは、原印象は、原印象のままでは、その意味内容をいまだ獲得していないことです。つまり、原印象のままで、過去把持を経ないというのであれば、そもそも対象以前の感覚の意味内容を帯びる原印象にはなりえない、ということです。つまり原印象の意味内容は、決して原印象がはじめからもっているのではない、いいかえれば、原印象にはじめから属している質や量といった何かではありえません。

$k_1 - k_2 - k_3 \cdots\cdots k_n - w_1$
$k_o - w_2$
$k_p - w_3$
$k_q - w_4$
$\cdots\cdots \quad \cdots\cdots$

**図5**

原印象の意味内容がそれとして特定されるのは、過去把持をとおして、過去地平の空虚形態や空虚表象（この空虚形態や空虚表象が、いま過ぎたばかりの時間位相のものであれ、遠い過去の地平に眠っているものであれ、原理的な違いはない）との対化現象を経て、はじめて可能になります。原印象が、原印象になりうる、つまり、原印象でありうるのは、過去把持に由来する未来予持をとおしてはじめてそうなるのだ、それほどに原印象と過去把持と未来予持は、分離しがたく融合しており、その融合の仕方が、まさにここで明らかにしてきた対化という、相互覚起の連合による受動的綜合なのです。

原印象の意味内容は、決してはじめから決まっているのではなく、過去地平に眠る無数の空虚形態や空虚表象による生命体（フッサールはBewußtseinsleben：「意識生」という語を使っている）が、原印象に接して、両者が出会い、行き交うとき（これを原交通ということもできる）、現在と過去が、対化によって生じる先対象的意味を介して融合するとき、それぞれ特定の原印象が、その意味をそのつど帯びてくるのです。

しかし、ここで注意しなければならないのは、まったく何の意味を帯びていないような感覚素材Xがまずあって、「それがあること」が前提とされたうえで、何らかの空虚形態や空虚表象による意味を帯びるのではないことです。

そもそも、意味内容を帯びていない感覚素材は、どの瞬間をとってもありえません。物質量だけの原子のような感覚素材は、物理学の対象であり、私たちの体験される感覚素材ではありません。ここで解明したのは、無色透明、質も量もそなわっていない感覚素材は、後から抽象して得られるたんなる抽象物に他なりません。ここで解明したのは、すでにいつも意味を帯びている感覚素材の、その意味の帯び方、変様の仕方なのです。

さて、感覚素材$w_1$の由来の問題から、境界線の「見え」の問題にもどると（もう一度図5を見てください）、このようにして、$k_n$-$k_{n+1}$という対の代わりに、$k_n$-$w_1$という、コントラストを介した対が生じている、といえます。

そしてこの$k_n$の系列の他に、その下方に位置する$k_o$（ゼロではなくアルファベットのオーです）の系列に注意すると、$k_n$の場合と同様、$k_o$-$k_{o+1}$という対ではなく、$k_o$-$w_2$という対が現われています。さらに、$k_p$-$w_3$, $k_q$-$w_4$, ……というように、複数の対が成立して、それらの対の連なりから、褐色（k）と白（w）の感覚素材の意味内容による境界線が成り立つ、というように記述できるでしょう。[35]

35 この分析的な描写は必ずしも、フッサールの記述に沿うものではありません。しかし、フッサールはすでに『物と空間』という一九〇七年の講義で視覚野における感覚内容間の連合について記述しています。『物と空間』一八〇頁を参照。

こうして成立した白と褐色の色の広がりが、境界線という輪郭をもつ「フクロウの尻尾」とみられます。そして、その見られた褐色の色のまとまり全体が、全体のまとまりとして、過去把持されていくとき、以前に過去把持されていた「フクロウの尻尾と見られた褐色の全体のまとまり」という空虚表象を覚起し、その空虚表象と、感覚素材の全体のまとまりとして与えられる褐色の色の広がりとの間の対化現象をとおして、「フクロウの尻尾」という意味が、そこに成り立つわけです。つまり、感覚されたものが知覚にもたらされるのです。

ところがそこに、隠れていた部分が現われてきて、実はそれは、「フクロウの尻尾」ではなくて、「ぬいぐるみの子犬の尻尾」であることが、わかります。隠れていた部分が現われ、同じ褐色でも、フクロウの尻尾につながる羽の部分ではなく、子犬の尻尾につながる胴体の部分が現われるとき、フクロウの尻尾に由来する未来予持である「フクロウの尻尾につづく羽の部分」の未来予持が生じても、それが新たに立ち現われた感覚素材のまとまりによって満たされないことになります。

しかし、普通は、過去把持された意味内容がそのまま未来予持されるのですから、そこで原印象に与えられ、過去把持されたはずの「フクロウの尻尾」の空虚表象が、そのまま未来予持されるはずなのに、どうしてその代わりに、「フクロウの尻尾につづく羽の部分」が、未来予持されうるのでしょうか。いったいこの「フクロウの尻尾につづく羽の部分」という意味は、どこからきているのでしょうか。

実は、はじめの褐色の部分が「フクロウの尻尾」と見られたときには、よく知っているメロディー全体のように、フクロウの尻尾だけでなく、フクロウの姿の全体の空虚表象が覚起され、まさにそのような「フクロウ全体に含まれるフクロウの尻尾」という意味を帯びているのです。こうして、覚起されたフクロウ全体から由来する、フクロウの尻尾につづく羽の部分が、同時に未来予持されます。そして、それが充実されずに、「子犬の尻尾」が見えてくるわけです。

この「見間違い」が生ずる理由、すなわち根拠は、実は、いままで述べてきた原印象の感覚素材の意味内容と過去地平のもつ空虚形態や空虚表象との間の相互覚起そのものにあるのです。

というのも、相互覚起とはいっても、場合によって、過去の空虚形態や空虚表象から発する触発の力が強すぎて、原印象の側から覚起する意味内容の細かな区別を無視し、凌駕して、その上に覆い被さってきて、両者の対化による意味形成の成り立ちを、過去の空虚形態や空虚表象の側が、決定してしまうという現象がみられるのです。

何度となく蛇に出会った薮の道を恐る恐る歩いていて、縄の端を蛇の尻尾と見てしまう場合がそれにあたります。そのことをフッサールは、「過去の連合形態は、覚起されて現在に挿入してきて、そこで類似のものを産み出すことができる」[36]、と述べています。

36　フッサール『受動的綜合の分析』（邦訳）二六九頁からの引用です。

つまり、われわれの視覚野や聴覚野、触覚野、等々の生き生きした現在の原連合が働く感覚野は、決して、たんに与えられたものをそのまま受け取るだけの、受容性の性格をもつのではありません。感覚野は、触発してくる無数の感覚素材と、それを自分に引きつけてやまない過去の地平の空虚形態と空虚表象とが、自分の対を作ろうと、対化を競って抗争する抗争と抑圧の場であること、このことこそ、フッサールが指摘していることなのです。そして、このことの詳細が次章の課題となります。

この章をまとめるにあたって次の四点が重要であるといえるでしょう。

(1) 能動的志向性と受動的志向性の区別は、能動と受動の区別以前の日本語の「自発形」によって次のように説明できます。日本語の自発形は、人間の能力を超えた自然の出来事などの表現に使われます。通常の能動と受動の区別は、当事者である人間の主観を前提にします。能動的志向性は、人間の主観である自我の活動を前提にして生じますが、受動的志向性は、自然に生じる自発的出来事に気づくときに、すでに無自覚的に働いている志向性です。

(2) 受動的綜合として働く「対化の現象」は「ライン沿いに灯る街灯の列」の場合に次のように働いています。視覚野に与えられている個々の灯りの間には、同じ感覚内容をとおして、相互の連合が生じています。一つの対が、次と対をなし、その対がまた、隣接する灯りと対をなすというように、ことさら、注意を向ける以前に、対化した街灯の列が、受動的綜合としての連合をとおして際立ちをみせています。

(3) 置物のフクロウの尻尾をぬいぐるみの犬の尻尾と見間違えるのは、褐色の色の広がりが見えるとき、その色の広がりが、過去地平に眠る「フクロウ」全体の空虚表象や、それによく似た「犬」全体の空虚表象に触発の力を及ぼし、それらの意味を覚起するからです。馴染みや好み、あるいは、ちょうどそれを探しているといった、動機の強さの違いによって、フクロウ全体の空虚表象が、犬の尻尾の空虚表象より、より強い触発の力を獲得し、覚起されたのです。

(4) 空虚形態と空虚表象の違いは、空虚形態の場合、感覚内容が過去把持をとおして沈澱して、感覚内容の意味の枠として過去地平に潜在的に存在するのに対して、空虚表象は、対象の知覚の意味内容が、その意味の枠として、過去地平に潜在的に存在する場合です。

# 第六章　気づくことと気づかないこと

これまで、「わかること」、「意識すること」、「気づくこと」を中心に議論を進めてきました。そして前章で、気づかずに聞き分けたり、見分けたりしていることに話が進み、受動的志向性や受動的綜合の規則である「連合や触発」という領域に踏み込みました。この章で問題にするのは、たとえば、目の前にある人がいるのに、別の人の顔が浮かんできてしまうといったような、自分ではそのつもりがなくても特定の感覚や知覚をもってしまう、という現象です。つまり、気づくというのですが、いったいどのように気づくことになるのか、どうしてあることに気づき、別のあることには気づかないのか、という問題です。

この問題領域は、心理学が取り扱う領域でもあります。現にフロイトが、夢の解釈や深層心理学の書物をとおして、とても興味深い人間の無意識の機構を垣間見せてくれています。では、意識の志向性の分析を中心に据える現象学は、そもそも、無意識について語れるのでしょうか。無意識を哲学の研究領域として取り扱えるのでしょうか。まずは、フッサールが「本能や衝動」という問題にどのように取り組み、どのようにして現象学の課題としていったのかを、明らかにしてみましょう。

この章では、「本能志向性や衝動志向性」という概念が使用されます。このとき注意しなければならないのは、この場合の「志向性」は、受動的志向性の場合と同じように、通常の意味の能動的な志向性を意味していないことです。前章で出てきた「事発性」のように、当事者が問題にならないような場合の志向性なのです。ですから、その事発的な受動性の固有性が見失われてはなりません。本能志向性や衝動志向性は、自我の働きがいまだ関与していない、つまり、自我が活動していない（一〇二頁注26を参照）受動的志向性として規定されるのです。このような本能や衝動の特徴と固有性、そしてそれらがいったいどのように機能しているのか、この章ではっきりさせてみましょう。

## 第一節　意味の発生をたどる方法

フロイトは、無意識の働き方を、さまざまな学問分野の見方を組み合わせて、解明しようとしました。その学問分野の見方というのは、たとえば、種の保存や性本能といった生物学や、身体の機能を物理—化学的因果関係として観察する生理学や医学、また、性のエネルギーを一定の量にみたて、それがどのように効率よく消化されるのか、という問題設定をする「性の経済学」などです。しかし、フッサールはそうしません。現象学は、種々の学問の基礎、すなわち、それらの学問が問わずに前提にしている時間や空間や身体性の意識の成り立ちを解明して、意識現象を詳細に分析しようとします。したがって、現象学は、学問分野の組み合わせがどのように興味深く見えても、前提の解明されていない見方のたんなる集合や統合に、哲学的に基礎づけられた見解や知は、期待できないと考えます。

フッサールが無意識という問題領域にたどり着いたのは、他の多くの問題領域を解明した後のことでした。その際、重要視したのは、時間意識の解明でした。とくに、中心的課題とされたのは、時間が流れるという意識を根底から構成している「生き生きした現在」の構造、とりわけ、原印象と過去把持の融合、ならびに、融合の規則性としての相互覚起という対化現象などの課題でした。

そして、これらすべての問題領域の分析にあたって、目標とされたのは、本質直観による、それら問題領域に働く意識の本質規則性の解明です（第四章を参照してください）。普遍的な本質規則性を求めることが、現象学の学としての営みです。無意識についても、この現象学の基本を損なうことなく、本質直観という明確な方法論に根ざした厳密な学としてすすめられました。

フッサールは、無意識を問題にする際、大人の無意識を直接、取りあげることと平行して、幼児期の意識活動をたどることをも提唱します。幼児は、周囲の世界や周囲の人々について、どんな意識内容を、どのようにもっているのでしょうか。そして、それらの意識内容は、幼児期にどのように生成し、形成されてきたのでしょうか。このような問いを立てるとき、問題になるのは、それらの問いを明らかにするための現象学的な方法です。

発達心理学者は、これらの問いに答えるために、終始、実験などによる外からの観察を行ないます。しかし、フッサールは、この発達心理学者にとって当然とされる方法に対して、大変、批判的です。現象学の方法は、外から観察するのではなく、あくまでも、各自に直接与えられた意識活動の経験とその分析を、考察の基準と出発点とします。発達心理学の場合のように、「幼児の行動を外から観察して、幼児にじかに与えられていること、すなわち、われわれ自身が〔直接〕体験できないことを推量するのは、間違った方法である[37]」というのです。

37 フッサール『間主観性の現象学Ⅱその展開』（邦訳）一九八頁および次頁を参照。

ここでいわれている「各自に直接、与えられている意識活動の経験」というのは、直接、触ったり、見たり、聞いたりする感覚や知覚の経験とその明らかさ（明証性）を意味しています。第二章で知覚と感覚を問題にした際、外にある物の知覚（外的知覚）と感覚に直接、与えられている内在的知覚の区別をしました。この疑っても疑いきれない内在的知覚の明らかさが現象学の分析を進めていく際に、常に、基準となり、この明らかさの源泉にどのぐらい近いのか、離れているのかが問題にされます。

外的知覚の例をあげると、お化け屋敷のうす暗がりにすくっと立っているのは、蠟人形なのかそれとも本当の人間なのかわからない場合があります。ちょっとでも疑えば、もう疑いが生じていないときとは、与えられ方が違っています。何がどう違っているかといえば、まず、「蠟人形」と「本当の人間」という意識内容の違いです。次に、「蠟人形」をそれとして疑いをはさまずに見る意識作用と、「本当の人間かな」と疑いながら見る意識作用との違いです。恐る恐る近づいて「やっぱり、蠟人形だった」ことが分かるとき、あらためて肯定される「蠟人形」の意識内容と、あらためて肯定して見る意識作用も、はじめに疑いなく「蠟人形」を見ていたときとは、与えられ方が違っています。そしてそれらの与えられ方の違いに応じた明らかさの違い、つまり、明証性の度合いもあります。この明証性の度合いをいつも考慮しながら、意識内容と意識作用の相関関係を明らかにしていくのが現象学の方法です。感覚、知覚、判断などの領域で、それらの与えられ方、明証性の度合いが常に問題にされるわけです。

問題は、幼児の意識が、すでに成人である人には直接、与えられないことです。現在、大人として現象学の探求をすすめる者にとって、幼児の経験は、じかに与えられているわけではありません。記憶をたどっても、自分がどのようにして、数を数えるようになったのか、どうやって、物には裏側があること（たとえば、フクロウの置物の裏側）を、物を見れば一目でわかるようになったのか、どのようにして、言葉が話せるようになったのか等々、その成り立ちをはっきり思い出すことはできません。ましてや、乳幼児の意識状態となると、思い出すことすら大変難しく、ほとんど忘れきっているようで、自分の意識に甦らせることは不可能に近いことです。

では、発達心理学のように外から観察する方法を取らずに、自分に直接与えられていない幼児の意識を、どのように、分析できるというのでしょうか。このような方法をめぐって、「発生的現象学の方法」が、フッサールによって提唱されました。

この方法は、二つの段階からなっています。まず、第一段階として、現在、通常の大人に直接、与えられている意識の志向性全体を分析して、本質直観を経て次第に明らかになってきた、組織的で多層に重なった意識構造（意識の構成層）の全体像を明らかにすることです。つまり、それによって発生の考察のための材料を獲得するということです。発生を考察するとき、その考察対象を、現象学の分析をとおして解明されてきた、純粋であることが保証された材料に制限しようというのです。材料に不純物が混じらない純粋さの保証という意味は、直接、与えられている意識活動の構造の分析（意識の構成層の分析）をとおして、先に述べた明証性の度合いに、厳密な目配りがされている、ということです。

このような構造分析は、通常の大人にとってすでにできあがっている静的な意識構造を分析することから、「静態的現象学」といわれます。ですから、この第一段階は、静態的現象学の段階であり、この段階をとおっていなければ、いかなるものも、発生の考察の対象にしない、という発生的現象学の自己規制の方法ということもできるでしょう。

また、たんなる外からの観察は発生の考察に混入させない、と述べましたが、このとき誤解してはならないのは、外からの観察をはじめからまったく除外してかかるのではないことです。本質直観の方法を説明した際に明らかなように（第四章を振り返ってください）、自然科学の方法に即した学問による外からの観察結果は、本質直観のとき、事例として大変積極的に取りいれられています。つまり、除外するのではなく、事例として吸収してゆく、ということです。その際、それらの事例が、外からの観察の事例であるという条件をも加味しておきます。つまり、それらの事例は、客観的時間と客観的空間の枠組みという一定の制限のもとに研究された事例として、積極的に統合するわけです。しかし、いうまでもなく、本質直観の場合、そのような外的観察の事例とその統合だけするのではありません。それを超えて、自由な空想や想像を介して、可能性の領域を極端な事例から事例へと巡ります。そして、そこで収斂してくる、もはや変更しえないような本質が、直観されると考えるのです。

次に、第二段階で、発生的現象学の本来の方法として、「脱構築」の方法が取られます。

意識の構成層は、それぞれの構成する能力をもっています。それを意識の「能作」（意識の作業能力）と呼びます。静態的現象学では、この意識の能作をもつ意識の構成層の全体が明らかにされるのですが、脱構築において、この構成層全体の一部の層の能作が、働いていないと仮定します。そうすると、その場合に、他の能作にどんな影響を与えるのか、つまり、いったいその一部の能作が働かなくても、他の能作が働くのか、働かないのか、その能作に依存するのか、しないのか、を問います。それによって、一つの能作が生成していることが、他の能作が働き出すための前提となっているのかどうかが、明らかにされるのです。それをフッサールは、できあがっている意識の能作を「体系に即して脱構築する（abbauen）こと」[38]だといいます。意識全体の能作を構築しているある特定の能作を外してみる、脱してみる方法というわけです。

38　フッサール『間主観性の現象学その方法』（邦訳）三七〇頁参照。

ここで、フッサールがあげている脱構築の一例を紹介しましょう。それは、キネステーゼ（運動感覚）の例です。キネステーゼは、身体の運動が生じているときに、身体の内で感ずる運動感覚なのですが、もし、「例えば、運動感覚（キネステーゼ）を制限すれば、……物に近づいたり、物から遠ざかることができないことになる。そうなれば、私たちは、視覚的に、ただ眼球運動によるものの世界を構成できるだけになる、といえる」[39]、というのです。

39　注38と同じ個所を参照。

普通、私たちが物を見ているとき、ほとんど意識されていませんが、首の動き、身体の位置、身体の動き等々、自分が身体を動かしているときに、身体の内側にもつ感覚であるキネステーゼが伴われています。では、幼児期の視覚野の生成を問うてみるとき、このキネステーゼはどんなふうに、関与しているのでしょうか。すでにできあがり済みの視覚野を生きている私たち成人にとって、その形成の過程や発生をたどるのは容易ではありません。そこでフッサールが試みるのは、視覚野の全体の能作（意識の作業能力）である意識の構成層全体から、かりにそのキネステーゼが働いていないとして除いてみる、その部分を脱構築してみる、ということです。

そのとき「眼球運動によるものの世界」が現われる、とフッサールはいいますが、実は眼球運動そのものも、それに伴ったキネステーゼをもちますから、厳密な意味で、キネステーゼを完全に脱構築したことにはならず、ただ制限しただけにとどまります。では、黙って座って、目を動かさないで外を見れば、キネステーゼを完全に脱構築したのかといえば、それでも不完全です。呼吸もキネステーゼをもちますし、座っているときの身体の重さ、上体を支えている、あるいは横たわっているときの身体の内部感覚はすべて、キネステーゼがゼロの場合を含めて、キネステーゼのシステムに包まれています。

とすると、脱構築してみて、あるいはそれを試みてはじめて、キネステーゼがいかに身体感覚、上下左右といった空間の意識や視覚野の形成に、総合的に深く関わっているか、明らかになります。細かな分析による記述的な根拠づけをここでは展開できませんが、キネステーゼの生成が「上下、左右、奥行き」などの空間の意識の形成に前提となって働いていることが、フッサールによって、解明されています。

ここでは、例としてキネステーゼをあげたわけですが、それ以外の触覚や聴覚など、意識の能作の相互連関を、発生の秩序連関に即して、問いすすめることができます。こうして、上層と考えられるある意識の構成層を取り除いた場合でも、下層の構成層が独立して機能することができるかどうか、といった考察ができるのです。

ここで発生的現象学の方法をまとめておきましょう。

(1) 発生的現象学の方法は、静態的現象学の成果を前提にして、それを活用します。ですから、時間のものさしをあてがい、何歳何カ月のとき、どんな機能が発生するかという、発生に関する生物学的な、あるいは、発達心理学的な外からの観察に終始するのではありません。ただし、すでに、静態的現象学の本質直観の方法について述べられているように、個々の学問の研究成果は、決してはじめから無視されたり、除外されたりするのではありません。むしろ客観的時間と空間の枠組みを前提にする観察や実験の結果による成果として、本質直観のための事例として、積極的に吸収され、統合されます。ですから、発生の現象学は決して、個々人の主観内部の内にこもった、記憶にたよる内観といったものではないことも、また、明らかです。

(2) 「脱構築」の方法は、もう一度構成層を組みなおしてみる、という意味で、「再構成」とも呼ばれます。それによって、それぞれの意識の構成層間のつながりを、依存性や独立性、何が何の基礎になっているか、という「基づけの関係」を明らかにします。この考察をとおして、ある意識の構成層が、他の意識の構成層が成り立つための前提や条件となっているかいないか、という発生の時間的秩序が明らかになります。

(3) ここで詳しく述べることができませんでしたが、このように脱構築してみることをとおして、それまでの本質直観によって明らかにされていなかった、隠れて働いている意識の層（たとえば、この章で解明される衝動志向性の層や、身体意識の生成に際しての本能的キネステーゼの働きなど）が、露呈されてくることがあります。そうすると当然ですが、この新たにあらわになった意識層が、意識構造の全体のシステムを考察する静態的現象学に、新たに露呈された意識の構成層として付け加えられ、統合されます。そしてそれだけにとどまらず、その新たな層を含めた統合の成果の全体が、再度、あらためて試みられる発生の問いをとおして、脱構築されたり、再構成されたりすることになります。こうして現象学の意識分析は、隠れて働いている、普通の反省ではとらええきれないような無意識の領域への一貫した方法を、獲得するのです。

## 第二節　無意識に育つ潜在力

このような発生的現象学の方法は、実は、受動的綜合である連合や触発の分析に取り組む努力と平行して、次第に明らかになったものです。ここで、触発の現象をあらためて取りあげ、無意識の領域がどのように問題なり、それに応じて、どのように発生的方法が行使されるようになったのか、その経過をたどってみましょう。

　現在の視覚野、聴覚野、触覚野といった感覚の領野には、無数の感覚素材が同時に与えられています。そしてそのとき、過去の地平に貯えられている無数の空虚形態と空虚表象が、それらの感覚素材と対の関係を結ぼうと待機しています。とすれば、空虚形態と空虚表象と感覚素材の間に無数の対化が起こって、それに気づいてもいいはずですが、どうして、ある特定の感覚素材と空虚形態と空虚表象の間に起こった対化だけが、自我に対して迫ってきて、それに気づくのでしょうか。自我に働きかける触発の強さを決定しているものは、いったい何なのでしょうか。

　ここで、前章の最後に示された触発相互の競い合いや、抑圧という現象に、あらためて目を向けてみましょう。フッサールは、生き生きした現在の触発について、「諸触発は、相互に助成し合うこともあるが、相互に妨げ合うこともありうる」といっています。たとえば、「いたたまれない痛み」といった、極端なコントラストをもつような触発は、他のすべての触発を「下方に抑圧する」ということがあります。その際、この抑圧は、他の触発をそのゼロの状態に低減するともいえますが、フッサールは、「そこで、ある触発が押しのけられ、隠蔽されても、なおそこに現存したままであるような触発の抑圧［というあり方］も存在しないだろうか[40]」、と述べて、触発の抑圧という現象を指摘します。抑圧された触発が存続する、というのです。

40　フッサール『受動的綜合の分析』（邦訳）三六五頁からの引用ですが、少し訳文を変えて引用しています。

まず、触発相互の「助成」についてですが、通常それは、視覚野は視覚野を、聴覚野は聴覚野を、というように、それぞれの感覚野内部で生じています。たとえば、ある特定の感覚素材である光点と、それとは別の光点が、相互に触発し合って、助成し合います。ラインに沿った街灯が灯るといった前章の場合が、その適切な事例です。

しかし、この促《うなが》し合う覚起の伝播は、それぞれの個別的な感覚野内に限られるわけではありません。たとえば、心臓の運動のリズム（キネステーゼのリズム）がそれに似た灯火信号のリズム（視覚のリズム）を覚起することがある[41]、とフッサールはいいます。つまり覚起は、キネステーゼの領域から視覚の領域に、そして、逆方向にも、いわば個別的な異種の感覚領域を超えて広がり、伝播していくこともあるのです。このような異種の感覚野の間に共に連合が働いている場合を「共感覚」といいます。こうして共通のノエマ的意味を仲介にした触発の伝播、相互助成は、特定の感覚野にとどまらず、異種の感覚野の境界を越えて、大変、広範に及んでいます。

41　フッサール『受動的綜合の分析』（邦訳）二五五頁を参照してください。

ところが、触発は、促し合うだけでなく、お互いに抗争し合う関係にもあります。この抗争し合う関係がもっとも明らかに現われるのは、先の「いたたまれない痛み」といった例です。しかし、そのような極端な例だけでなく、たとえば、何かを想い出そうとしているとき、複数の空虚表象の間に抗争が生じる、つまり、再想起が生じるとき（ああだったか、こうだったかと想いめぐらすとき）の抗争です。現在野から流出する覚起の生き生きとした力は、過去把持をとおして、過去地平に沈澱している空虚表象へとあふれ出ていきます。そのとき、ある特定の空虚表象との相互の覚起が生じるわけですが、過去地平の側によく似た複数の空虚表象が潜在している場合、その空虚表象どうしの間に、つまり、前章で述べたように、褐色の色の広がりが与えられて、空虚表象としての「フクロウの尻尾」と「犬の尻尾」との間に対化をめぐって抗争が生じるのです。

なぜ抗争が生じるのかといえば、意識の本質規則である「時間野は、一時に一つのことだけが完全に直観されうる」という規則によります。どんな規則か、例を出しながら説明しましょう。以前、「ながら族」という言葉が流行したことがありました。ラジオのロックンロールを聴きながら勉強する、といったように、二つとか、三つとか、複数のことを同時に行なういいかげんなやから（族）を揶揄《やゆ》しています。しかし、そのときの意識の働かせ方をよく思い返してみればわかると思うのですが、本当に本を読んだり、ノートに書きつけたりしているときには、音楽は背景に退き、逆に音楽に聴きほれているときは、読むものは目に入っていないし、書く手が止まっているはずです。先生は、生徒が授業を聴いているようでも、上の空でもの想いにふけっているとき、生徒の注意が授業に向いていないことがわかりますから、ちゃんと聴くように注意するわけです。それらの場合、何かを中心にする意識活動があり、その背景に他の意識活動が伴っている、というべきでしょう。何かが完全に直観されているときには、別のことは完全に背景に退いているわけです。

この規則に即せば、あることの知覚と想起は、同時に起こりません。ある人の顔を現に見ているのか、その人の顔に別の人の顔を想い出しているのか、そのどちらかであり、同じ瞬間にそれは両立しません。「すでに知覚の現在そのものが、現に完全に直観されているかぎり、同時に一つの想起が完全に直観的に与えられることはありえない[42]」わけです。

42　フッサール『受動的綜合の分析』（邦訳）二七五頁からの引用です。

また、特定の対象の知覚をめぐる再想起の場合、ああだったか、こうだったか、どちらかわからないときにも、過去地平の空虚表象の間での抗争がみられます。なぜなら、はっきり想い起こされて、完全に直観にもたらされるのは、一つだけだからです。もちろんそのとき、一つの空虚表象とはいっても、すでに組み合わさってグループになっているような空虚表象の場合もあります。たとえば、よく知っているメロディーのような、まとまりのある一群の空虚表象の場合です。そのような複数の空虚表象のまとまりと原印象との間に起こる複数の相互覚起が、ある一刻の現在の幅で生じる完全な直観をめぐって、抗争しているのです。

それは、ちょうど、池の面に落ちてきた一枚のさくらの花びらを、えさだと思って大魚が群がり、そのうちの一匹の魚の口に吸い込まれるようなものです。ああだったか、こうだったかと思い巡らすうちに、一方の空虚表象に与えられる再生産的な力、あるいは覚起された過去把持の力が、「ほんのわずかでも勝っていれば、その一方の直観は、現実の直観へもたらされ、それによって、それに対抗する〔他の〕直観は阻止され、抑圧される[43]」のです。しかし、「えさ」にありつかなかった、抑圧された複数の空虚表象は、その瞬間、えさのような花びらにしろ、花びらのようなえさにしろ、「それをめがけた」ということとして、過去地平に残っていきます。何かに向かった覚起は起こったのです。同じ覚起が繰り返され、習慣化を重ねて、水面下に沈んでいき、次に立ち現われようとするエネルギーを貯えて、水底に潜んでいるのが、空虚表象なのです。

43 フッサール『受動的綜合の分析』(邦訳)二七七頁および次頁からの引用です。

この想い出そうとする再想起のときの複数の空虚形態や空虚表象の間に生ずる抗争は、実は、生き生きした現在の視覚野にみられる触発をめぐる抗争と本質的に類似しています。痛みが走って、見ているもの、聞いているものから気がそらされても、痛みが去れば、見たり、聞いたりするもとの活動にもどります。あるいは、何の痛みか(たとえば、いつもの筋肉痛であるとか)わかりさえすれば、その痛みがつづいたとしても、それに気をとられることなく、それまで見ていたものや聞いていたものに、自分の関心が、向きなおったりします。ですから、いったいどんな感覚素材が、どのように触発してくるのかは、簡単にいえば、そのとき自分が一体どんな関心をもっているのか、に依ります。

そして、関心は「動機」ともいわれます。たとえば、「~したいから、~を見たり、聞いたり、読んだり、判断したりする」という意志のもつ「目的—手段関係」を、「動機」といいます。動機を背景にもつ関心があってはじめて、見えてくるもの、聞こえてくるものが立ち現われてきています。たとえば、外から入る光点の刺激が網膜に映り、脳に伝わること、そういった外的因果関係だけでは、ものが見えることの十分な条件になってはいません。それは、まぶたを開き、外からの光の刺激がはいっているにもかかわらず、ぼけっとしていて、何も見ていない、といった事例からしても明らかでしょう。動機づけられた関心があるからこそ、外にあるものが見えたり、聞こえたりしているのです。

フッサールは、世界に向かっている生命体(意識生)のもつ広い意味での「関心(動機)」が、触発の力の強さを決めるとします。そして、その動機のなかでも、普通、意識されずに働いていて、触発力を決定する最も深い動機があります。それは、「気分といった深い感情や衝動」である、というのです。過去地平に沈んでいる空虚形態と空虚表象の意味が、ふたたび自分に向かって触発的になるとき、その力を決定する動機や関心は、生き生きした現在にあります。しかも、その際、最も強力な動機とは、「広義の意味での、また通常の意味での〈関心〉、つまり特定の情緒がもつ根源的な価値づけ、ないし習得された価値づけとか、本能的な衝動、ないしそれより上層に属する衝動であろう」[44]、とフッサールはいいます。もちろん、ここで動機が「生き生きした現在にある」、とはいっても、その「現在」は、そのとき意識されるだけの狭い意味の現在が考えられているのではなく、引用にもあるように、「習得された価値づけ」など、その現在に居あわせている過去地平に潜在する、習慣性を担う現在を意味しています。

44　フッサール『受動的綜合の分析』（邦訳）二五三頁からの引用です。

逆にいうと、日常生活の関心は、そのほとんどが、習慣となっている関心でしょう。ある特定の関心が習慣になることと、このことがわれわれの日常生活でもつ意味は、実に深くて大きいものです。この「慣れ」、「習慣化」ということは、芸術やスポーツの領域における、練習による感覚能力の増減について、よく述べられています。たとえば、それは、これまで述べた、球技の選手が絶好調のとき、球が止まって見えるとか、弓の名手には、的が大きく見えるとかいった例で、よく見聞きする例です。

この習慣になるということのしくみが、フッサールの触発の分析をとおすと、とてもはっきりみえてきます。

人は常に無数の感覚素材に囲まれていて、感覚素材から発する触発に対応して生きています。そしてその際とても大切なことは、この対応は、自我がその触発に対向（対面して向かうという意味です）するか、しないかにかかわらず、つまりそれに気づくか、気づかないかにかかわらず、対化現象をとおして、常に、生じているということです。ですから、自分で気づくか気づかないかにかかわらず、感覚素材という環境に、いつも、反応してしまっているわけです。意識しようとしまいと、身体が環境に向かって生きている、といってもいいでしょう。「異郷の水に慣れ、空気に慣れる」といいますが、それは、身体を伴う意識生が周囲世界に順応するということです。その際、自分で気づいてコントロールできる領域と、気づきにもたらされる以前に、無意識的に身体が順応している領域とが、区別されるのだ、ということを現象学は明らかにしているのです。

自我が触発する感覚素材の一部にその関心を向けて対向します。そのとき、その関心を向けられた一部は、何かについての対象の意味を帯びます。それと同時に、その意味が過去把持されて、過去の地平に沈んでいきます。ある特定のことに気づいたり気づかなかったりすることは、生きている間、眠っているときも含めて、いつも時々刻々起こっていることです。これによって、ある特定の感覚素材のグループが繰り返し対向されたり、されなかったりします。そして、それがそのまま、触発力をもたない、生き生きしていない非生動的な無意識の領域へ、繰り返し沈澱していくのです。

こうして、「無意識の沈積物が、たえず重なり合っていくのであり、これと同様、覚起の潜在力が限りなく継続して高まっていく[45]」のです。その際、この覚起の潜在力は、抑圧されながら、高まっていくことがあることも、忘れてはなりません。つまり、生命体としての自分と感覚素材からなる環境世界との対応は、特定の感覚素材への対向による、特定の関心の助成と増強だけではありません。そのつど、自我の対向を受けなかった残りの感覚素材のすべてが、まさにその助成と増強を受けないという仕方で抑圧されていくのです。一方の増強は、他方の抑圧となるのです。

45　フッサール『受動的綜合の分析』（邦訳）二七四頁からの引用です。傍点での強調は、筆者によるものです。

このように、空虚形態と空虚表象に満ちている無意識の領域で、触発する力が貯えられたり、阻止されたりしていき、それらの力は「ちょうど盲目的な衝動のように変化している[46]」とされます。この領域では、「抑圧された触発、内に込められた欲求、それらは、隠蔽されてはいるが、抹消されているのではなく、そのまま有効性を保っている[47]」のです。

46　フッサール『受動的綜合の分析』（邦訳）二六八頁からの引用です。

47　フッサール草稿EⅢ10、三a頁からの引用です。

さて、ここまで、フッサールが無意識の領域へ到達する経過を考察してみました。この経過をとおして、無意識の領域は、生命体の周囲世界に対する関心という見地から、理解されていることがわかります。この関心は、生き生きした現在における感覚素材の意味内容と、空虚形態と空虚表象の意味内容との間の、対化連合による相互覚起の条件として、解明され、指摘されました。ここで最も重要なことは、相互覚起は、感覚素材である原印象からの空虚形態と空虚表象への一方向の覚起ではないことです。フッサールは、そもそも「覚起が可能なのは、構成された意味が背景意識のなかで、無意識と呼ばれる非生動的な形式において、実際に含蓄されているからである[48]」、とまでいいきります。無意識の領域に、空虚形態と空虚表象になって沈んでいる意味がなければ、いかなる覚起も起こらない、といっているのです。空虚形態と空虚表象が沈澱した無意識の領域があってはじめて、生き生きした現在に覚起が生じうるのです。

48　フッサール『受動的綜合の分析』（邦訳）二五四頁からの引用です。

この相互関係は、これまで何回となく感覚素材としての原印象と、過去把持の空虚形態と空虚表象との、対化現象の相互関係と、いわれてきたものです。ということは、時々刻々の感覚素材の意味内容の構成に、無意識における空虚形態と空虚表象が、いつも欠くことのできない条件として、かかわっていることが、解明されたわけです。

このように、衝動や本能が触発の力を動機づけ、相互覚起を生じさせています。しかも、ここでいう相互覚起は、自我の活動を伴うことなく、受動的（事発的）に働いています。この相互覚起を動機づける衝動も当然、受動的な志向性です。この受動的志向性としての衝動が、相互覚起を動機づけているという事態は、受動的志向性についてのさまざまな誤解を、根底から払拭することになります。その最も広まっている誤解は、このような受動的志向性というのは、たんにその刺激を受け取るだけで、その刺激に意味を与えるのは、能動的志向性が行なう構成だ、という考えです。つまり、気づく以前にできあがっている意味などあるわけがない、気づく以前に与えられているのはたんなる刺激にすぎない、受動的志向性は、たんに通常の能動的志向性のための材料を提供するにすぎない、という考えです。前章でも強調しましたように、受動的志向性は、いずれは、能動的志向性に展開するための前段階ではありません。このような誤った受動性の解釈[49]が、まったく当を得ていないことは、相互覚起を動機づける受動的志向性としての衝動志向性の記述で、十分に明らかになったはずです。この受動性は、過去地平に眠る空虚形態と空虚表象のもつ潜在力と力動性とそれに即した創造性をもつものであり、現在野の構成を積極的に条件づける特性をもつものなのです。能動性は、受動性が前もって構成したものに気づくことからはじまるのですから、実は、受動性がこしらえたものを能動性が受けて、それに能動性の働きが加わっているのです。

49　ヘルトは、フッサールの時間論を論じるに際して、フッサールがこのような積極的な意味での受動性を省みなかったとして、フッサールの受動的志向性、たとえば、過去把持をも、通常の志向性の枠内に位置づける解釈をしていますが、この解釈は適切ではありません。ヘルト『フッサール以降の／による時間論』（邦訳）二一七頁を参照。

## 第三節　覚醒してくる本能と習性

無意識は現在に絶えず働きかけていて、いま、何に気づいて、何に気づかないかを決める力をもっています。このとき、無意識の力は、過去に眠ってはいても、いつでも目覚める準備が整っている空虚形態と空虚表象の覚起する力です。この覚起する空虚形態と空虚表象の潜在力が、どのように習慣づけられているかは、前の節で述べられました。

ここでさらに問い詰めねばならないのは、当の空虚形態と空虚表象そのものの発生です。習慣となっている衝動の志向性が、習慣となりはじめるそのときです。これまで、受動的志向性の領域を示すために、気づかずに聞いていたメロディーの例や、ラインに灯る街灯の列などの例を出してきました。それらの一群の空虚表象は、いずれの場合も、すでに習慣づいた空虚表象です。何回も聞きなれていたメロディーですし、夕方散歩する習慣のあったフッサールは、それまでの彼の人生で、街の街灯をいくどとなく見ていたはずです。そして、発生的現象学で問われるのは、あるメロディーを一つのメロディーとして聞くことのできる聴覚野や、街灯の連なりをその連なりとして見ることのできる視覚野そのものの形成なのです。時間を前後してどのようにして、音という感覚素材が音の連なりとして、つまり、聴覚野のなかで、音という感覚素材の意味内容のまとまりとして、どのように形成されるようになるのかが、問われています。同様に、どのようにして、光という感覚素材が同時に、光の連なりとして、視覚野のなかで、光という感覚素材の意味内容のまとまりとして形成されるようになるのかが、問われているのです。

はたして、音という感覚素材の空虚形態と、光という感覚素材の空虚形態は、それぞれ、音や光と区別される特定の空虚形態として、はじめから、幼児の意識に与えられている、と断定することができるでしょうか。フッサールは、この問いをめぐって、習慣によって形成される衝動志向性の空虚表象と、その空虚表象を生み出す、本能の志向性の覚醒と空虚形態の形成とを、明確に区別します。その際、その最もはっきりした区別の基準は、そもそもそこに「表象」が働いているか、いないのかの違いです。

空虚表象は、『受動的綜合の分析』で次のように、描写されています。ある現在（いま）に知覚されたり、判断されたりした意味内容（触発の力が働いて、相互覚起が生じても、気づかれずに終わってしまった意味内容をも含めて）が過去把持をへて、その鮮明さを失い、その直観の度合いが減少していき、最後にその直観の充実度がゼロになり、空虚になっていきます。しかし、空虚になっても、その意味の枠組みは残っています。[50] この空虚な意味の枠組みが空虚表象なのです。

50　この空虚表象について、次のフッサールの文章を参照してください。「忘れられたものとは、もともと空虚になるという意味だが、それは、秘密に満ちた無といったものではなく、……沈澱した生は、『際立ちをもたない』現象という形式においてあるだけなのである。したがって、無意識的なものは、いたるところに、現在の領域においても、原理的に同一の様式を持つ、といわねばならないだろう。……すべての知覚は、過去把持の空虚地平をもち、この空虚地平それ自身、差異をもたない空虚な過去把持である」（『受動的綜合の分析』四二一頁および次頁）。
つまり、過去地平に沈んでいくのは、「際立ちをもたない」空虚な表象だということが一つ、さらに、この無意識的なものがいつも現在に付き添い、臨在しているということが、明確に記述されているわけです。

この知覚の空虚表象と感覚の空虚形態そのものの形成を問うとき、フッサールは、「空虚形態と空虚表象の地平」と「空虚な地平」を区別します。ここで、「地平」というように、空虚形態と空虚表象の意味の枠組みは、決して個々ばらばらに、孤立してはいません。個々の感覚野相互に生じる意味の覚起（心臓の音のリズムと光信号のリズムとの間の相互覚起の例）に見られるように、空虚形態と空虚表象は相互の意味連関の広がり、つまり「空虚形態と空虚表象の地平」を形成しています。フッサールは、この「空虚形態と空虚表象の地平」と、そのような意味を担う空虚形態と空虚表象をまったく含まない「空虚な地平」を、峻別するのです。「私たちは、空虚地平と空虚表象の地平を、現象学的にきちんと区別しなければならない。まだ露呈されていない空虚意識は、本能的ではあっても、空虚に表象するのではない。……はじめて意識に目覚める幼児は、まだどんな表象の世界ももち合わせていない。幼児が表象をもちうるのは、自分で獲得した表象であり、さらに獲得しつづける表象である。はじめにあるのは、根源的な時間意識であり、最も根源的な連合と構成の領域である[51]」、というのです。

51　フッサール『間主観性の現象学Ⅱその展開』（邦訳）一九七頁参照。

では、どうしてフッサールはこうもはっきりと、幼児は「空虚に表象しているのではない」、といいきれるのでしょうか。同じく本能を考察した現象学者に、シェーラーという人がいますが、フッサールは、右に述べた区別に関知しないシェーラーを正面から批判します。シェーラーが、幼児は生まれながらの「生得的な表象」をもち、この生得的な表象は志向性である、と主張するからです[52]。フッサールはシェーラーの主張を志向性の拡大解釈であり、すべてが意識の志向性によって構成されているわけではない、と主張します。

52　それについて、フッサール、同右一九九頁を参照してください。

これまで述べられたように、狭い意味の志向性という性格をもたない受動的意識領域があることは疑えません。原意識としての感覚、受動的志向性としての過去把持等、この領域が十分に記述されてきました。そして、このような意識の構成層の全体的構造分析が静態的現象学の分析でした。こうして、フッサールは、その受動的志向性の構成層を明らかにした静態的現象学の成果を踏まえるからこそ、シェーラーの志向性の拡大解釈をきっぱり、批判できるのです。そして、この静態的現象学の成果を踏まえるからこそ、能動的志向性である表象作用を脱構築する、発生的現象学の問いを立てることができるのです。

では、本能が表象をもたない、つまり、能動的志向性をもたないとすれば、いったいどのような現われ方をしているのでしょうか。フッサールはここで、いま述べた「空虚表象の地平と空虚地平」の区別に加えて、習慣的な衝動の場合に、空虚表象が働き、それが満たされる場合と、それとは異なった「空虚な本能的な予感（Ahnung）が現れる」[53]場合を区別します。

53　フッサール、同右一九五頁参照。

この「本能的予感」が目覚めてくるのは、乳幼児が生まれる以前の母体に育つ間に、すでに生じているとみなければなりません。したがって、生まれながらの本能は、この胎児期の本能の覚醒をも含めて、時期をおって次第に目覚めてくる、という点を、まずは強調する必要があります。この時期の幼児にとっての全体的状況を、フッサールは、原地盤（Ur-boden）とも名づけます。この原地盤は、右の引用文にあるように、根源的な連合による時間意識が生じている、つまり、時間の流れのなかに次第に、漸次的に成立してきます。生まれながらの本能の目覚めが位置づけられるのは、このような原地盤の只中ですから、ここで、あらためて、本能の目覚めと時間化の関係が、問われなければならなくなります。

## 第四節　本能が作る時間の流れ

このとき、時間化が先なのか、それとも本能の目覚めが先なのかという、実は、事態にそぐわないような問いを立てると、かえって、両者が一体になっていて分離できないことが、はっきりします。それがなぜ事態にそぐわない問い方なのかといえば、この問いは、知らずに、時間化の形式と内容を分離させてしまった問いだからです。すでに感覚と感覚されるもの、というように、感覚は作用と内容に分けられないことが示されました。また、それと同じように、過去把持について、過去把持という作用と過去把持されるものという内容に分離して考えることが、原理的に不可能なことも、第三章で明らかにされています。

このように、本能の覚醒は、感覚と過去把持同様、志向性の作用によってその内容が構成されるのではありません。覚醒する本能の充実と非充実が直接、原意識され、内容と作用に分けられないあり方で過去把持されています。このような事態をよりはっきり理解するために、受動性の原理と自我の意識の関係をより突っ込んで検討してみましょう。

### a　時間と自我

触発の現象を取りあげたとき、感覚素材のまとまりが、自我を触発して自我の関心を促し、自我がそれに気づく、といったように、自我について述べられました。しかし、気づく気づかないということの境界線は、固定したものではありません。常に変動しています。抑圧されたまま、気づきにもたらされない潜在的な空虚形態と空虚表象という無意識の領域さえ、明らかになりました。この自我が何かに気づくことと、時間が流れるということとの関係をまず、はっきりさせましょう。
このような自我と時間の関係という問題の展開を、フッサール自身振り返っている文章[54]がありますので、それによって、時間化と本能志向性の関係を、より明確にしてみます。

54 フッサール『間主観性の現象学Ⅲその行方』（邦訳）五四七頁を参照。

そこで、フッサールはまず、「内的時間意識に関する古い論説のなかで」は、「自我については語らなかった」といいます。この古いというのは、彼の『時間講義』の論説をさしています。そこで時間意識を志向性として分析はしたが、「自我的な（最も広い意味での意志の）志向性として性格づけなかった」というのです。ですから、過去把持が明らかになった際、過去把持は、自我的な志向性ではなく、自我による志向性は、時間の志向性と区別されていたわけです。

前の文章に続けて、フッサールは、「のちに私は、この自我的な志向性を、自我を欠く（〝受動性〟の）中で基づけられた志向性として、導入した（強調は筆者による）」、と述べます。「のちに」というのは、『時間講義』の時期以後、受動的綜合の分析が行なわれる時期以降のことです。自我的な志向性を受動性のなかに基づけるというのは、第五章の受動的綜合を解明した際、能動的志向性は受動的志向性を前提にしているということです。この受動性は、引用にあるように、「自我を欠き」ます。自我を欠く受動性に能動性が、つまり自我の志向性が基づけられているわけです。この受動性が明確になってきた同じ時期に、過去把持が「いかなる〔能動的志向性としての〕志向的性格ももたない」ことも明らかにされています。

そして、ここで重要なのは、このような受動性に基づく自我の志向性を時間意識の分析に「導入した」という言明です。なぜ、導入したのかといえば、それは、先に述べた、触発の現象の分析を経ているからです。というのも、触発とは、、、、、、、、自我に向けての触発だからです。この触発なしに能動的志向性である対向は働くことはできませんので、自我の関心が覚起されるか、されないかが、受動的か能動的かの最も重要な基準となるからです。そして、この触発からみた自我の志向性の覚起が、時間の流れとどう関わるかが問題にされたわけです。

フッサールは、ここで、自我の志向性を問題にする段になって、「しかし、この作用の自我、その作用に由来する作用習慣性は、それ自体、発展のなかにあるのではないだろうか」、と自問して、「自我の発展」という主張をします。自我の作用そのものが覚醒してくる、自我の極が次第に形成され、発展してくるという見解をとるのです。ですから、時間化に際して、自我の働きが加わっているかいないのかの判断は、自我が自我を欠く受動的志向性によって基づけられている、という点を踏まえなければならないこと、そして、この基づけによって成り立つ自我の作用と作用の習慣性が、ゼロの段階から生成し、発展してくるものであるとされていること、この二つの論点を前提にして、考察されなければなりません。

## b　本能と時間

さて、一九三〇年代には、時間の問題が自我の発展と関係づけながら探求され、「生き生きした現在」が集中的に分析されました。そのとき、生き生きした現在は、「流れること」と「立ち留まること」との二面的で逆説的な事態として、問題にされます。「立ち留まる」というのは、その特定の現在で特定の時間内容が形成されることを意味します。これまで、原印象と過去把持の空虚形態、ないし空虚表象との間に相互覚起が生じて、感覚素材や知覚対象の意味内容が形成され、その意味内容が同一の意味内容として、過去地平に沈んでいくことが、記述されました。この意味内容の形成が、時間の「立ち留まり」と呼ばれます。このように、時間は流れつつ立ち留まり、立ち留まりつつ流れるのですから、動と静が直接絡み合う逆説という他ありません。

フッサールは、「生き生きした現在」について、上の引用文につづけて、決定的に重要な言明をします。時間の流れの逆説を規則づけているのは、実は、衝動志向性だというのです。簡単にいうと、時間が流れるから衝動的志向性が生じるのではなく、逆に、衝動的志向性が働くので、時間が流れるという主張です。フッサールは、衝動志向性が、生き生きした現在を、「立ち留まる時間化として、統一的に生成し、具体的に現在から現在へと駆り立てて行く」といいます。つまり、生き生きした現在が立ち留まるのは、衝動的志向性が働いて、「すべての内容が、衝動の充実という内容であって、〔衝動の〕目的に志向づけられている」[55]ようにするからだ、というのです。時間内容の形成とその立ち留まりは、衝動の充実によって決定される、というわけです。

55　フッサールは、「われわれは、次のような普遍的な衝動志向性を前提にすることができる、ないし、しなければならないのではないか。この衝動志向性は、すべての本源的な現在を、立ち留まる時間化として、統一的に生成し、具体的に現在から現在へと駆り立てて行く。駆り立てて行くというのは、すべての内容は、衝動の充実という内容であって、目的に志向づけられているのであり、」と述べています。フッサール、同右、同頁を参照してください。傍点による強調は、筆者によるものです。

このフッサールの主張は、この章の考察を振り返れば、よく理解できるはずです。無数の感覚素材が同時に与えられていて、ある特定の感覚素材と特定の空虚形態との相互覚起が生じるのは、最も強い動機である衝動によるのでした。したがって、衝動が現在の特定の感覚素材の意味内容を形成するよう促して、時間の流れを立ち留まらせている、といえるわけです。そのことを、フッサールは「意味内容は、衝動の充実だ」と表現しています。たとえば、食欲などの衝動が生じるということは、食べられるものについての空虚形態が覚起され、それが充実されるか、されないかして、時間の流れがその関心に即して立ち留まるというのです。

ここで述べられている「衝動志向性が時間の流れを条件づける[56]」というとき、この立ち留まる時間化というのは、時間の流れの過去把持の交差志向性をとおして（第三章を参照してください）、具体的意味内容（当然、感覚素材のレベルでの意味内容ですが）が形成されていることを意味します。この意味内容は、充実にもたらされる衝動志向性の意味内容なのですが、発生的にみて最も根源的なのは、先に述べたように、習慣となった衝動志向性とは区別される、生まれながらの本能志向性が予感する内容をさしています。

56　この論点は、フッサールの助手でもあったランドグレーベが明確に言明していることでもあります。ランドグレーベ「目的論と身体性の問題」（『現象学とマルクス主義、第二巻』所収）（邦訳）三〇四頁および次頁を参照してください。

そしてこの予感は、先に述べたように、生まれながらに備わっている表象ではなくて、世界との接触をとおして、次第に予感として覚醒してくるものです。この予感の覚醒は、ある特定の予感の意味内容が覚醒するのであり、この予感の意味内容を別にして、つまり、内容と無関係に、現在、過去、未来といった時間化の形式だけの覚醒はありえません。留まることなくして、いまという形式が成り立ちえないからです。そして、この覚醒は、世界の感覚素材（「ヒュレー的素材」ともいいます）の総体と幼児（胎児を含めて）との遭遇を意味します。つまり、世界と、この本能を「遺伝資質[57]」として担っている生命体である幼児との接触によって、生じるものです。感覚素材の意味内容と覚醒し、予感という形態を形成しはじめる意味内容の両者が、相互に覚醒しつつ対化してくるとき、幼児の原地盤の世界ができあがってきます。

57 「遺伝資質」といういい方で、本能が担われていることをフッサールは、草稿の多数の個所で述べています。たとえば、『間主観性の現象学その方法』（邦訳）四九七頁。

この相互の覚醒は、「原触発」ないし「原連合」という時間化をとおして形成されます。この原地盤をめぐる重要な見解は、フッサールの発生的現象学の根底をなしています。ですから、これからの発生的現象学の重要な課題の一つは、この見解を基準にして、幼児の原地盤の世界を、多種多様な本能の覚醒に即して、詳細に分析していくことなのです。

フッサール自身、この根本的見解を次のように、はっきり述べています。「生まれながらの本能、目覚めてくる本能は、〝受動的な〟、〝自我を欠いた〟時間化、原地盤を構成する時間化の流れのなかにある。生まれながらの諸本能は〝順番に〟目覚めていく。つまり原地盤で構成される諸統一から自我極に向けて諸触発が放たれる。すべて本能とは、……原衝動、原触発のことである。あらゆる自我は発展のなかにある」[58]。ですから、根源的な時間の流れは、まさに本能志向性の覚醒によって、方向づけられて、流れはじめます。流れの速度（立ち留まりが生じることに他なりません）も、原触発の意味内容により充実されるかされないかによって決められます。また、この繰り返しが、習慣づけられた衝動志向性へと発展し、そのようにしてはじめて、「過去-現在-未来」という時間構造そのものが次第に形成されてくるのだ、といえるわけです。

58 フッサール『フッサール全集第四二巻』一一五頁からの引用です。

## C　本能と理性の目的

このように記述された時間の流れ、すなわち時間化は、通常の時間観を根底から覆します。普通、時間について、未来からまったく未知のものが現われ、現在がそれを受け取り、過去に貯蔵する、と考えます。ところが、無数の空虚形態と空虚表象に満ちた過去の地平は、決して、過ぎ去ってもはやないものではありません。それは、いつでも、現在の原印象に対面しつつ、お互いに対化を競い合いながら、現在に居あわせているのです。過去地平を伴う現在は、決して、現在に与えられる感覚素材をそのまま受け取るような、何も描かれていない白い紙ではありません。また現在に居あわせる過去地平も、現在が受け取ったものをそのまま貯蔵しておくような貯蔵庫といったものではありません。現在の原印象に、その感覚的意味内容を帯びるようにさせるのは、その原印象との対化関係を生じる過去地平の空虚形態（その最も根源的な層が本能の予感の覚醒です）なのです。しかも、無限に生じうる対化現象の可能性に、選択性、つまり、自我の関心を大きく方向づけるのが、過去地平に渦巻く衝動志向性なのですから、逆に、過去が現在の感覚素材を自分の関心に即して創造していく、といってもいいほどの積極性をもつわけです。池にふり注ぐ桜の花びらをえさとみる魚の例を思い出してください。

本能志向性は、覚醒して、何かを予感する、つまり何かに向かうのですから、方向をもつという点に関して、「目的論」というテーマで問題にされます。意識の構成をたどって、最も根源的な構成とされる時間の流れ、自我を欠く時間化にいたったとき、その時間化そのものが一定の（漠とした予感の方向といった）方向づけのもとに起こっていることがわかりました。このことが、右の引用（注55）では、普遍的な衝動志向性が「衝動の充実という内容に目的づけられている」と表現されていたわけです。

しかし、誤解してはならないのは、この衝動の目的づけが、時間の流れを衝動の関心のままに、完全に一方的に決定するのではない、ということです。少し頭痛がして、「風邪かもしれない」と思っても、我慢できる程度なら、そのまま、仕事に向かうというように、衝動的志向性によって先構成されたものに気づいても、それへの判断（能動的志向性による）をとおして、自我の関心が気づいたものとは別のことに向かう、ということは、当然ありうるわけです。本能の覚醒と習慣づけられた衝動志向性が、受動的に働き、自我の対向によって気づかれた意識内容（この場合、頭の痛み）にどう対応するのか（たとえば、そのまま仕事に向かう）は、その意識内容を他の意識内容と比べたり、価値づけたりして判断する、能動的意識作用の働き（たとえば、「風邪だと思う」）とその規則性によるわけです。

このように、受動性と能動性が錯綜しながら日常生活の意識活動が生じています。生活全体の方法づけに即して、習慣的な衝動志向性の方向づけが働いても、それに気づかないように抑圧したり、充実させないことはありえます。極端な例をあげれば、寝食を忘れて何かに夢中になる、といった場合です。そして、生活全体の方向づけは、当然、衝動的志向性の方向づけを一部として自分の内に包み込むような知性の活動による包括的な方向づけです。このような方向づけをフッサールは「理性の目的論」というテーマで扱っています。

ということは、自我の発展という見解は、自我を欠く時間から、活動する自我の意識を伴う時間化への展開を意味します。自我を欠く時間を生きる「意識生（Bewußtseinsleben）」（自我が覚醒する以前の先―自我とも呼ばれます）から「自我」への発展、そして、それに対応する「先‐世界」から「世界」への発展を意味しています。その発展に即して、個人の歴史はその内容を豊かにしていきます。フッサールは、一九二〇年代から、この歴史を担う個々の具体的自我を、ライプニッツにならって、モナドと名づけました。モナドは、自我の発展を経ながら、モナドどうしの共同体を形成します。個々のモナドを超えた、モナドの共同体の成立です。そして、ここでいわれる理性の目的論は、その共同体が自覚的に、あるいは自覚せずに、自由による理性の実現を目標としていることを意味しています。モナドどうしが共同体を形成して、言葉や学問をとおして、誰にでも妥当する客観的なものをめざすという、理性の目的づけが働いているというのです。[59]

59　このことをフッサールは、次のように述べています。「固有な、周囲世界に関係づけられた諸作用の中心としての諸々の自我が新たに育つこと、このことは、したがって、〝存在するもの〟の諸構成が育つことであり、最終的には世界地平が育つことである。それは、普遍的な目的論の中に収められた目的論として、つまり、統一的な、意識に即したモナドの共同体が生き生きと育ち続ける中で、たえず〝高まっていく〟総体的な志向性としての目的論としてある」。フッサール、『間主観性の現象学Ⅲ その行方』（邦訳）五四八頁および次頁を参照。

しかし、この衝動的志向性の目的づけと理性の目的づけという全体的な展開は、当然、より詳細に、その仕組みが解明されなければなりません。自我の発展に即して、自我の周囲に、世界という地平が形成されます。その世界地平には、次第に事物が存在するものとして、その位置と量《かさ》を現わしてきます（この詳しい経過について次章で問題にします）。このように獲得される世界地平は、その世界に生きる歴史を担う具体的な他のモナドとの共同体のなかで、その世界地平の内実を高めていきます。こうして、言語が媒介にされ、学習を通じて、世界についての認識が高まり、普遍的で客観的な学問をめざしてゆく、理性の目的論の構図が描かれるのです。

このように、本能にまでたどって、「意識生」からモナドの共同体までの発展の略図が描かれたわけですが、特に、さらに問題にしなければならないのは、本能が覚醒してくるとされる幼児期です。それを具体的に、幼児の心身の発展という問題として、次の章で、発生的現象学の一課題として解明してみましょう。

受動的綜合をめぐる本章は次の三点にまとめられます。

(1)　発生的現象学の「脱構築の方法」は、静態的現象学の本質直観の方法で解明されてくる意識の構成層の一部を括弧にいれて、働いていないとしてみることで、隠れて働く無意識の先構成の層が露呈する可能性に向けた方法です。たとえばキネステーゼの場合、通常の能動的キネステーゼの下層に受動的キネステーゼの働きが解明されることになりました。

(2) すべての現在において生起するそのつどの意識には、常に過去の無意識が臨在しています。つまり、そのつどの現在に意識されるすべての意識内容は、現在の原印象と過去の空虚形態や空虚表象との間の相互覚起による意識下の受動的綜合によって先構成されたものの一部、すなわち、その意識生にとって、最も強い動機と関心に即して生成する触発的力の相違によって選択された一部にすぎません。このように、過去の無意識は、現在に臨在しつつ、現在の意識を基づけているのです。

(3) 衝動志向性は、さまざまな触発を取りまとめるので、原触発と呼ばれます。たとえば、授乳本能が覚醒すると、乳幼児に与えられる周囲世界からのすべての原印象は、その本能の予感（衝動志向性の漠とした方向づけ）に即した「対化」（受動的綜合の基本形式）をとおして、衝動志向性の充実に組み込まれていきます。この衝動志向性の充実、不充実が、生き生きした現在の流れの基盤を形成しているのです。

# 第七章　心と身体が育つこと

生まれたばかりの乳幼児は、大人が育てる環境のなかで健康に育っていきます。幼児が育つときに、たとえば、時間や空間の意識や物を物として見る意識が、どう形成されてくるのか明らかにすることが、発生的現象学の課題となります。この点に関するフッサールの記述は、いろいろな論考のなかに分散してはいるのですが、まとまった体系的な記述はみられません。したがって、この課題に答えるには、発生的現象学の脱構築と再構成の方法をとおして、それらの記述を取りまとめていき、幼児期の発生的現象学を試みる他ありません。

また、この幼児期の発生的現象学の視点から、いわゆる「心‐身‐関係」の問題も、この章で明らかにしてみたいと思います。

## 第一節　幼児にとっての時間と空間

幼児は時間をどのように経験しているのでしょうか。このテーマは、発生的現象学の脱構築、ないし再構成の方法が、どのように活用されているかが、はっきりと示されている好例といえます。

大人は、すでにできあがっている時間意識の構造（静態的現象学で解明される）をもっています。生き生きした現在は、狭い意味での瞬時の今と過去把持と未来予持を意味し、さらに、再想起による過去と予期による未来によって、時間意識の全体が構成されています。さて、ここで、幼児の時間意識に遡《さかのぼ》るために、この「過去‐〈過去把持‐現在‐未来予持〉‐未来」という時間意識の構造を出発点にして、再想起による過去と予期による未来が、ともに働いていないとして、その両者を脱構築してみます。

では、そのとき、どうして生き生きした現在そのものを、脱構築してみないのでしょうか。脱構築するまでもなく、生き生きした現在なしに、過去と未来という意識が働きえないのは明らかだからです。生き生きした現在の感覚の変化なしに、時間意識の起こりようがないからです（第三章を参照）。「過去把持‐現在‐未来予持」が働いてはじめて、再想起や予期の機能が働くからです。

発生の秩序として、生き生きした現在が働き、そのあとに再想起と予期が働きうるのであって、その逆ではありません。こうして、フッサールは、幼児期の時間意識を解明するために、再想起と予期を脱構築して、生き生きした現在に属する時間の層を独立させてみます。このときフッサールは、乳幼児が、胎児のときから習得した経験をもち、「その意味で高次の習慣性をもつが、自分自身への反省は生じておらず、完成された時間性をもたず、自由にならない再想起をもち、過去把持と未来予持を伴う流れる現在をもつ[60]」と描写しています。

乳幼児の時期は、前章で問題にした本能志向性が覚醒してくる時期です。そこでは、生き生きした時間のみが流れており、自分で想い出すという再想起は、まだ働いていません。生き生きした現在として、本能志向性が覚醒してきます。過去把持と再想起の区別からわかるように、再想起は自我の能動性なしには働かず、能動的志向性である意識作用として働くのに対して、過去把持は、自我の能動性の働く以前の受動性において働いています。

60　フッサール『間主観性の現象学その方法』（邦訳）四九九頁を参照。

このような時間が流れはじめる原地盤では、本能志向性の覚醒に応じたヒュレー（感覚素材に相応する）的宇宙が成立し、それが意識生に原触発として働きかけます。したがって、このヒュレー的宇宙の形成には、自我そのものが携わっているわけではありません。ですから、受動的に生じるというのです。しかし、このように構成された「先世界」は、そこに居あわせている意識生に働きかけます。そのようにして、意識生がそこに向かうように促し、そこに向かうことをとおして、先自我の活動がはじめて生じてくるのです。しかし、当然ですが、自分自身への反省は生じていません。[61]

61 フッサールは、このことを次のように述べています。「原的に流れ、原構成する非我（Nicht-Ich）は、ヒュレー的な宇宙を構成しつつ、またいつもすでに構成済みである時間化された時間的原生起であって、この原生起は、自我の源泉からではなく、したがって自我が携《たずさ》わることなく起こっている事柄である。しかし、自我は、いつもそこに〝居合わせていて〟、際立つものによって触発されるものとして、目覚めており、いつも何らかの形で活動的なものである」。フッサール、草稿C10、二五頁からの引用です。

ここで注意しなければならないのは、「自我が携わらない」ということと、「自我が居合わせている」ということが同時に成立している点です。特に、自我が居あわせるといわれるときの、この自我はどのような自我であるか、確かめておく必要があります。この自我は、正しくは先自我というべきであり、まだ、自分と他の人との区別に気づいていません（このことは、次節で詳論します）。

また実際、この先自我が働いていても、自我自身、それに気づくこともありません。そのような意味で、この自我は、「匿名的先自我」と呼ぶこともできます。誰ということが定かでない「都会の匿名性」というときの「匿名」という用語です。この自我は自己と他者を区別する、「これは自分のことだ」とするような自己意識を伴いません。私のでも誰のでもない匿名的な先自我は、原印象と過去把持の対化現象を生きて、原意識しているといえます。このような匿名的先自我と通常の自己意識をもつ自我とは、しっかり区別されていなければなりません。また、ここで、「自我の活動がはじまる」というとき、このような匿名的な先自我が活動しはじめるのです。通常の自己意識を伴う自我が働きはじめるのではありません。

さて、ここで、幼児期に生起する時間化というテーマから、空間化の問題へ移りましょう。キネステーゼ（運動感覚）は、普通、自分が自分の身体を自由に動かすとき感じます。ですから、それは、自我の自覚を伴う意識作用です。このような意識作用は、能動的志向性とも呼ばれています。動きたいときに自由に動けるということは、人権の重要項目に属することでもあり、人間が自由意志をもつことの証でもあります。

そしてフッサールは、このキネステーゼが空間の意識を形成するのに大きな役割を果たしていることを分析し、解明しました。その分析によると、空間意識は、自分のいる「ここ」と、他の人のいる「そこ」との隔たりの意識としても、働いています。この隔たりの意識は、自分が手を伸ばして届く距離、歩いていってどのぐらいの距離というように、もともと自分の身体の動きに伴う、キネステーゼ（運動感覚）をとおして、意識されている空間の意識とされます。このとき働いていると考えられているキネステーゼは、当然ですが、自分の意志に基づく能動的な自覚的キネステーゼです。

しかし、このような能動的キネステーゼだけがキネステーゼなのではありません。キネステーゼの働き方の分析は、発生的現象学の探求の時期と平行して、さらに深まっていきました。受動的綜合の分析がなされ、感覚野の原連合と触発、そして、再想起を介する連合等の規則性が明確になるにつれ、自我の活動を伴わない受動的、ないし「事発的」キネステーゼの層が、露呈されてくるのです。

本能の志向性は、触発の動機として働いていますが、それに対応した本能的なキネステーゼと密接につながっています。乳幼児の身体の動きは、ほとんど本能的運動とされます。たとえば、授乳するときの口の動き、生まれたばかりのとき、手にロープが触れると、それを反射的に握る手の運動、仰向けにすると、手足をばたつかせる運動等々です。これらの運動には、その運動に即したキネステーゼが生じているはずです。動きが起こっているかいないかの区別が原意識できているはずです。

もしこの区別が原意識できていなければ、つまり、握ったか握ってないか、区別できなければ、乳幼児が一度、握ったロープを離さない、ということは、起こりようがありません。本能的志向性は、充実されるか、されないかの区別なしには、働きようがありません。そして、ここで、「〜はずです」といっているのは、本能的志向性の充実いかんという必然性によるのであり、たんに、幼児の運動を外から眺めて、それを推量しているわけではありません。

この本能的キネステーゼが働くとき、それは、幼児の他の本能的な感覚野の働きと一緒になって働いています。この当たり前にみえることは、実は、大変重要な意味をもっています。たとえば、授乳の場合、乳房が唇に触れる触覚の触発が働き、母親の乳房の匂いを伴いながら、乳幼児の口腔内の本能的な授乳のキネステーゼが働いています。その際、匂いをかぐことそのものが、呼吸という本能的なキネステーゼなしには生じえません。ですから、匂いをかぐことは、受動的キネステーゼと嗅覚との融合によって、成り立っています。こうして受動的キネステーゼと嗅覚と乳房の触覚が同時に与えられるなかで、乳を飲むという体能的な志向性が覚起されながら、それに対応した受動的キネステーゼが働き出しているわけです[62]。

62　このことについて、山口一郎『感覚の記憶』二三五頁を参照してください。

この授乳という全体的な出来事を現象学的に分析するとき、右の記述にあるように、受動的キネステーゼや本能的志向性の覚醒、感覚野間の融合や連合といった、時間化や受動的綜合の分析の成果を活用して記述しています。このことだけからしても、授乳の発生的分析は、静態的現象学の分析成果を活用して、乳幼児の行動を分析しているのであって、外的観察だけでは、このような記述は不可能なのです。[63]

63　このことについて、フッサールの次の文章を参考にしてください。「根源的に本能的なものとしてのキネステーゼの経過は、二重に見られねばならないだろう。一方で、触れることに関して、すべての触感覚は、普遍的な触覚感覚野という特殊な領域の中に位置している。〝その中のある刺激〟、立ち現れる際立った感覚は、原連合的に秩序だった（純粋に自我［の働き］なしの受動性の中の）キネステーゼを覚起する。私が考えるのは、すべてのヒュレー的なものに立ち現れているものとしての感情に即したものが、この覚起とそれに続く経過に関して、役割を果たしているだろうことである。このヒュレー的な感情に沿ったキネステーゼ的経過は、他方、本能的なものとして、努力する経過であり、物を食べるときの充実の原様態にそれがみられる」。フッサール『フッサール全集第四二巻』一〇五頁を参照してください。

この受動的キネステーゼは、普通の能動的キネステーゼに先行します。手足をばたばた動かす本能的キネステーゼは、自分で手を伸ばして母親の乳房に触れるキネステーゼの前提であり、原地盤となっています。意図的に手を伸ばすことは、同時に自我極から自我の意識作用が働きはじめていることを意味します。つまり、乳幼児が泣いたり、「喃語《なんご》」といわれる、乳幼児のとりとめのない発声がでているときには、本能的で受動的なキネステーゼが伴われています。そして、その泣き声が意図的になったり、声を制御できる語りかけに変化するとき、発声に伴うキネステーゼは変化して、意図を伴う能動的なキネステーゼになっていくのです。

## 第二節　自分の身体と他の人の身体がどう区別されてくるのか

幼児が這い這いして、自由に動き回り、キネステーゼをとおして空間の意識を獲得していきはじめる前に、すでに本能的志向性にまつわる多くの働きが生じています。自分の身体と他人の身体を区別するということもその一つです。この区別は、乳幼児にはじめから備わっているのではありません。生まれながらに与えられている「表象」なのではないのです。この区別は、自我の作用の中心である自我極の形成と同様に、その発生が考察されなければなりません。では、どのようにこの区別が形成されてくるのか、その重要なきっかけになる、「喃語」という現象を詳しく考察してみます。

フッサールは、乳幼児が喃語を発すると、母親がそれをまねるということを指摘して、それを次のように分析します。乳幼児がとりとめなく喃語を発するとき、同時に〝自分〟（まだ自他の区別がついていないので、〝〟括弧にいれている）から出る〝自分〟の声が聞こえています。ここで喃語を発するときの、のどを中心にした身体全体のキネステーゼと、聞こえている聴覚的感覚素材とが、いつも同時に融合して、一体になって、乳幼児の感覚野に与えられています。

さて、母親が幼児の喃語をまねるとき、乳幼児に、いつも〝自分〟に聞こえる声と、とてもよく似た声が、聞こえます。どの母親も、まさに本能的にでしょうが、とてもよく、乳幼児の声をまねできます。ところが、そのとき、その同じような声が聞こえても、いつもそこに融合してセットになって働いているはずのキネステーゼを感じません。キネステーゼのない声なのです。乳幼児は、キネステーゼを伴う〝自分〟の声と、キネステーゼを伴わない声の違いを、何回となく繰り返し経験します。フッサールは、このことが、〝自分〟の身体と〝他人〟の身体とを区別することに、大きな役割を果たしている、というのです。

この例を受動的綜合の分析の成果を踏まえて、より詳しく考察してみましょう。キネステーゼと声が同時に生じているとき、そこに感覚野の融合的統一が起こっています。この融合は、生き生きした現在の原連合です。ここで、「キネステーゼがあるはずなのに、それを感じない」というときに、いったい、何が起こっているのでしょうか。

乳幼児は本能的キネステーゼを、のどを中心にして身体全体で感じています。〝自分の〟耳に聞こえる声とそのキネステーゼとの原連合は、そもそも、喃語を発する本能が覚醒して、繰り返されるときに、形成されます。そして、この形成のされ方は、決して偶然ではなく、原連合という規則性によっています。

この原連合の規則性は、時間化の本質規則性であり、原印象と過去把持の対化現象によって、感覚素材の意味内容が生じる、という規則性です。そこでは、キネステーゼと声の一つのつながりが、過去把持をとおして一つのまとまった空虚形態となりながら、それが同時に未来予持され、次のキネステーゼと声のつながりによって充実されていくのです。ところが、母親が喃語を真似る場合、この未来予持がそのまま充実されず、声だけ聞こえて（充実され）、キネステーゼが感じられ（充実され）ません。このことをフッサールは「ゼロのキネステーゼをもつ」[64]とも表現できる、といいます。ちょうど数字のゼロのように、キネステーゼはそのゼロのキネステーゼから起こりはじめる、というのです。

いってみれば、キネステーゼと声の一体になった融合体に対して、キネステーゼを欠く声が聞こえることによって、声がまさに「声だけとして」聞こえるともいえます。そして、それは同時に、キネステーゼが、〝ない〟というゼロ、すなわち、空虚にとどまる空虚表象として、声と区別されて、独立して、立ち現われたことになります。キネステーゼとしての意味が、すなわち、声と区別される限りのキネステーゼの意味が、未来予持された空虚のままの空虚形態が「空虚表象」として原意識され、そこで直観されているといえます。ないことに気づいて、それがいったい自分にとって何であるのかという、ないものの意味がわかる、といってもいいでしょう。

このような気づきこそ、本書の第五章第二節で取りあげた原意識の働きの原型に他ならないのではないでしょうか。ぼ

64　フッサール『間主観性の現象学その方法』（邦訳）五〇二頁を参照。

けっと空想しているときと、何か現に見ているときとの違いが、自分だけでなく、他人の場合でさえそれに気づくのは、意識作用に伴う随伴意識の働き、つまり原意識によるのです。そして、ここで強調したいのは、この随伴意識が、すでに幼児期に形成されはじめているはずである、ということです。つまり、幼児にとって、この時期は、自他の区別がいまだついていない、通常の意味の自己意識が生じていない、匿名的身体性を生きているときなのです。

ですから、ここで、自我から発する通常の意識作用が働く際の、その意識作用の原意識（原意識Ⅱ）と、意識作用ではない受動的ないし事発的志向性（たとえば諸々の感覚、すべての過去把持等々）が働くとき、それをそのまま意識する原意識（原意識Ⅰ）を、区別しなければなりません。そして、前者の自我から発する意識作用の原意識Ⅱを「自己意識」と呼ぶと、発生の秩序からいえば、自己意識ではない原意識Ⅰが、自己意識としての原意識Ⅱに、先行しているといわなければならないのです。

こうして、キネステーゼを伴う声とキネステーゼが感じられない声が、繰り返し経験されることによって、前者をいつももちつづけている自分の身体と、後者のままでありつづける他の人の身体との区別が、形成されていきます。

これに関連して、メルロ・ポンティは、「伝染泣き」という現象を考察しています。乳幼児は三カ月半頃になるまで、他の乳幼児と同じ部屋に置かれていた場合、他の乳幼児が泣き出すと、それがそのまま伝染して、その乳幼児も泣き出します。これを「伝染泣き」といいます。

この場合、乳を欲しがって泣くときの「渇きの感じ（本能的欲求）」と身体全体の「受動的キネステーゼ」と、聞こえている声の「聴覚的感覚素材」とが、同時に融合して一体になって与えられています。三カ月半以前の乳幼児にとって、他の乳幼児の泣き声が聞こえるということは、泣き声と融合して一体になっている受動的キネステーゼと渇きの感じとの融合全体に巻き込まれてしまうことです。いわば、聞こえた途端、その全体の状況に巻き込まれてしまうわけです。

ところが、三カ月半を過ぎる頃、しだいに伝染泣きが起こらなくなります。全体の状況に巻き込まれることなく、声が受動的キネステーゼと渇きの感じから、分離していることが経験されます。特定の空虚形態の充実、ないし非充実ということが原意識（原意識Ⅰ）されることによって、声と受動的キネステーゼの分離が直観されるようになり、他の乳幼児が泣いているのを、自分は泣かないで見ている、ということが起こるようになってきます。

受動的キネステーゼを伴わない声は、自分の乾きに結びついていない、自分の身体に属するものではないことが、直観できるようになってくるのです。喃語の模倣によるゼロのキネステーゼの原意識Ⅰは、いわば声（聴覚）とキネステーゼ（運動感覚）の分離の過程に決定的な歩みをもたらすということができるでしょう。

もちろんこの経過は、一回、起これば、それで終了するのではありません。同じような状況で、伝染泣きという、以前の全体的状況を繰り返したり、分離が生じたり、何度となく同じような経過が繰り返されるなかで、次第に次の段階への移行が生じるのです。

## 第三節　触れる手と触れられる手

こうして次第に自他の身体の区別がついてくる時期に、幼児が自分の手をまじまじと見つめている時期があります。両手をやっと〝自分〟で自由に動かすことができるようになるころです。そして、それと同時に、片方の手でもう一方の手に触われることにも気づきます。右手で左手に触れれば、右手は触れる手であり、左手は触れられる手です。そして逆に左手が触れられる手から触れる手になって、右手が触れる手から触れられる手になることもできます。それはまた足にも通用します。触れるときには、能動的キネステーゼに伴う意図が生じており、意図ということを経験しはじめています。人から触れられるときも、その人の意図を伴って「触れられる」と経験しはじめます。

ですから、普通の大人ですと、不用意に自分で手を机にぶつけたとき、机に「ぶつ意図」をみて、「気をつけろ！」と怒鳴りつける人はいませんが、意図の働きを経験しはじめたばかりの幼児の世界は、「何すんだこの机！（もちろんこうは、いいませんが）」とばかりに、叫んで当たり前の世界といえるかもしれません。

また、意図があるかないかをめぐっては、大人の世界でも、たとえば、込み合った満員電車の中では、誰も意図的に押しているわけではないのですが、押しているのか押されているのかはっきりしませんし、「わざとか、わざとでないか」の感じをめぐって、サラリーマンどうしの喧嘩になったりする場合さえあります。

触れるか触れられるかの区別とその交換は、右手、左手という自分の身体にかぎりません。たとえば、指で物の表面をなでるとき、「何すんだこの机！」と叫んだ幼児の世界の残余が生きています。というのも、机の表面をなでるときに、机の表面を感じることができますが、関心を代えて自分の指の表面の状態を知ったり（たとえばどこにとげが刺さっているのか捜したり）、変化させたり（ほてった手のひらをつめたい机で冷やしたり）、することもできます。

また、自分の手が届かないので、手の延長として使う、痒いところを掻くことができる「孫の手」という道具がありま す。もちろん、本当の孫の手ではないのですが、自分の手には限りなく近くなっています。また、琴を弾くときの爪は、弾いているときに外れることはあっても、自分の爪以上に、曲になりきる自分の身体に属しているともいえます。「孫の手」とか「琴の爪」というような自分の身体の延長としての道具になるのは、回りにある壁でも同様です。壁に背中をこすりつけて、痒いところを掻くことさえできるからです。こうして「孫の手」とか「琴の爪」とか、道具を使う人の意図を、壁の背後に見るとき、幼児の「何すんだこの机！」という表現が、ふたたび意味をもってくるわけです。また、電車のゆれを道具にして、相手に身体を押しつけるとき、わざと押すということが成立します。

触覚の場合、触って事物の側の触感覚をもつことと、身体の側での触感覚をもつことの二側面の感覚が可能です。フッサールは、これを触覚の「二重感覚」と呼びます。フッサールがそれを指摘し、メルロ・ポンティが身体論の重要な論点として展開しました。ここで、この観点が「心と身体の関係」という難問に対して、どのような解決策になるのか、ならないのかを、考えてみましょう。

心と身体の関係という問題は、デカルトが近代哲学の基礎を「意識している自分の存在が疑いきれないこと」に置いて以来（詳細は次章で説明される）、哲学上の難問とされてきました。デカルトは、その意識する「心」の働き方と、広がりをもって部分に分割できる「物」というあり方を峻別します。

「心」と「物」は、それぞれ二つの実体（それ自体で存在するもの）と見なされ、哲学的考察の基礎とされました。広がりをもたない心と、広がりをもつ物としての身体とが、それぞれ独立して存在できるのですが、その両者は、どのような関係にあるのか、という問題が、深刻で容易に解決できない難問と見なされてきたのです。

それ以来、両者の関係を問うことは、両者の一方に片方が従属する、あるいは包摂される（物が心に従属する観念論、心が物に従属する実在論、心が物の働きに伴うとする随伴論）か、両項が並び立って両立する（心身二元論、平行しているとする心身平行論、神の創造によって調和的な対応が決定されているとする予定調和説）、というさまざまな解決の選択肢が与えられることになりました。

そして、フッサール自身といえば、まずは、心と身体の関係を、心の働きのとしての「動機」という規則性と物の観察で活用されている「因果性」という規則性の、二つの原理的に異なった規則性によって規定します。しかし、フッサールは、そこにとどまらずに、その二つの規則性が働き出す手前の、受動的綜合が働く次元に、心身問題の解決の方向を示唆しています。

ですから、ここでまずもって、この二つの規則性そのものを明らかにしなければなりません。次にそのうえで、なぜ二つの原理の一方、あるいは、両者を並び立てることで心身問題が解決できないのか、という否定的な批判をとおして、フッサールの見解に達する議論を展開してみましょう。

感じたり考えたりする心の働きは、意識の志向性として解明される一方、「動機」をもつ、とも規定されます。動機とは、ある特定の目的をもった意志、そして、その目的を実現するために手段をとる意志です。この動機は、「因果関係」に対立する原理として主張されます。因果関係は、自然科学で、計測できる、原因と結果の結びつきを意味します。つまり、客観的時間と空間の内に実際にあるもの、すなわち、実在するもの相互の外的な関係です。動機は物に対する精神的世界の根本原則とされ、物の世界の根本原則である因果性と対置されるのです。

そのような意味で私たちは、自分の身体を、何かを実現するため(動機)の手段、道具と見なすことができ、道具そのものは、物の特性(因果性)をもちますから、道具としての身体は、自然科学の対象になります。かくして、物としての身体は、西洋の自然科学的医学、生物学、生理学等の観察対象という意味をもつことになります。

他方、心の働きとしての動機は、ほとんどの場合、自覚を伴う能動的な志向性を意味して、意識の高次の層に属します。しかし、これまでの章で考察したように、この高次の層の根底に自覚を伴わない受動的綜合や時間意識の流れが生じていることが、深層の動機としての連合という観点から、解明されました。原触発としての本能志向性が、最も根源的な動機(原触発する力)として、理解されたわけです。

ところで、物の根本原則である因果性が成り立つ世界には、その世界の生成の起源があります。これまで解明されてきたフッサールの諸分析に即せば、その起源は、深層の動機としての原触発が生じている本能志向性の時間化の次元です。そして、このことは当然、因果性の世界だけに妥当するのではなく、自覚を伴う意識の高次の層としての動機の世界も、同様、この原連合、原触発による時間化の次元にその生成の起源をもっています。

ところが、かりに、この物と心の両原理に共通の源泉が考察されない場合、つまり、実在の因果性の世界に、動機と同様の原理的独立性を認める場合には、因果性と動機が独立したまま、交互に立ち現われる、とする見方が帰結することになります。

たとえば、右の道具の使用の例をとれば、はじめ、うまく握れるかどうか試す対象、すなわち物であった「孫の手」が、自由に使えるようになったときには、その「孫の手」は痒いところを掻く自分（心の主体）の手の延長となりますが、疲れて重たく感じるときには、またふたたび、物の現われ方をするとみるわけです。そのような変化を、「物としての孫の手」という側面と「身体の延長としての孫の手を生きる」という側面との、そのつどの変換を生きる、人間の活動の変化、ということができるわけです。

つまり、孫の手を使うときには、孫の手は身体の一部になり、指先のように感じ分けることによって、知覚し、判断する生命体の生の一部に属します。他方、孫の手が使いきれないで、急に重さをもつ異物のように感じるとき、孫の手は物として意識に構成されている、というのです。

もし、以上のことが正しければ、「生きる側」であれ、構成される「物」としてであれ、世界の中に生きる生命体に属する二重のあり方、すなわち、動機を根本原則とする意識を伴って生きるという側面と、因果性による物の世界に属する、という二つの側面が、交互に現われている、というように考えることができるわけです。

つまり、人間の身体は、その心の側面を生きるときは、物の側面がその裏側として同時に隠れて働いていて、他方、その物の側面を生きるときには、その心の側面がその裏面に可能性としてそなわっているという二重性の主張になります。[65]

65　このような立場として、村田純一氏の『知覚と生活世界』の心身関係論をあげることができます。

その際、この二重性は、要素的心理学の場合に、個別的な要素から全体の働きを考えるのに対して、ゲシュタルト心理学という、まとまった形態（ゲシュタルト）を単位として考える心理学では、「地と図」の二重性とも考えられます。背景になるのが地であり、まとまって現われている形態が図と呼ばれます。そして、反転図形（たとえば、ワイングラスと対面する二つの顔）の場合、いままで図であった「ワイングラス」が、背景（地）となり、地であった向き合う顔が図になるという「ゲシュタルト変換」が生じます。このゲシュタルト変換を右に述べた心と身体の二重性とみるという立場が可能なのです。

つまり、ゲシュタルト変換をとおして、あるときは、「生きる主体の側」が表面に図として現われ、「物の側」は背景の地として現われ、別のときは、「物の側」が図になり、「生きる主体の側」が地になる、というのです。

このような立論に対して、後期のフッサールの立場にたつと、次のような批判がなされなければならないでしょう。

(1) 人間の生のゲシュタルト変換という立場をとるとき、いつ、どのようなときに片方から片方への変換が生じるのか、いままで背景だった「地」が、「図」になるのか、さらに問われなければなりません。また、当の変換する二項のゲシュタルトそのものの生成をさらに問い詰めることはできないのか、という疑問が生じます。

(2) もし、「地」と「図」として変換する心の側面と、物の側面は、それぞれ独立した側面（ゲシュタルト）とみなされ、心の側の意識、ならびに無意識の分析と、物としての身体の側の自然科学的観察による研究が、分離したまま、平行して展開するとすれば、これまでの二元論的枠組みが、保たれたままであることになります。また、両者を平行した同等の原理とは認めず、科学的観察は、生きられている心と物に分かれる以前の「生活世界」（第九章で扱われる）にその起源をもつのだ、とすれば、この二重側面説は、ゲシュタルト変換という構図のままの理解にとどまることはできないことになります。むしろゲシュタルトそのものが、「生活世界」に起源をもち、超越論的目的論（前の章を参照）に統合される構図に吸収されるべきではないか、という後期のフッサールに即した理解の可能性が生じてきます。

(3) ゲシュタルト変換は、生きる個人である一人の成人において時々刻々、機能しているゲシュタルトの変換として説明できます。そうすると、心と身体のつながりは、一人の成人に働くゲシュタルト変換の内部での解明にとどまり、他者との関係を問題にする必要がなくなります。この見方は、他者論という重要な観点を見落とすことになり、ゲシュタルトそのものの生成が、現実には、他者との関係を経過してはじめて可能になっていることが、まったく視野に入らないことになります。この点は、ゲシュタルトの生成を問わない第一の論点と同様、批判されねばなりません。

以上の三つの批判点を考慮しながら、フッサールのみる心身関係の解決の方向を見定めてみましょう。

## 第四節　心と身体の区別の源泉

身体の触感覚は、前節で述べたように、たとえば、触れる右手と触れられる左手の場合のように、二重感覚とその交換の可能性という特徴をもっています。また、両手を合わせているときは、ちょうど拳を握っているときと同様、握っているこぶしの一指一指の圧力を別々に分けて感じることができないように、漠然として一つの圧力として感じられています。

このような触覚の与えられ方と、いままでの時間、感覚、本質規則、連合、触発、および本能の現象学的考察の結果を前提にしながら、フッサールがいわゆる「心身関係」をどう考えるのか、ここでまとめてみたいと思います。

意図をもつかどうかの区別は、通常の能動的志向性が働いているかどうか、自我の対向が生じているかどうか、すなわち、普通の意味で心が、自覚を伴いながら、働いているかどうか、という区別と同義です。そして、心が働きはじめると同時に、つまり、機を同じくして、その心が向かう対象としての「物」の世界（ここでは、「物」としての身体も含めて）が、それとして、その姿を現わします。こうして、心という意識の志向性の意識作用によって構成される、意識内容の統合体としての「物」が、立ち現われます。そして、前者は主観、ないし、主体と呼ばれ、後者は客観、ないし、客体とも呼ばれます。

ということは、関係を問われる両項、「心」と「物」としての身体は、自我の意志がはっきりと働き出してはじめて、両項として成立するということを意味しています。となれば、自我の機能が働きだすまさにその時点、触発を受けてそれに対向するそのときこそ、両項の成立以前の事態から両項が成立する、その決定的な契機であることになります。両項が成立した後になって、両項の関係を問うことが、これまでの二元論的な諸理論（観念論、実在論、随伴論、心身二元論、心身平行論、予定調和説等）の前提になっている、ということもできるでしょう。

フッサールのとる立場は、両項の成立するこの時点以前に、両項の意味の発生と成立をたどり、本能志向性を介する生命体と環境世界との原交通、つまり、間の領域を開示し、すでにそこに、両項の統合が示唆されうるような、理性の目的論の萌芽を、露呈しようとするものです。

つまり、両項の区別の成立以前の事態を現象学的に解明し、そこに見られる意識的な生以前の、本質的な原初の「方向性」（覚醒してくる本能志向性の予感がもつ方向性）を指摘し、その方向性が超越論的現象学の方向性である高次の理性の目的論の土台になっていることを、確証しようとするのです。

これまでの分析を援用して具体的に述べると、胎児から乳幼児期には、原触発、ないし原融合の段階で、自我の機能がいまだ働き出す以前に、原交通、原融合での、空虚表象をもたない本能志向性の予感を媒介にして、空虚形態が形成される原地盤の世界が、成立していました。

その世界は、次第に明確な空虚表象を伴う過去把持と原印象との融合と、それに由来する志向性をもつ未来予持からなる生き生きした現在の世界へと発展していきます。

次には、明らかに自我の意識作用である再想起による過去の意識と予期による未来の意識、さらにそれに平行して、通常の意味の能動的キネステーゼによる身体性と空間意識の構成の前提を準備していきます。このような、心と身体という意味の発生を考慮するとき、心身関係の問題は、次のような方向に解明されなければならないことになります。

(1) 触れる手と触れられる手との変換、すなわち、図と地の変換という見方は、実は、触れる手そのものと、触れられて対象化される手そのものの、それぞれの意味の生成を問うていません。実は、それが明らかにならなければ、交換の仕方も明らかにはならないのです。そして、そのためにこそ、現象学の発生的方法がとられ、その発生的分析が展開している、まさにそのことが、強調されなければなりません。触れる手ははじめから、触れる手であるのではありません。触れる手には、すでに能動的キネステーゼが働いていて、通常の意味の意図と方向づけを含む能動的志向性が、自我極に発する自我の作用として、働いているのです。

そして能動的キネステーゼには、その原地盤において、本能的な「事発的」つまり、受動的キネステーゼが先行して働いています。このことは、ちょうど自我の作用である能動的志向性が、自我の作用を含まない受動的志向性を前提にしているのと同様です。触れる手の前に、動いている手があり、動いている身体があります。握っている手の一体感があり、内と外の境界をもたない宇宙的身体性が働いています。

(2) 触れられる手そのもの、すなわち「物的対象」としてもみられる身体が成立するといえるときには、同時に、触れる手が、キネステーゼを伴って触れる手になっています。両者の起源は同時なのです。つまり、触れる、動かすことのできる能動的キネステーゼを伴った手が何かに触れるとき、それと同時に、触れられている側が、——それは、自分の身体の一部であれ、動かない机であれ——能動的綜合による対象の触知覚として構成されるわけです。

(3) ですから、触れる手と触れられる手との交互の変換は、実は、そもそも両者の成立する起源にもどってはじめて、その変換の仕組みが明らかになるのであり、世界に生きる生命体としての人間は、実はこの交換が成立する以前に、その生の起源をもち、交換が成立する以前の生をすでに生きているのです。

このとき、通常の自我の意識が成立しておらず、自他の身体の区別さえ生じていません。フッサールが語る匿名的な衝動志向性の世界であり、メルロ・ポンティのいう匿名的な間身体性の世界でもあります。この次元を問題にしてはじめて、つまり、他者論という世界の構成の問題領域から、心身関係を完全に取り扱えることになります。それを経ない場合、たんに一人の個人内で取り扱える限りの心身関係論であり、構成の根底からの問いかけには、いまだなっていない、ということができます。

(4) フッサールが心身関係を考える際、身体の側の諸条件が「条件性」という概念で問題にされています。第四章で述べたように、『イデーンII』では、サントニンという胃薬を飲むと、周囲がすべて黄色に見えるという例を出して、身体の生理的条件が、外界の色感覚に直接的影響を与える事例としています。もちろん、生理的条件が色感覚を因果的に決定するという意味ではなく、その一条件となるという意味です。この見方は、一方で、心と身体の関係を問題にするとき、身体が正常な常態性（ノーマルな状態）にあるか、異常な非常態性（アブノーマルな状態）にあるかということが、人それぞれの知覚や判断という心の働きに、どのような影響を与えるか問わねばならない、という問題提起を意味しています。

そして、常態性、非常態性という判断は、そもそも、複数の人が前提になり、比べられて、成立しているものです。たとえば、どのぐらい歩けば疲れたと感じるか、という一つの心身関係は、人によって実にさまざまで、「あの人はすぐに顎をだす」とか、「ちょっと異常だ」、といったときに、比較できる複数の人という他者の意識が前提に働いています。

このように、心身関係の問題が、次の章の課題とされる相互主観性の問題と絡み合っていて、相互主観性の問題の解明なしには、その本当の解決の可能性が開かれないことが、はっきりしてきました。

では、この章「心と身体が育つこと」の内容を振り返り、まとめてみましょう。

(1) 自・他の身体の区別は、母親の「喃語の模倣」の例をとおして説明できます。赤ちゃんが〝自分〟で喃語を発しているときは、聴覚のキネステーゼの連合が起こっているが、母親が喃語を模倣するとき、同じ聴覚の感覚内容が与えられているにもかかわらず、連合するはずのキネステーゼが感じられず（充実されず）、「ゼロのキネステーゼ」が原意識されます。キネステーゼの空虚形態が、空虚表象として直観されます。ここに、キネステーゼが属する自分の身体と、直接、属することのない他者の身体との区別が成立してきます。

(2) 机に触って机の感触を感じことと、触れている自分の指の感触を感じることが、交互に生じうることが、触覚の二重感覚と呼ばれます。触れている感覚を心の働きとすれば、触っている机（対象）と同様、触れられる対象（物）としての自分の身体は、物としての身体と理解することができます。こうして、心の働きと物としての身体との関係が問われることになります。

(3) 受動的キネステーゼが、心と身体の区別の源泉ということができるのは、能動的キネステーゼが、能動的志向性として、意識作用（心）と意識内容（意識される対象物）との相関関係において働いているのに対して、受動的キネステーゼは、意識下の匿名的間身体性において、受動的綜合として、心や対象としての身体として意識される以前に働いています。

# 第八章　他の人の痛みを〝痛む〟こと

よく、「あの人はよく気が利く」とか、「気が利かない」とか、「人の気持ちを察する人だ」とか、「鈍感だ」とかいって、人間関係を行き交う「気の働き方」が問題にされます。気を使ったり使わなかったりすることについての本が、周期的にベストセラーになったりもします。この社会で人と人との間の付き合い方、関わり方が、いかに容易ではないか、ということの証拠、とでもいえましょうか。「人の身にもなってみてください」、「私の立場はどうなるんですか」という表現は、実は、なかなか人（この場合、他人という意味）の身になれないこと、人（他人）の立場には立てないことの裏返しの表現です。

「自分は自分で、他人は他人」ということほど、熾烈な現実はありません。現象学は、この現実をどう理解するのでしょうか。「他人の気持ちがわかる」とか「わからない」とか表現される事態を、どう解明しているのでしょうか。

人の気持ちや意識といえば、これまで何回となく問題として浮上してきたものです。たとえば、時間の意識について考えたとき、誰にとっても、同じ速度で流れると考えられる客観的時間は、各自の意識にどのように意識されているのか、明らかにしなければなりません。ここで「誰にとっても」ということは、自分だけでなく、「他人」にとっても、ということです。「他人」とは、当然ですが、自分と同じように、いろいろ感じ、考え、判断する心の活動をもつ人間という意味です。

では、この「他人」と「自分」という意味は、いったい、各自の自分の、今この本を読んでいるあなたの意識に、どのようにできあがってきているのでしょうか。

また、変わることのない本質を問題にした際、自分が見ている花火の色と、その同じ花火を見ている隣の人の目に映る花火の色が同じだ、という保証は、どこにあるのか、という問いもありました。さらに、「サントニン」を飲むと周囲が黄色く見えるが、見える程度は人によって異なり、薬を飲んで吸収する自分の身体と、自分が感じる色の感覚の関係は、私の身体の心身関係であって、他人の場合は、それとは異なることも考えられる、という問題もあります。他人の心身関係が自分と同じかどうかは、確かめようがないようです。

つまり、ここで、複数の人のノーマルな心身関係をどう考えればいいのか、という問題が浮上してきたのでした。言葉をとおして、各自の感覚が他の人のそれと、大体、似ているのだろうぐらいはいえても、お互いの感覚を確かめ合う手立てはないようにみえます。

## 第一節　自分一人が結論か

現象学は、これまで何回となく述べてきたように、各人に直接、与えられている意識現象を出発点にとります。その意識現象を意識の作用（ノエシス）と意識の内容（ノエマ）の相互関係としてとらえ、その分析は、無意識の層にまで及ばせようとしました。その結果、この分析が及ぶことのない時間意識や受動的綜合の領域が開示されることになったのです。

この直接、与えられている意識現象のもつ明らかさ、疑いのなさは、哲学の歴史をたどれば、近代哲学の祖といわれるフランスの哲学者デカルトが、哲学の基礎として論及したものです。その基本原理とされる「コギト　エルゴ　スム」（私は考える、だから、私は存在する）という章句は、西洋近代哲学の代名詞のように、よく聞かれる言葉だと思います。

デカルトがこの原理にいたったのは、次のような考えを経た結果とされます。感覚は、よく人を欺くもので、腐ったものさえ時に区別できないような疑わしいものです。また、どの文化でも普遍的に妥当する、と考えられている数学の諸原理でさえ、もし、絶対者がいて、人間が瞬時にもつ考えに影響を与えることができるとした場合、その諸原理は、絶対者が人間に抱かせている幻想であるかもしれない、と疑えないことはありません。まったく疑わしくないとは、いいきれないのです。

しかし、そのような徹底した懐疑を経て、最後にどう疑っても疑いきれないものが残ります。それは、何を疑ったり、肯定したりしても、その瞬間、瞬間に、肯定したり疑ったりしている当の「私がいる」ことは疑えない、というのです。ところで、ここで問題にならざるをえないのは、このような各自に与えられている、たしかに瞬間的には疑いえない自己意識の明証性（明らかなことが証されているという意味で、明証性という）を出発点にして、どうやって、私たちにとって当たり前の、日常生活の世界の成り立ちを、明らかにすることができるのか、ということです。

というのも、私たちの日常生活は、決して瞬間的に明らかといえるだけでなく、物や人々が、何もしなければ、そのままそこにあるのが、当たり前であるような世界です。デカルトの懐疑を経た瞬間を生きる「私」の感じや判断だけでなく、「他の人々」の感じや判断を前提にした、共通の判断を基礎にする客観的学問が、成立している世界でもあります。

フッサールは、この他者の意識の明証性や客観的学問の明証性が、どう成り立っているのか、という問題に、『イデーンⅠ』という書物を書く頃から、本格的に取り組みはじめました。『イデーンⅠ』には、彼の現象学的哲学の基本構想が論述されています。この構想には、現象学の主要な基礎的概念である「志向性」、「意識作用（ノエシス）—意識内容（ノエマ）の相関関係」、「本質直観」、「現象学的還元」、「純粋自我」等、が提示されていました。

そして、そのころ、フッサールを中心にした現象学運動は、ドイツのみならず、他のヨーロッパ諸国、また、日本への波及をみせ、大きな運動に展開していました。この運動の只中にあって、フッサールが直面した問題は、学生や立場の異なる哲学者に、どのように、現象学的哲学を十分納得いくように示し、導入できるか、という問題でした。現象学は、たんに一人の現象学者の明証的な意識の内部に成立する主観的な学としてではなく、客観的学問として、どのように成立するのか、哲学的に根拠づけねばならない事態に直面したのです。

現象学は、普通の意味の反省をとおして、日常生活を生きる人間の生を、たんに抽象的に考察するのではなく、直接、生きられているままに、それを括弧に入れ、その意識されるままの経験が、意識作用と意識内容の相関として、どのように構成されているのかを分析します。

そして、その意識の経験は、そのつど瞬間ごとに明証的に与えられているだけでなく、持続する時間の意識として、過去把持という原意識をとおして、根拠づけられています。瞬間的な意識の明証性の狭い枠が突破され、過去と未来を内に含む生き生きとした幅のある現在と、過去地平と未来地平をもつ時間の経験が、哲学的に確実である、という確証が得られました（第三章を再度、参照）。

また、これまでみてきたように、感覚、本質直観、触発と連合による受動的綜合、衝動的志向性、身体性の構成、等の意識と無意識の経験の分析さえ、展開されてきました。

ところが、それらの分析を追体験して、理解し、納得するのは、結局のところ閉ざされた各自の意識の内部でのできごとであり、それぞれ各自の追体験の内容が同一であるという保証は、いったいどこにあるのか、ということが深刻な問題となりはじめます。すべての人にとって客観的な学問であるはずの哲学、特に最も厳密な学問を標榜する現象学にとって、大変深刻な問いが、生じてきたのです。

各自の疑いえない意識にたち戻るのは納得できても、他人の意識に直接、与えられている意識作用と意識内容そのものは、その人の表情や言葉をとおして間接的にしか、自分の意識に与えられないのではないのか。「私の痛みは私にしか、感ぜられないように、あなたの痛みも私に伝わってはくるが、自分の痛みと同じではない」という常識を、どのように解明できるのでしょうか。そして、このような間接性を前提にした場合、そもそも、客観的学問を構築できるのでしょうか。

この問題は、人間がお互いにとって、相互にそれぞれ独立した意識活動を担う主体、ないし主観であることを根拠づける、という意味で、「相互主観性」の問題とか、人と人との「間」という語を使って、「間主観性」の問題ともいわれます。これらは、もともとIntersubjektivitätというドイツ語の日本語訳です。

この相互主観性の問題を考察するのに際して、「人間」とか「世間」といった、「間」という言葉に含まれている日本語の意味内容から出発して、哲学的考察を行なうことも、もちろん可能です。しかし、このような日本と西洋といった文化的背景の違いでさえ、フッサールの相互主観性の問題設定をとおして、かえって、より鮮明に理解できることが、これから考察を進めるなかで、明らかになっていくでしょう。

まずは、相互主観性を明らかにするという課題が、いかに難問であるか、という問題状況を、次の三点にまとめて確認しておきます。

(1) 各自に直接、与えられている主観に、哲学の根底と出発点をすえるとすれば、直接、与えられているのは、自分の主観だけなのだから、必然的に自分だけが疑いきれない厳密な知を獲得する、ということにならないでしょうか。また、他人の意識主観は、自分の意識主観に間接的に映っているだけで、映す自分の意識がなければ、そもそも他の人の意識もありようがないのであり、結局、確実に存在するのは自分だけ、という「独我論」を帰結することにはならないでしょうか。

(2) 独我論であれば、誰にでも妥当する、誰にでも直接、与えられて、疑いえない客観的真理と、客観的学問としての普遍的哲学を構築する基礎が、欠けることになります。現象学は、意識分析をとおして、自然科学的学問の前提ではあるが、自然科学自身が哲学的に究明することのない客観的時間や空間が、どのように各自の意識において構成されているかを、明らかにするとして、さまざまな分析を展開しています。しかし、そもそも、他人の意識には直接たどりえない以上、どうやって、他の主観の意識内容の同一性と、客観性の成り立ちを、解明できるのでしょうか。

(3) 個人の意識に立脚するヨーロッパ近代以来の個人主義は、結局のところ独我論にすぎないのでしょうか。他の個人への直接的な関わり、本当の対話をとおして「人格としての汝に交わる」といわれる対話哲学の主張は、各個人のもつ希望や幻想にすぎないのでしょうか。

以上に述べられた問題をフッサールは、現象学の構想が明確になりはじめてから、ほぼ三〇年にわたって探求していきました。そのなかで、比較的まとまった論考になっているのが『デカルト的省察』の第五省察です。まずはここを中心にして、フッサールの相互主観性の主要な論旨を、直接的な批判はひかえながら、追っていきましょう。

## 第二節　「自分と他人」の意味の生成を問うこと

### a　疑えない自分に戻ること

この問題の出発点であり、同時に目的でもあるのが、先に述べたデカルトのいう自分の意識、自己意識の明証性です。つまり、他の人の意識は自分の意識と同じように明らかに与えられているのか、いないのか、もし、同じように明証的に与えられていないとしたら、どんなふうに間接的に与えられているのかについて、自己意識の明証性を常に基準にして、解明しなければなりません。

その際、確認しておかなければならない大切なことは、自分と同じような自己意識をもった他の人がいると、はじめから前提にしてはいけない、ということです。ちょうど待合室で座って待っている人が、それぞれ、目があり、鼻があるように、心の活動を担う独立した主観を個々人がもっているのが当たり前、という前提から議論をはじめてはならない、ということです。

現象学は、はじめからあることがわかっている別々の主観が、どうやってお互いに理解し合えるのか、という問題の立て方をしてはいないのです。

はじめから他者の意識があることを前提にすれば、問題は、はじめからあるその他者の意識に、どうやって近づけるか、という問いに変化してしまいます。どうやったら他者の意識をあるがままに意識するのか、推測するのか、予想するのか、測定するのかといった問い方になってしまいます。

つまり、外に現われる、あるいは他の人の身体の内に働く心の活動のありのままを、どうやって観察できるのか、という自然科学的な問い方と同じになります。他者の意識があることを事実上の前提にする経験論の立場は、このような問いの立て方をします。

また、他者の意識は、人間である以上、あるのでなければならないとして、要請する形で前提にする観念論的立場も、理念的であれ、「ある」と前提する点に違いはありません。このような問題設定は、現象学の他者論の問題設定とは異なります。

現象学的問題設定が行なわれて、自己意識の明証性に立ち戻り、他者の意識がどう自分の意識に構成されているかを問うとき、他人がいるのが当たり前の常識の生活に、一旦距離をとることになります。距離をとって、こういった世界は、いったいどうやって自分の意識にとっての当たり前な世界として、疑ったこともないほど自明に成り立っているのかが、問われることになるのです。

ここで議論が混乱しないように、他人がいるのが当たり前の日常生活の自分や他人を、経験論的立場での「経験論的自我／経験論的他我」と呼び、どうやって自分の意識に構成されているのかを問う現象学の超越論的立場で明らかにされる自分や他人を、「超越論的自我／超越論的他我」と呼びましょう。

後者が「超越論的」といわれる理由は、これまで述べられたことから明らかだと思います。意識が心の内と外を区別する以前に、意識される何かに向かって超え出ている（超越している）、このことが、意識の志向性といわれるものです。この超越する仕方が、意識作用と意識内容の相関の仕方の別名で、この相関関係を分析するのが、超越論的志向分析に属するのです。

もちろん、経験論と超越論の二つが平行して、別々に並存しているわけではありません。一つの事態をどう見るかによって、二つの見え方があるということです。ちょうど時間意識を問題にしたときに、普通に考えられている「未来–現在–過去」という時間の意識（経験論的時間意識）の成り立ちが、現象学で、「生き生きした現在」の印象や過去把持や未来予持、さらに、再想起や予期によって、時間の意識がどう構成されているのかという超越論という見方で解明されました。

そのような両者の関係ですから、超越論的自我のもつさまざまな本質規則性が、経験論的自我の働き方のありのままを解明しようとしているのだ、ということなのです。ですから問題は、超越論的自我の、いったいどのような本質規則性によって、経験論的自我が構成されているのか、という問題になります。

### b　他の人は自分にどう現われているのか

この考察をはじめるにあたって私たちは、すでに、「私たち」とか「他人」という言葉を実際、使っているわけですが、もともとこれらの言葉の意味が、どのように自分の意識に構成されているのかを問うことが、現象学の相互主観性の問題設定でもあります。

たとえばバスに乗っていて、誰かが乗ってきます。最近では、階段を登るロボットが試作されているそうですが、バスに乗ってきた人がロボットでないことは一目でわかります。ちょっと疲れがたまっていても、もう一人の私が乗ってきたとも思いません。はじめて見る知らない人です。「他人」という意識の意味内容（ノエマ）を、「もう一人の自分」とか「人によく似たロボット」などの意味内容との違いを明らかにしていって、その違いがどのような意識作用（ノエシス）の違いに対応しているのかを解明する方法を、フッサールは、「他者の意識のノエマ的与えられ方を手引きにする方法」[66]と名づけます。

66　フッサール『デカルト的省察』（邦訳）一六四頁以降を参照してください。

その際、意識内容の違いが「機械でなく人間」、「二人目の自分でなく他人」というように意識されていますが、そのそれぞれの「機械」、「人間」といった意味内容の本質は、実はすでに、『イデーンⅡ』で分析され、描写されています。そこでは、「物」、「心」、「身体」、「自我」、「精神」等の存在領域を個別に考察する領域的存在論という枠組みで、それぞれの意識内容が本質直観をとおして解明されています。こうして自分の意識ではない他の人の意識の意味内容と、それに相応する意識作用に、接近していくわけです。

もう一つの方法論の視点として、フッサールは、自分の意識と異なる「他の人の意識」が成立する現場をとらえるために、「他人」という意識がはじめて生じる状況を設定しようとします。試しに、まだ他の人という意識が、自分の意識にまったく与えられていない状況に、戻ってみようとするのです。

「他人」というものが与えられていないということは、同時に、この他者の意識を前提にするような意識内容、たとえば、「話したり、約束したり、文章を書いたり、本を読んだりする」という言葉をとおして起こっているさまざまな意識も、働いていないことを意味します。

ですから、孤島に一人っきりで住んでいるといった意味で、「他人」の意識が自分に生じていない、というのではありません。誰もいなくても、「ああ一人っきりだ」と感じた途端、「いない誰か」を感じ、「まわりに誰もいない私」を感じて（意識して）しまっているからです。

「他者の意識」と、「他者の意識」を前提にするあらゆる意識が働いていない領域に、戻ろうとするこのような方法を、フッサールは、「固有領域（ないし、第一次領域）への還元の方法[67]」と呼びます。還元とは元になる原理に戻ることです。固有とは、何に関して固有なのかといえば、他人がいて自分もいるという普通の社会生活を過ごしている自分、つまり、経験的自我としての自分が働いていない、それ以前の〝自分（自我）〟（この引用符〝〟に注意）に関して固有な領域だ、というのです。

67 フッサール『デカルト的省察』四四節（邦訳）一六七頁以降を参照してください。

この方法は、第六章で考察した発生的現象学の方法である脱構築、ないし再構成の方法と共通した内容をもっています。まずもって、すでにできあがって働いている経験論的自我と、その超越論的条件である超越論的自我の意識層の全体を出発点にして、他の人々と生活する自分がもつ、他の人についての意識内容を括弧に入れ、それが働いていないとして脱構築します。それによって、他者の意識が生じる発生の現場をとらえようとするのです。

### c　他の人が現れる以前の〝自分〟に固有な領域

他人とのつながりを欠いた日常生活や世界を考えるのは、ほとんど不可能なほど、私たちは人々との社会生活のなかで生きています。ですから言葉を話さなかったり、言葉で考えなかったり、まったく他の誰かを意識に上らせないような固有領域を想定するのは、容易なことではありません。

この固有領域の意識内容は、この普通の意味の「自分と他人」という区別にそった自分（たとえば三人兄弟の真中の自分、兄に対する弟、弟に対する兄、父親や母親に対する自分、先生や友だちに対する自分等々）の意識をすべて除いた意識内容です。フッサールの設定する固有領域の世界には、自然があって、そこに〝自分〟が生きているとされ、その自然には、他の人間の身体がまだ現われていないような自然であるとされます。そして、その自然のなかで感じ、状況判断している心の状態が、固有領域で生じている意識の意味内容と見なされます。

それをフッサールは、他の人の自我を意味する他我の意味を捨象し、排除したときに、われわれは、なおも残存する一種の世界を保持している、といいます。そしてその世界は、私の「固有領域に還元された自然」のことであり、その世界のなかに、心と身体を具えた「心理物理的自我」[68]が生きているとも述べています。つまり、心と身体のつながりも与えられている、というのです。そして、この世界を規則づけている超越論的諸規則は、まずは、デカルトのいう「われありの自己同一性」であり、「内在的時間性」、さらに、そのとき現われている「顕在的体験の流れ」と、その背後、ないし根底を流れる「潜在的体験の流れ」、つまり「習性」の規則性さえも含まれる、としています[69]。

68　フッサール『デカルト的省察』（邦訳）一七七頁を参照。
69　フッサール『デカルト的省察』（邦訳）一八七頁および次頁を参照してください。

このような固有領域の設定は、他者の意味に関する意識内容をすべて除外することを、その目的としています。しかし、どうしても疑問として残るのは、実は、こうやって他者に関する意味内容を完全に排除するといっても、本当にそれができているのか、という疑問です。「われありの自己同一性」にしろ、「時間の流れ」や「精神的物理的自我」にしろ、何らかの他者の意識の介在なしに、本当に成り立っているのか、という疑問です。この問題の検討は、このような状況設定で現われてくる、「他の人」の現象学的記述を追いながら、進めていくことにしましょう。

### d　対になって現われる他の人

さて、このような固有領域にはじめて現われる〝他の人間〟が、はじめてそこで「人間」と知覚される事態をフッサールは、次のように描写します。他の〝人間〟（まだ人間と知覚される以前の何かを意味する）が〝自分〟（この自分は自他の区別ができている以前の固有領域における自分）に立ち現われるとき、この何かは、〝自分〟の身体に似た外観とその「外観に伴う何か」とのまとまりとして、知覚されます。

この〝自分〟の外観は、固有領域で〝自分〟に見える範囲の〝自分〟の外観ですが、水面に映るといった〝自分〟の顔も含めてよいでしょう。この〝自分〟の身体に似た外観は、しかし、外観だけとして与えられるのではありません。たとえば、りんごをもごうとする心と、すっと伸びている〝自分〟の手の外観とはともに、いっしょに与えられています。これが、固有領域ですでに形成されていた身体の外観と心とのつながりといわれるものです。

では、ここで、他者が立ち現われる原状況の一例として、りんごをもごうとして手を伸ばしたとき、茂みの片隅から、同じりんごにすっと伸びてきた手を見たとします。そのとき、りんごを取るという〝自分〟の意志と〝自分〟の手が伸びているその外観がいつもつながりをもって、つまりセットになって生じていて、このことが固有領域で何度となく習慣になって経験されていると考えられます。

ですから、このとき、すっと伸びてきた別の手に、取る意志を見るのは容易です。まるで二本目の〝自分〟の手が伸びたかのようです。この〝自分〟の手の側の「手の伸びと取る意志の統一（物理的-精神的統一）」と、もう一方の手の「手の伸びと取る意志の統一（物理的-精神的統一）」とが、この「もう一方の手」が伸びてきた瞬間に、同時に成立します。この類似する二つの伸びる手が同時に与えられる与えられ方をフッサールは、受動的綜合である「対化」の現象と見なします。

対化は、第五章で述べたように、片方だけでは対になりません。現われてくるもう片方が、その一部だけ見えていて、他の一部が隠れているのでは、対にならず、両方の全体がそろってはじめて、対になります。そして大切なのは、その二つがそろってはじめて、そのつど、新たに、対の意味内容が成立する、ということです。

ここでは「物理的-精神的統一体」としての〝自分〟の手と、もう一方の手に、共通の「りんごを取ろうとする手」という意味が、そのとき新たに成立するということです。つまり、ここで重要なのは、対が成立する以前に、〝自分〟の手と、もう一方の手がはじめからあって、それらが対になるのではありません。そもそも何かが外にあるということは、意識がそのように構成しているからだ、というのが現象学の立場です。「もう一方の手」という意味を帯びた何かが、この瞬間に新たに構成されたのです。

このように「もう一方の手」に取ろうとする意志を見るのは容易ですが、ここには、解明の難しい別の問題がひかえています。それは、〝自分〟の手の外観に似る他方の手が、二つ目の〝自分〟の手と見なされずに、〝他人〟の手というように、自他の身体が区別されて対化現象が生じていますが、それはどうしてか、という問題です。

実は、自他の身体の区別は、すでに対化の現象が生じる際、働いてしまっているのです。なぜなら、ここで、伸びる手と「取る手」の統一が、対になって現われているのですが、直接、眼に見える〝他〟の手の伸び（物理的側面）は、〝自分〟に見えてはいても、その取る意志（精神的側面）は、直接にではなく、間接にしか与えられないからです。

他人の意志は、間接にしか与えられていないからこそ、他人が私を「わざと押したのか、はずみで押すことになってしまったのか」について、誤解が生まれる余地があるのですから。もし精神的側面も直接〝自分〟に与えられるのであれば、そこに現われた身体は、類似した外観をもつ〝自分〟の心を直接そなえた第二の自分の身体になってしまいます。

また、次に、フッサールによると、自他の身体の意味の違いは、「現在と過去」という時間意識に関連して述べることもできます。というのは、〝自分の〟でない、もう一方の手に見える「取ろうとする意志」は、実は、「過去に取ろうとして伸ばしたとき、〝自分の〟手に働いていた〝自分の〟意志を、そこに想い出している」というのです。想い出される意志は、過ぎ去っていて、いまは直接、与えられていません。現在、取ろうとする意志の直接性と、「取ろうとした」という過去の意志の間接性の違いが、〝自分〟に与えられている〝自分〟の意志の直接性と、〝他人〟の意志の間接性の違いに、対応するというのです。

第三に、空間の意識に関連して、自分の身体は、いつも絶対に変わることのない自分にとっての「絶対的なここ」という位置をもちつづけ、自分は「ここ」から自由になることはできないが、他の人の身体は、外にある物の占める位置としての「相対的なそこ」というあり方をもちつづける、というものです。

この他の人の身体の「相対的なそこ」というのは、実は、自分の身体の「ここ」を運んでいって、「そこ」に置けるような、そんな意味の「そこ」だ、というのです。つまり、他の身体の「そこ」は、自分が動こうと思えば、その位置に行ける「そこ」であったり、逆に、いま自分は「ここ」にいるが、ちょっと前に、他の身体の「そこ」からいまの「ここ」に移動してきた、と思えるような「そこ」だ、というのです。見てから行ける「そこ」の場合の、予期という未来地平に与えられている間接的な与えられ方と、いままでいた「そこ」という、過去地平に与えられる与えられ方の間接性が、いつでも「ここ」にしかありえないような直接性と、対比されているのです。

## 第三節　「自他」が生成する場

前節の終わりに、身体と心の統一体としての自分と、他人のそれとの類似性と相違について、三つの論点が示されました。ここで、これらの論点を批判的に考察し、フッサールの『デカルト的省察』第五省察の立論に補足的な修正を加えて、相互主観性論を再構築してみたいと思います。

(1)　まずは、精神的側面である他の人の心が間接的にしか与えられない、という「直接性と間接性」との区別です。前の章で、伝染泣きの場合にみられる自他の身体が区別されない状況からその区別が生じてくる、区別の発生の歴史があることが示されました。心の「直接性と間接性」の区別にも、同じような、その区別の発生の歴史があるのではないでしょうか。

たしかに他の人の痛みは、自分の痛みのように直接、与えられていません。しかし、この自分の痛みを感じる自分の身体と、表情を通じて間接的に伝わってくる相手が感じている痛みとの区別は、実は、自分の身体と他人の身体の区別をすでに前提にしています。そして、身体の区別が、発生の歴史をとおして、形成されるものであることが、フッサール自身の発生的現象学の分析をとおして（たとえば前章の喃語の模倣の分析を参照）、解明されたのでした。

この区別が生じる以前は、自分の痛みと他の人の痛みとの区別はなく、幼児にとっての周囲世界全体が、そのまま〝痛んでいた〟わけです。〝痛み〟や〝快さ〟がいきわたった世界全体を生きているわけです。したがって、この感覚の直接性と間接性の区別の成り立ちというテーマは、発生的現象学の領域で考察されるべき性質のものなのです。

フッサールは、『デカルト的省察』では、発生的現象学の考察を十分に活用することができませんでした。実は、彼が『デカルト的省察』を論述している時期には、発生的現象学による分析が平行して展開され、多くの興味深い視点が呈示されていました。ところが、前章で述べた「幼児期の身体性の形成」といったテーマで明らかにされた視点は、相互主観性というテーマと密接な関連があるにもかかわらず、この時期の研究に組み込まれませんでした。

しかし、内容的にみて、幼児が自分の身体と他の人の身体との区別に遭遇するときこそ、ここで問題になっている「直接性と間接性」の区別に、はじめて遭遇するときなのです。幼児の喃語と母親がそれをまねる例を出しました。そのとき、自分と他人の身体の区別がついていない状況で、同じような母親の声が聞こえても〝自分〟の声が出る感じを感じないので、声の聴覚と本能的（ないし、受動的）キネステーゼとの融合に亀裂が生じてきます。

声と本能的キネステーゼの連合が覚起されているにもかかわらず、本能的キネステーゼの空虚な形態が充実されていないからです。空虚な意味の描出が充実されるか、されないかの違い、すなわち、空虚なままにとどまるか、充実されるかの違いが、連合のあり方の違いを、決定的なものにします。聴覚的感覚は、直接、与えられているが、本能的キネステーゼが充実されないまま、間接的に与えられつづけるのが、他人の身体です。〝自分〟の身体の場合、本能的キネステーゼと聴覚的感覚との融合は、常に保たれています。

三カ月半以前の乳幼児の伝染泣きに見られる、本能的キネステーゼと泣き声との融合的連合が、崩れていく場合も同じです。それまでしていた伝染泣きが次第になくなって、起こっていた融合に亀裂が入ってきます。泣き声が聞こえて、連合による本能的キネステーゼが覚起されても、ちょうど母親のまねる喃語の場合のように、〝他の乳幼児〟の泣き声で覚起された「渇き」とか「不快」といった空虚形態が、充実されないことに、気づいてくるのです。

またもう一つ他の例をあげれば、視覚野が形成され、身体の外観を見ることができるようになってくるにつれて、手を動かすときの手の動きの外観と、その動きに応じたキネステーゼとの融合に、変化が生じてきます。自分の意志によらない本能的キネステーゼと、そのとき動いている〝自分〟の手の外観との融合は、ちょうど本能的キネステーゼと聴感覚の融合の場合と同様、融合されたまま直接、与えられて、そこで一方の空虚形態が満たされないということはありません。そして、この時期に、次第に、新たに、自分の意図を伴う能動的キネステーゼが覚醒し、働き出します。

たとえば、首がすわらない乳幼児が、〝自分で〟頭を支えられるようになり、聞こえてくる母親の声に、〝自分で〟頭をめぐらせるようになるとき、欲求に即応した身体の動きをコントロールできるようになっています。ですから、さまざまな本能的志向性と本能的キネステーゼの結びつきから、本能的志向性と能動的キネステーゼの結びつきへの移行は、スムーズに生じているはずです。こうして、能動的キネステーゼが働きだすと、能動的キネステーゼと、それが働いているときの自分の身体の外観との連合も、確かなものになっていきます。

また、能動的キネステーゼは、こうして次第に形成されてくる自他の身体の区別を、決定的なものにします。自分の手は意図的に動かすことができても、どんなにそれを強く望んでも、母親の手を自分で意図的に動かすことはできません。自分の手にはいつでも好きなときに触れられても、やさしくなでてほしい母親の手は、自分では動かせないのです。

自分と他の人との越えがたい断絶、すなわち、自分の痛みの直接性と他者の痛みの間接性という断絶は、すでに自他の身体の間に亀裂が生じるとき、自他の身体の区別が固定するとき、形成されはじめ、意図を伴う能動的キネステーゼが働きだし、この亀裂が繰り返し経験されることによって、乗り越えがたいものとなります。

この越えがたい断絶を意味する「他者の他者性」は、こうして、超越論的身体性の次元で根源的に形成され、創設されて（フッサールはこのことを「原創設」という）いるのです。自他の身体の区別が形成され、宇宙大の身体だった〝自分〟の身体が、自分の身体の「ここ（中心）」を獲得しはじめます。このことをフッサールは、「身体の自己中心化[70]」と名づけました。

70　フッサール「よく言われる自我の合一、自我極の合一は、……『行為』の身体中心化にほかならない」と述べています。『間主観性の現象学その行方』(邦訳)四九五頁を参照。

(2)　次に、自分と他人の区別を、右に述べた「知覚と想起」との関係と対応づけようとするフッサールの見解は、どう理解すべきでしょうか。ここで想起といわれているのは、生き生きした現在に含まれる過去把持ではなく、遠い過去の地平の空虚形態や空虚表象が覚起され、それに気づき、能動的に思い出す、再想起を意味しています。この再想起は、受動的連合としての過去把持と異なり、能動的な自我の作用を前提にしており、過去把持より高次の意識層で働いています。このように、再想起には、自我の反省による対象化の機能が、働いているのです。

フッサールが、他者の心の働きを、自分のもつ再想起と類比させるというのは、他の人の心は、「自分にとって直接、想い出せない過去の思い出」のようなものだというわけです。つまり、他者の痛みの間接性は、生き生きした現在をすでに越えてしまっている、過去の空虚表象がもつ間接性に、類似していることがまず一つ。しかし、自分の思い出と違って、「想い出した」という直観の充実が永久に与えられないこと、この二点に、他者の痛みがもつ間接性の特徴がある、というのです。というのも、もしこの再想起がそのまま充実されれば、結局それは、自分の思い出になってしまい、他者の痛みは、「自分の痛みの思い出」ということになります。他者の痛みは、自分の意識のなかで、自分の思い出として構成され、自分に隔絶されていて感じられないはずの他者の痛みの他者性が、失われてしまうからです。

他者の心、他者の意識内容は、自分の経験の思い出のようなものだという考えは、なるほど、他者の意識を経験する、その経験の一面を正しくついているものでしょう。同じ経験をしたことがない人にいくら話しても、その人が経験しているつらさはわかってもらえないものです。とりわけ、離人症などの精神病に苦しむ人々のもつ経験は、自他の身体性の区別や、自他の意識が生成してくる頃に生じている、反省にのぼらせることのできない起源をもっています。そのつらさを理解するのは、ほとんど不可能に近い企てなのでしょう。自分の経験という視点は、なるほど、説得力をもってはいますが、それだけで他者の心、他者そのものを規定するのは、不十分なだけでなく、他者経験の核心を見失うことになります。

そして、この核心は、実は、フッサール自身が言明している、他者の経験は「対化の現象」であるという見解に、はっきり表現されています。対化は、過去の想起ではなく、現在、生じる「知覚」です。知覚も対化の現象も、生き生きした現在に位置づけられる現象です。そしてこの生き生きした現在には、自我の意識作用なしに、すでに受動的綜合をとおして、生命体と周囲世界（生活世界）との間に、身体性を介して、原交通というコミュニケーションが、生じているのでした。

ということは、生き生きした現在で、すでに、匿名的な〝先自我〟が、自我の作用が前提になる自他の区別なしに、周囲世界と融合をとおして交わっている、ということです。ですから、他者の心に届かないという他者の他者性と独立性を確保するために、再想起という自我の意識作用を援用する必要はないばかりか、それは、原交通という事態に即していません。なぜなら、再想起を援用するということは、自己意識を伴う自我の作用を前提にしていますので、問われている自我の作用の発生、すなわち、自我と他我の区別の発生を解明することにはつながらないからです。

こうして、再想起の視点から離れ、生き生きした現在の根源的時間の流れを条件づけている本能志向性に注視してはじめて、自他の区別の発生の現場をおさえることができるのです。

この原地盤で、本能的志向性を生きる匿名的身体と、原触発に対応して覚醒しつつある自我極が原初に働いています。もし、その全体の経過に居合わせる「自我」を「自我」と名づける場合、その「自我」は、当然のことながら、自己意識を伴わない匿名的な先自我（意識生）です。このことを見失うと、自我‐他我の意識を解明する相互主観性の問題の核心をそれてしまうことになります。

この匿名的先自我と周囲世界との間に、対化現象をとおして、原触発が生じていますが、この匿名的先自我の本能的志向性を覚醒させるのは、その志向性に即応する周囲世界であり、その周囲世界を代表するのが母親です。この匿名的先自我は、身体中心化が働きつつあっても、いまだ自己中心化による自我と他我の区別を知らない、匿名的な身体性を生きる乳幼児の先自我（意識生）です。ですからフッサールは、このような自我を自我以前の自我という意味で「先自我（Vor-Ich）[71]」と名づけているのです。

71　フッサール『相互主観性、第三巻』五九八頁その他、多くの個所でいわれています。ただし、私は先自我にしろ、原自我（Ur-Ich）にしろ、自我の概念によるこの発展段階の表現は、むしろ意識生やモナドの概念によって表現されるのがより適切であると考えています。

この先自我に自己意識を伴う超越論的自我の能力が付け加わるとき、同時に自分の自己意識を伴わない超越論的他我が生成します。この経過をとおして、先自我とそれに対応した世界が、自己意識を伴う超越論的自我の加わった重層的自我によって構成される世界へと、変転します。そして、その変転の歴史は、すでに成人である個々人にとって、過去の歴史であることに違いありません。

しかし、ここで最も重要なのは、それが完全に過ぎ去った過去の歴史にすぎないのではなく、現在に生きて働いている、ということです。つまり、はじめに匿名的身体性が働いて、そこに高次の意識の層が加わってきた直接的経験が、いまでもなお、その度ごとに作り上げられる「根源的に創設する原創設」[72]として、現在に働いている、ということです。この根源的創造作用は、いちいち自覚して思い出すといった「再想起」の介在をまったく必要としません。私たちは自覚することなく、この匿名的身体性を常にすべての現在において生きているのです。

72　フッサール『デカルト的省察』（邦訳）二〇一頁を参照。

原初の原地盤において、意識生（先自我）は、自他の区別を知らない匿名的身体性を生きています。この意識生（先自我）を原点とみる見解は、超越論的自我と超越論的他我の、いわゆる等根源性を、解明し、その根拠を与えています。等根源性というのは、超越論的自我と超越論的他我が、共通の同じ根源である匿名的な意識生（先自我）に発している、ということを意味しています。すなわち等根源性とは、超越論的自我と超越論的他我は、どちらも等しく根源的であって、どちらか一方が他方を構成するのではなく、その根源においては、自他の区別がいまだまったく与えられていない、ということを意味します。

もちろん、自他の区別は、その等根源性からまるで魔法のように飛び出てくるというのでは、ありません。そもそもこの等根源性が、その等根源性という意味そのものを獲得するのは、身体の自己中心化が生じて、自他の身体の区別が生じてくる、まさにそのときなのです。

そのとき、自他の亀裂が生じはじめるのであって、実はその同じときに、他者の他者性と自我の自己性が、その意味を獲得しはじめるのです。自他の等根源性と他者の他者性は、決して別々の事柄ではなく、等根源性から他者の他者性と自我の自己性が生起するそのとき、まさに、踵を接してその両者の意味が成立しているのです。

この両者の意味が同時に成立するその仕方は、右に述べた喃語の模倣などをとおして、聴覚的感覚と本能的キネステーゼの両者の意味が、片方の空虚形態の不充実をとおして、それぞれ際立ってくる、という事態に相応しています。

(3) 自分の身体は「絶対的ここ」という特性をもち、他者の身体の「そこ」と区別されるというフッサールの見解は、自我と他我の直接性と間接性を問題にするうえで重要です。そしてこの見解も同様に、匿名的身体から自他の身体の区別が生成するという視点から、考察しなければなりません。

「絶対的ここ」と「相対的そこ」との区別は、匿名的間身体性という発生の起源をもち、はじめに「ここ」と「そこ」の区別を知らない匿名的な間身体性から、自他の身体の区別が発生し、それが固定化するにつれ、動かしがたいものとなります。匿名的間身体性を生きる「伝染泣き」の次元では、「ここ」と「そこ」の区別は生じていません。

また、精神病患者の例で、自分の話す声が自分の耳を通して聞こえるのが当然なのに、目の前にすわっている治療医の身体の膝のあたりで聞こえてしまうという場合にも、自分の身体の「ここ」と治療医の身体の「そこ」の区別がついていません。また、幼児期において、幼児に、一旦その区別がついても、ふたたび未分化の状態に戻ったり、この区別の生成は、大変、流動的なのです。

さらに、ここで重要なことは、この匿名的間身体性は、自他の身体の区別がそこから発生している基盤として、成人の日常生活で、現にいつでも、その根源的な創造作用を発揮していることです。ただ、普通の成人の場合、その基盤は働いてはいても、その働いているままが外に現われることはありません。なぜなら、何かに気づくときは、受動的綜合が働いて先構成したものに気づいているのですが、それがどんなふうに働いて先構成が生じるのかは、意識の表面には現われないからです。

それが、いろいろな理由で直接、そのまま露呈してしまうのは、右の精神の疾患のような稀な例なのです。ですから日常生活を生きる私たちは、時々刻々、この受動的志向性による下層と、能動的志向性による上層の、二重の構造をもつ身体と自我を、同時に生きていることになります。つまり、自他の区別をしない宇宙的広がりをもつ身体、および、その匿名的先自我の層と、自他の区別をつけている身体と普通の意味の自我の層を、同時に生きているのです。

こうして、自他の身体の区別がつかないような下層が働いているからこそ、スポーツを見て自分がしているかのような爽快感や、劇や映画を見る楽しみ、また、人の悲しみが、自然に映ってきたり、その場の雰囲気に包まれる、といったことが、可能になっているのです。

また、武道で見取り稽古が成り立つのはどうしてでしょうか。稽古を積んで、どうしてもうまくいかない動きが、師の動作のなかでうまく解決されているのが、「見える」のですが、そのとき「見える」というのは、〝師〟の動作が、〝自分〟の身体に乗り移ってきている、のでなければなりません。運動感覚であるキネステーゼが乗り移る、つまり〝自分〟のさまざまな身体感覚とそのキネステーゼの融合が、生じているからこそ、〝師〟の動作が〝自分〟の動作になり、〝師〟の身体と〝自分〟の身体の区別が、その瞬間、乗り越えられているわけです。

では、このとき生じている「まるで自分の『ここ』が他の人の『そこ』に重なっているかのように」の「かのように」は、はたして、どんな意識の働き方なのでしょうか。それは、「想像」なのでしょうか。もちろん、「想像」ではありません。映画で悲しく泣き崩れる主人公を見て、もらい泣きするのは、悲しいだろうとその気持ちを想像して泣いているわけではありません。もらい泣きを「間接的」知覚とすれば、いったいこの間接性は、どんな意味をもっているのでしょうか。人が泣いているのを見て悲しくなったり、笑っているのを見て愉快になったりするのは、実は、成人になったいまでも、知覚の根底に、自他の身体性の未分化な匿名的間身体性がいつも働いているからです。悲しみや喜びが自分を巻き込んでいるのです。

ただ、その匿名的身体性が働くそのまさに同じ瞬間に、その受動的に構成されたものに気づく能動的意識が働き、受動的に先構成された匿名的身体性は、すでにそこで、自他の身体を区別する能動的意識によって気づかれ、それと同時に、自他の区別をつけながら知覚しているのです。したがって、知覚に関して一般的にいえることは、知覚はいつも、匿名性という下層と自他を区別する上層との二重の働きをとおして、生じているということです。

たとえば、通りを歩いていて、他の人が、走ってきた自転車にぶつかりそうになるのを見て、「あぶない」と思わず声が出ても、その人に代わって、自分がぶつからないように、その場を飛びのく人は、あまりいないでしょう。見た瞬間に危険な状況を共有しますが、同時に自分の「ここ」と他人の「そこ」を区別しているからです。そしてこの区別は、匿名的間身体性と同様、自他の身体の区別の意識として、幼児期に形成され、成人のもつ意識に常に働いているのです。

## 第四節　ボール遊びと空間意識

右記の考察を踏まえて、幼児期から成人になるまで、どのようにお互いの意思疎通が可能になり、正常な人間関係が成立してくるのか、概観してみましょう。

まず、時間と空間の両側面から考えます。幼児の段階で生じている「生き生きした現在」という時間の流れには、次第に、はっきりした自己意識の機能が働きはじめます。その機能とは、自己意識を伴う自我の活動を前提にする再想起と、未来を予想する予期の機能です。これによって時間の流れは、多層化し、豊かになり、過去の意味地平に沈澱する空虚形態や空虚表象も、より豊かになっていきます。

では、ここでいよいよ、客観的時間と空間は、どのように形成されていくのか、発生的現象学の視点をとおして、幼児の側から考察してみましょう。

幼児にとって時間の流れは、周囲世界との関わりそのものを意味し、その際、本能志向性が最も強力な媒介になっています。幼児が授乳されているとき、授乳の本能志向性の空虚と充実が、乳幼児の世界の同時性や持続、断続や変化を形成しています。それらが時間の流れの内容であり、どれだけ長くある事態がつづくのか、時間が流れながら、ある特定の同時の意味がとどまっているあり方を、決めています。

幼児は伝染泣きのとき、自他の身体の区別を知らない匿名的間身体性を生きるなかで、匿名的な宇宙的時間を生きています。この匿名的な宇宙的時間は、幼児にとっての周囲世界を満たしていて、普通考える〝他者〟の時間は、幼児にとっては、ありえません。しかし、自他の身体の区別が成立するときは、同時に、本能的キネステーゼを基礎にする自分の意図に即した能動的キネステーゼに、目覚めるときでもあります。それは同時に他者の意図と、それに即した能動的キネステーゼが働いていることに、気づくときでもあるのです。

まず、幼児にとって、自分の手を意図的に動かすときの能動的キネステーゼと、そのときの手の見えとの連合が、繰り返し体験されます。自他の身体の区別が形成されてくるなかで、〝母親〟が〝自分〟に近づいてくるとき、〝触わってほしい〟という衝動志向が働き、実際に、〝母親〟が触わってくれて、その衝動志向が原連合をとおして、充実されるとします。そのとき、自分の能動的キネステーゼを体験しはじめている幼児にとって、そのような能動的志向の充実は、触わってくれる母親の手に、母親の身体に属する意図を含んだ能動的キネステーゼを、見ることができることに他なりません。母親の手という他者の身体に流れる時間、つまり、「触わる」という志向とその充実による持続の時間が、母親の手に流れるのが、見えるのです。

また、母に抱かれているときに流れる時間は、母がそばを離れるとき、はじめて「共有された時間」という意味を帯びます。「母に抱かれている」という衝動的志向性がもはや充実されないことをとおして、充実されていた時間(共有の時間)と、もはや充実されない時間との区別が経験されます。こうして、〝母〟が〝自分〟から離れる身体になるとき、母の身体を流れる時間が独立します。ということは、待っても待っても現われない〝母親〟を、〝自分〟にとっての時間の長さとして経験することであり、各自にとっての主観的な時間の長さと短さの成立を意味します。

こうして、授乳ということそのものをとおして、共有する時間の経験と、〝自分〟に経験される主観的な時間の違いを、経験することとなります。ですから、共有する時間と主観的時間の発生は、同時であるといえます。このようにできあがってくる共有する時間と主観的時間に、どのように客観的時間が付け加わってくるのでしょうか。

たとえば、母が与えてくれて、〝自分〟が吸い付く、その同一の哺乳瓶の感覚にはじまり、物と運動の変化の全体のまとまりが知覚されてきます。そして、次第に数えることを学び(第一章と第三章を参照)、他の生徒といっしょに、時計の針で時間を読むことを学んでいきます(第四章を参照)。こうして、日常的な時計の時間が成立すれば、厳密な物理学的な客観的時間への展開はスムーズに行なわれます。もちろん、ここでの、このような全体の経過の描写は、たんなる概略の素描にすぎません。数えることにしろ、時間の長さを感じることにしろ、また、三角形を三角形として見ることや、色や形を見る視覚野の働き等々、第一章からこれまで、詳細に分析してきましたので、ぜひ、それを参照してください。

では、ここで客観的空間意識の成立を考えるため、もう一度、匿名的な間身体性の次元に戻ってみましょう。

自他の身体の区別がないときに、生命体のもつ周囲世界への広がりは、本能的志向性を媒介にした原地盤に展開しています。匿名的宇宙的空間性は、時間性と同じように、本能的志向性によって媒介されています。とりわけ本能的キネステーゼの果たす役割は大きく、自然に動いている自分の手足のキネステーゼが、その視覚像と一体になりながら、最も原初的な運動と広がりの意識を形成しているといえるでしょう。

もちろんこのときの意識は、広がりを測ったり、色の違いを比較したりする知的な把握の意識ではありません。第五章で述べられた受動的綜合としての連合をとおして、この連合をさらに統一している本能的志向性に基づいて、広がりや運動が直接、感覚されている、そのような意識です。

能動的キネステーゼが働き出すとき、自他の身体の区別の形成とともに、何かをつかもうとしてもつかめないといった、幼児にとって切実な空間性の意味が付け加わってきます。この能動的キネステーゼに伴い、おもちゃをつかんで動かしたり、回したり、走らせて、這い這いして取りに行ったりするなかで、今、見えない側も、回せば見えてくる、椅子の後ろに見えなくなったおもちゃの自動車も、這い這いして、椅子の後ろを見れば、また見えるといった経験を、重ねていきます。

そして、次第に、物のかさばり、見える側と見えない側のまとまりが見えるようになるのです。しかし、このように能動的キネステーゼが働き出したときにも、そこで働いている感覚野の統合は、時間の場合と同様、受動的綜合としての連合が基礎になっていることを、見落としてはなりません。

父親とボールをころがして遊ぶとき、幼児と父親には、いろいろなことが一つになって働いています。まず、自分がころがすときの能動的キネステーゼとボールの運動の視覚的変化とのつながりがあります。次に、父親がころがすときの父親の手の動きに伴って、自分に覚起はされていても、充実されない父親の能動的キネステーゼもあります。

それら、ボールの運動の視覚的変化と自分と父親のキネステーゼとの連合の多様さは驚くべきものです。それらの連合は、受動的綜合による匿名的間身体性を土台にして、つながりのあるまとまった全体として感覚され、それに自他の身体の区別が重なりながら、知覚されているのです。

このようにして、ボールを投げる自分の「ここ」とボールを受け取る父親の「そこ」の知覚には、自他の身体の区別を知らない宇宙的身体性による匿名的空間性が、常に、土台として働いています。その土台の上に、自分の能動的キネステーゼの働きとともに、自分の能動的キネステーゼを伴わずに父親が受け取るという、自他の身体を区別する意識が働き、父親とのボール遊びが成立しています。そのとき、いつも、父親が取れるところにボールを投げることは、はじめは難しいでしょう。父親からボールを受け取るとき、自分が取れるボールとの間隔が、自分が投げるボールとそれを取る父親との間隔に重なります。この重なり（連合）が働くのは、宇宙的な匿名的間身体性でつちかわれた連合の直接性によるわけです。

ボール投げして遊ぶとき、自分がボールを取れたり取れなかったりする、という〝自分の側〟からの空間性を、主観的空間性と呼ぶとすれば、相手がそのボールを取れたり取れなかったりする隔たりは、擬似主観的空間性と呼ぶことができます。というのも、「相手のそこに私がいて、そこで私が取ったり、取らなかったりするかのように」という、自分の空間性の感覚が「そこ」に移り住んでいるからです。

その繰り返しをとおして、ある物の位置と運動の変化が、自分にとっての物の位置と運動の変化だけを意味せず、相手にとっての相手の「そこ」（この「そこ」には自分の匿名的身体が生きています）から見た位置と運動の変化でもあることが、知覚可能になってきます。

客観的なへだたり、つまり、客観的空間意識のこのような形成のプロセスは、時間の場合と同様に、匿名的身体による宇宙的広がりをもつ「遍在する宇宙的な〝ここ〟」を土台にして、自他の身体の区別を前提にする「ここ」と「そこ」の区別が重なって、できあがっているのです。この隔たりに、約束事でできあがった物差しをあてはめて、「何メートル、何センチ」と計ることから、ユークリッド幾何学、さらに非ユークリッド幾何学に至る経過には、原理的な飛躍はどこにもありません。

## 第五節　出会いの現象学に向けて

以上、フッサールの相互主観性論の主要な論点を検討しました。これまで述べられてきたことを、フッサールの相互主観性論に向けられた種々の批判と対置させ、それらの批判の妥当性を検討してみたいと思います。まず、第四節で相互主観性論の批判的再構築を試みた際、三つの論点が主張されました。その論点は、まず、

(1) 自分と他の人の区別には、その根源があることです。それは、自他の区別が起こる以前の匿名的間身体性にあります。このことを自他の等根源性と名づけます。この自分と他者の根底でいつも働いている等根源性を通じて、自他は、直接、匿名的間身体性をともに生きています。しかしこの匿名的間身体性は、日常生活で意識にのぼることはありません。健康に生きている人が健康であることを意識せずにすんでいるのに似ています。次に、

(2) この匿名的な間身体性がそのまま生きられているのは、乳幼児の一定の時期までです。それ以後、身体の自己中心化をとおして、その匿名性に自他の区別の亀裂が走りはじめます。その自他の身体の区別が固定されてくるにつれ、再想起、能動的キネステーゼ等の能動的志向性が働き出し、自他の断絶は匿名的間身体性を完全に分断し、それによって匿名的な間身体性の働きを覆い隠してしまいます。自我の自己性と他者の他者性の発生の起源は、この自他の身体の区別が成立する、まさに「ここ」にあります。それ以後、各自の感性（「あなたの痛み」と「私の痛み」）と知性（「あなたの考え」と「私の考え」）は、自他の峻別を必然的に伴うことになり、自他の区別による間接性が日常生活の人間関係を支配することになります。

(3) 日常生活では、その根底に働く匿名的間身体性の等根源性のレベルで、自他の意識の直接的な交流が常に生じています。しかし、その交流の仕方は、通常、意識されることはありません。そして、自他の区別を伴う日常の知覚を土

台にして、いわゆる客観的でなければならない学問の世界が成立しています。しかし、この日常、意識されない匿名的間身体性の土台の上にこそ、言語がはじめて成立可能になり、「私―あなた」といった「人称の世界」や「物と心が対立する世界」が成立していることを見落としてはなりません。また、この日常の知覚を基礎にして、客観的時間と空間とを共通の基準として認め、前提にすることによって、客観的であるはずの学問の世界の基礎が確立しているのです。

右記の相互主観性の解明に対して、これまで、さまざまな観点からの批判がなされました。まず(1)の等根源性に戻ることと自体に対しての批判を取りあげます。この第一の批判は、等根源性に戻ることは、フッサールの固有領域に戻るという超越論的問題設定をなし崩しにしてしまうという批判です。等根源性を主張することは、固有領域に戻ることをうやむやにし、一貫して実施しないことになるというのです[73]。

73　浜渦氏は、相互主観性を論ずるにあたって、大変バランスのとれた見解を展開しています。しかし、この等根源性の議論では、「自他の差異がすでにわずかでもある限り、問題は先延ばしにされるだけであるし、また、自他未分化の場面を想定し、自他の差異はこの共通の母体から発生すると考えるとしても、それによって他者の問題は雲散霧消せられるだけで、他者の他者性は見失われてしまうほかないように思われる」（浜渦辰二『フッサール間主観性の現象学』三〇〇頁）と述べています。この主張が妥当しないことは明らかだと思います。自他未分化の匿名的間身体性である、原地盤から自他の身体の区別が発生する、という見解は、もちろん、問題をたんに解消させるかのように見せているのでは、決してありません。この見解は、氏の主張する「前言語的地平」そのものが、超越論的規則性である、受動的綜合としての衝動的志向性によって、根拠づけられていることを示しているのです。また、「他者の他者性」は、「固有領域を越えている」ことにその根拠をもつ、というのでは、不適切でしょう。固有領域の特権性を原身体の絶対的な「〈いま―ここ―私〉という超越論的根源性」に置き、それを超えることに他者の他者性の根拠をみるという主張は、実は、匿名的間身体性の超越論的規則性である受動的志向性と衝動的志向性が、能動的志向性を基づける、という超越論的原理を見失うことにつながります。なぜなら、原身体の絶対的な「〈いま―ここ―私〉という超越論的根源性」は、その発生の歴史をもつのであって、「ここ」と「そこ」の区別そのものが、匿名的間身体性から発生するその過程が問題であり、それが現にフッサールにおいて解明されているものだからです。

この批判があたらないことは明らかだと思われます。等根源性を露呈することは、固有領域に戻るフッサールの方法に即したものです。等根源性に戻るとは、発生的現象学の方法に即して、超越論的な衝動志向性の領域に戻ることです。そして、それは、固有領域を離れるのではなく、固有領域の内部にとどまり、固有領域そのものの成り立ちを問い詰めて、そこに等根源性が見い出されたということに他なりません。そこに匿名的間身体性と周囲世界との間の原交通が生じている、超越論的規則性が解明される、ということに他ならないのです。

なぜこのような、批判が生じるかといえば、それは、発生的現象学が超越論的規則性を解明しているのだという、発生的現象学の方法論が明確に理解されていないことによると考えられます。

発生的現象学の方法をとおして自他未分の等根源性に戻ることは、超越論的問いから離脱することではないばかりか、たんに発達心理学の成果をとりまとめ、超越論的考察の代わりにそれをあてがうことでもありません。ですから、たんに発達心理学の成果に向かうだけの「発生論的還元」[74]とも区別されなければなりません。第六章で発生的現象学の方法について説明しましたが、自然科学の外からの観察は、生活世界で生きて働いている先-述定的で先-反省的な超越論的規則性を前提にしていることに気づきません。「時間や連合」の規則性を根底から明らかにする発生的現象学をとおしてはじめて、実在論的に自我と他我を前提にすることなく、自我極と他我極の超越論的生成の議論が可能になるのです。

74　村田純一氏の「発生論的還元」の試みは、ピアジェやバウアー等の発達心理学の成果をとりいれ、意図としての志向性が発生する場面を描写して、相互主観性を授乳にみられる母と幼児の相互の行為から根拠づけようとする試みです。しかし、行為の主体である母と幼児との、行為の相互性を根拠づける際、すでに、欲求の主体としての幼児と、ミルクを与えて幼児の欲求を満たす行為の主体としての母親の、二つの主体が、前提されてしまっています。そうなってしまうのは、村田氏は、あくまでも発達心理学の外からの観察を立場としてとり、発生的現象学の本能的志向性を立論に含み入れることなく、意図の発生という事柄を幼児の行動に、外から読みこみ、「本能的と意図的の区別」をそこにあてがうからです。意図という能動的志向性の基礎になるのが、受動的志向性であり、その根底に働いている本能志向性に支えられてはじめて、能動的志向性の発生という事態が、解明できるはずであり、本能的行動の、「本能」の意味を、外的な自動運動といった空間化された外的運動に依拠するのであれば、そのような空間化と時間化そのものを問い、その意味がどのように構成されているかを明らかにする超越論的解明には、結びつきえない、と思います（村田純一『知覚と生活世界』一八八頁以降を参照）。

以上、二つの見解は、はからずも、フッサールのいう超越論的現象学としての発生的現象学の問いと、その方法を適確に理解することの困難さを、明らかにすることになりました。フッサールの相互主観性論は、この発生的現象学をとおして、原地盤の等根源性の領域で、独我論の発生の起源を明らかにすると同時に、主観と客観の対立を前提にしている観念論と実在論の立場を、それらの発生する現場を押さえることで、それらの議論の限界を明瞭に呈示しているのです。

さて、この章の最後にあたって、第一節に掲げていた三つめの問い、すなわち、独我論を克服する真の他者（汝）との出会いが可能か、という問いを取りあげます。その際、ブーバーに代表される対話哲学で主張される「汝」と、現代フランスの哲学者レヴィナスの「我-汝-関係」の解釈をめぐって、考察してみましょう。

フッサールは、発生的現象学で、衝動的志向性を媒介にする幼児と周囲世界との原交通、つまり、自他の身体の区別がつかない匿名的間身体性を媒介にした交流について述べています。しかし、その場合、幼児にとっての周囲世界の養育者は、対話哲学で通常いわれる「我-汝-関係」の汝ではありません。なぜなら通常の「我-汝-関係」の汝は、成人において、かけがえのない本当の他者である汝に出会って、自分が本当の自分になるというときの「汝」を意味しているからです。むしろ、ここでいう原交通は、ブーバーのいう、「幼児期の我-汝-関係」における、幼児にとっての「生まれながらの汝」に対応する、というべきでしょう。[75]

75　詳しいことは、自著『存在から生成へ』第四部第一章を参照してください。

ブーバーの「幼児期の我‐汝‐関係」では、フッサールが明らかにした、自我と他我がいまだ形成されていない原地盤の領域と同様に、通常の自己意識はまだ働いていません。自我が形成されて、いわゆる心と身体の対立にみられる、主観と客観が対峙する世界を、ブーバーは、「我‐それ‐関係」と名づけます。そして「生まれながらの汝」であった周囲世界や養育者がどのようにして、自分が知覚したり、判断する対象としての「それ」になってしまうか、そのプロセスを描写しています。この描写は、フッサールのような意識の構成の詳細な分析に基づくものではなく、むしろ、直観的な記述と言えます。

ブーバーは、幼児は「関係への努力[76]」を生きているといいます。この「関係への努力」は、たとえば、「幼児のこのまなざしは、長い練習のあげくに、ひとたびじっと赤い絨毯のアラベスクのうえにとどまると、赤という色の魂がそのまなざしの前にすがたをひらくまでは、もうそこからそらされない[77]」というように述べられています。この関係への努力は、「万象を自己の汝としようとする衝動、万象との関係をもとめる衝動[78]」ともいわれます。このような「幼児期の我‐汝‐関係」では、自我が形成され、自覚を伴う志向性が働く以前の周囲世界との原交流（これをブーバーは、「汝への衝動」という）において、「赤い色の魂」といった具体的内容が体験されているのです。

76　M・ブーバー『我と汝』ブーバー著作集一、三七頁。

77　M・ブーバー、同右、三八頁。
78　同右。

自我（我の意識）の形成について、ブーバーは、このようなさまざまな体験内容の汝に繰り返し向かい合うなかで、幼児に、「交代する汝のつねに同一である伴侶についての意識、つまり我の意識が立ち現われてくる[79]」といいます。汝との関わりにあるときには、汝をもとめていて汝ではない、随伴している働きが、まさに、原意識されていたのですが、この意識が「次第に強く頭をもたげてくると、あるときついに我と汝との結びつきが破れ、我は自己自身、すなわち分離された我にたいして一瞬、ひとつの汝にたいするかのように向かい合う[80]」というのです。

79　M・ブーバー、同右、四〇頁。
80　M・ブーバー、同右、四〇頁および次頁。この自分自身を振り返ってしまうことについて、自著『存在から生成へ』三七二頁から三七四頁で述べている、少年ブーバーと馬との体験についての論及を参照してください。

こうして形成される「我の意識」は、それが形成されて以後、すべての行動に伴い、いわゆる「我‐それ‐関係」の我として、「主観と客観」の主観として経験されることになるのです。ここでできあがる「我‐それ‐関係」の「それ」というのは、「知覚されるもの（対象）」や「判断の対象」や、「想像の対象」等々といわれるように、フッサールがいう「意識内容（ノエマ）」に相応します。したがって、「汝がそれになる」というのは、出会っていた汝への関係が崩壊し、経験や利用の対象として意識された「何か（それ）」とみなされることを意味します。

したがって、成人の「我‐汝‐関係」が「幼児期の我‐汝‐関係」と違うのは、このような「我‐それ‐関係」が「幼児期の我‐汝‐関係」には、まだ出現していなかったことであり、また、成人の「我‐汝‐関係」が「我‐それ‐関係」の形成の後に生じるということです。通常の「我‐汝‐関係」は、自分と他の人の違いという深い断絶、つまり、等根源性がそのまま生きられることのない、自分と他の人の身体が峻別されていることを自覚したうえで、つまり、「我‐それ‐関係」が前提されて、しかも、それが克服されるような「関係」なのです。

この「我‐汝‐関係」そのものについて、詳しく述べることは、ここではできませんが、この関係が成立するときの基本的な原理についてだけ触れておきましょう。それは、汝との関係に立ち入る人が、汝に自然に集中して、その人の全体がその集中の只中で一つに感じられていることです。集一性とでも名づければよいでしょうか。

人は汝に向かうことによって、その人の集一性が実現します。そしてこの汝は、「他の人」にかぎりません。汝は「自然」であったり、「精神的存在」であったりします。この汝に向かって関係が成立しているとき、その人は、自分の全体をかけた集中が、可能になっているわけです。興味深いことに、ブーバーは、この「我‐汝‐関係」の集一性を、道教の「無為」に喩えたり、禅の「無心」に対応づけたりしています。したがって、東洋哲学の核心をなす「心身一如」とか、「有為自然」とか、「無為自然」といった問題が、ブーバーの「我‐汝‐関係」との対比をとおして、解明することができます[81]。西田幾太郎の「主客未分」の「純粋経験」もこの次元に対応するということができます。

81　このことについて自著『文化を生きる身体』第四章を参照してください。

ブーバーは、この「我‐汝‐関係」が実現するときこそ、人間は本当の他の人、すなわち「汝」に出会い、同時に本当の自分が実現するのだといいます。「汝」は、いろいろな言葉で説明できる性質（性格や才能）、いわゆる「それ」の束ではありません。しかし、それにもかかわらず、汝は、まったく具体的な内容を欠く、抽象的で形式的な何かでもありません。そうではなく、具体的な身体をそなえた人間どうしが、各自の本来の自分を見い出す出会いなのです。

ところが、レヴィナスは、ブーバーの「我‐汝‐関係」を理念的な「純粋な精神的友情関係[82]」と解釈します。レヴィナスは、「我‐汝‐関係」では、汝の具体的な内容に触れることができない、もし、ひとたび何らかの内容として体験すれば、汝は、ブーバーの「それ」になってしまい、汝については、ただその形式的なあり方のみ主張できるとして、「我‐汝‐関係」の純粋な形式主義を主張します。しかし、いままでの説明から明らかなように、この解釈は適切ではありません。

82　レヴィナス『マルチン・ブーバーと認識論』（Martin Buber, von Schilpp/Friedman（編）所収）一三一頁を参照してください。

汝はたんに形式としてのみ与えられるのではなく、具体的内容を伴って体験されます。これは、ブーバーの場合の「幼児期の我‐汝‐関係」では、汝は、たとえば、「赤い色の魂」といった具体的内容として体験されていることからしても明らかです。また、フッサールの場合、幼児は、本能の覚醒と衝動的志向性を生きているのであり、何らかの具体的内容の区別なしに、本能と衝動の志向性がそもそも働きえないのは、自明なことです。つまり、何か特定の内容に向かう本能や衝動であるはずです。そして、内容を伴うのは、「幼児期の我‐汝‐関係」の場合だけでなく、成人の「我‐汝‐関係」も同様です。なぜなら、「我‐汝‐関係」とは、「出会いの相手たる汝において生得の汝〔生まれながらの汝〕が現実化することである[83]」からです。

生まれながらの汝が現実化して汝に出会うとき、その汝がかけがえのない汝として現れるのは、もちろん、言葉に表現できない具体的な内容をそなえた汝としてなのです。ブーバーは、そのことを「樹」が汝になる例をあげて、「その樹との専一的な関係にはいるために、私は私の観察のさまざまな方法のどれひとつとして断念する必要がない。……むしろ、形象も運動も、種族性も標本価も、法則も数も、すべてがその樹のなかで分かちがたく合一しているのだ」[84]と述べています。拒絶されるべき内容はなにもないのです。ただ、どのようにそれが全体となり、合一化されているのかは、ここで詳しく論じることはできません。

83　M・ブーバー『我と汝』ブーバー著作集一、三九頁。
84　M・ブーバー、同右、一二頁。

いずれにしても、レヴィナスが汝からすべての内容を排除してしまうのは、誤った解釈です。なぜこのような解釈をレヴィナスがするのか、その理由は、かいつまんでいうと、次の諸点にあります。まず、第一に、レヴィナスは、ブーバーのいう「幼児期における我-汝-関係」、すなわち、フッサールのいう衝動志向性を媒介にする幼児と周囲世界の原交通の領域を、つまり、幼児の「万象を具体的内容を伴った汝としようとする衝動」を、現象学によって解明できる、とは考えないからです。

どうして現象学によって解明できないと主張するのかといえば、レヴィナスは、フッサールの時間論で展開されている過去把持や、受動的綜合である連合や触発の現象の特性を、適切に理解していないからです。レヴィナスは過去把持を普通の自我極を経た志向性と誤解し、受動的綜合が自我極を経ることなく、自我の関与なしに働いていることを、見落としています。

後期フッサールの現象学の中核となる、受動的綜合や発生的現象学の解明なしに、衝動志向性を媒介にする幼児と周囲世界の原交通の領域を適切に理解できるはずはありません。レヴィナスのこれらの誤解について、これ以上詳しく述べるのは、別の機会にしたいと思います。[85]

85　このことについて自著『人を生かす倫理』一一四頁から一二一頁を参照。

ブーバーのいう「我‐汝‐関係」は、他者を決して対象化することなく、特定の意味の枠でとらえるのでもなく、しかもその最も具体的な全体性をもって他者に出会えるのだ、という主張なのです。この出会いを現象学をとおして考察する「汝の現象学」は、重要な課題とされてはいても、いまだ十分な解明はなされていません。[86]

86　『文化を生きる身体』で、私はこの問題に取り組みましたので、それを参照してください。

ところで、対話哲学のブーバーと現象学のフッサールの生きた時代は、その大部分が重なっています。フッサールにとっても、本当の自分と本当のあなた、すなわち、「我と汝」が問題とされねばならない時代状況であり、二人は、同質の時代の危機を直接、体験していました。また、フッサールは、この危機が解明され、克服されうるのは、彼の遂行する「超越論的現象学」によってであると確信していました。私たちが生きている現代も、ブーバーとフッサールが生きた時代と根本的な問題においてつながっています。人との出会いが問題にされざるをえない現代の時代状況に直面するのが次章の課題です。

本章のまとめとして次の三点をあげてみます。

(1) 他者の意識の明証性をめぐる相互主観性の問いと学問の客観性の成立の問いとは深い関係にあります。自他の自己意識(「われ有り」)が、たんに想定されるだけでは、つまり他者の自己意識を想定するだけでは、自己意識の直接性が孤立する独我論にならざるをえません。独我論では、誰にとっても妥当するとされる学問の客観性だけでなく、自他の直接的関係性である人間関係の基礎が失われてしまいます。

(2) 受動的綜合としての対化と、その際、成立している自他の身体の区別をとおして、相互主観性が確証できます。対化は受動的綜合の基本形式であり、自己の心身関係と他者の心身関係が、同時に、相互覚起することをとおして、意識にもたらされる以前に、匿名的間身体性が生じ、それにより、自他の当根源性が獲得され、意識にもたらされる際、直接的キネステーゼの有無によって、自他の差異(自己の自己性と他者の他者性)が意識されます。

(3) 乳幼児期の我-汝-関係と成人の我-汝-関係の共通点は、我-汝-関係が乳幼児であれ、大人であれ、全身全霊で集中して世界に関わるとき、その特有な相互性において成立することです。その違いは、乳幼児の場合、いまだ、能動的志向性がそこから発する自我極が形成されておらず、受動的志向性において関係性が成立しているのに対して、大人の場合の我-汝-関係において、形成済みの能動的志向性による自己中心性から解放されて、他者との出会いが実現することです。

第九章

# 生きることと知ること

## 第一節　自然科学と哲学

日常生活と学問の世界は、一体どのような関係にあるのでしょうか。第一章で、失業率や株価といった数値を知ることと、「どんなふうに数を数えているのか」を理解することは、根本的に異なる問いである、ということに、少し触れました。

フッサールは、日常生活をただそのまま生きていくことと、その生活の成り立ちや仕組みを反省する（ここでいわれている反省は、「今日の一日を反省する」といった意味ではなく、物事の成り立ちや仕組みを問い、考えてみる、といった意味をもつ）ことを、人が生きるうえでの二つの異なった態度として区別します。

日常生活の成り立ちや仕組みを反省することは、最終的には、意識の志向性による意識内容の構成のされ方を、反省することです。したがって、日常生活をそのまま生きる態度は、「ありのままに生きる」という意味で、「自然な態度」といわれ、それを現象学の立場から反省する態度は「超越論的態度」といわれます。

後者が「超越論的」といわれる理由は、すでに八章で説明されていたように、意識が心の内と外を区別する以前に、意識される何かに向かって超え出ている（超越している）ことが、意識の志向性の根本性格であり、その超え方を問うのが「超越論」と呼ばれるからです。この意識の志向性を分析することによって、外に実在すると思われている世界の事物や生命体と、世界そのもの——その中に生命体が生き、事物がある——の成り立ちが、考察されるのです。外界は、この「常に超え出ている意識の志向性」によって、構成されていることが反省されてきたのです。

しかし、この反省する態度が、どうして「超越論的態度」と呼ばれるのかには、他にも多くの理由があります。哲学はそもそも反省の営みですから、いろいろな立場での反省、いろいろな反省の仕方の可能性があります。この章では、特に「世界」という概念との関わりのなかで、超越論的態度とは、どのような反省の仕方であるのかについて、明らかにしていきましょう。

まず、日常生活を生きることと、それを哲学によって反省することとの区別を認めるとしても、問題になるのは、まさにその両者の関係です。では、フッサールは、この関係を、どのようにして、問題にするようになったのでしょうか。

前章の最後で少し触れたように、フッサールは、晩年になって、『ヨーロッパ諸学問の危機と超越論的現象学』（後述では『危機書』と略される）という書物を書きました。彼はこのなかで、第一次世界大戦に代表される彼の生きた時代状況の根底に、ヨーロッパにおいて伝統として受け継がれてきた学問全体が、危機的状況にあることを指摘しました。

さらに、その危機の原因を究明し、彼の哲学生命をかけた「超越論的現象学」の理念とその理念に即した探求こそ、この危機を克服する指針であることを主張して、そのことを哲学として根拠づけようとしました。フッサールは、人類がはじめて経験する地球規模の「（第一次）世界大戦」が、人間とその文明を根底から揺さぶり、人間の日常生活全体を、根こそぎ破壊に導く事態の渦中で、ヨーロッパの学問の歴史と方向性を、明らかにしようとしたのでした。

当時は、物理学、化学、生理学等の自然科学である実証的学問の全盛期でした。心についての学問とされる心理学さえも、自然科学の方法に即して展開されていて、自然科学的学問の客観性が、あらゆる学問の客観性の基準とまで見なされていました。

しかし、自然科学によって客観的事実が探求され、かりにその成果の全体が総合できたとしても、当時の時代状況のなかでますます深刻な問いとして先鋭化されていた、人間の生全体に関わる、「どう生きるべきか」、「生きることの意味は？」という問いに対して、自然科学は、何の解答も与えることができません。物や出来事の事実連関を明らかにできても、倫理的な問いや生の意味に関わる問いには、答えられないのです。

自然科学的学問が、唯一、客観的学問であると見なされているにもかかわらず、それがこれらの問いに答えられないという、このような事態にあって、人間の存在に関わる問いは、客観的学問ではないとされる宗教や芸術といった、たんに主観的な信条や感情に、その解答を求める他ない、という風潮が支配的でした。

本来、哲学は、人間の文化のはじまり以来、人間全体、世界全体を考察の対象にしてきました。しかし、その哲学からは、客観的学問としての資格が剝奪され、哲学はせいぜい、「どうせわかるわけないのだ」といった懐疑主義的ポーズの理論化になってしまったり、「反省は不可能だ」として、論理的解明にはじめから越えがたい制限を設けて、神秘主義的な個人の心情の表現で自足する、というような時代精神が広がっていました。

フッサールは、時代状況をこのように把握したうえで、人間の歴史全体に関わりうる哲学本来の役割を、あらためて自覚すべきだ、と主張しました。しかも、哲学が客観的で普遍的な学問という理念を失っていないばかりか、哲学こそ、自然科学を含めた客観的学問の客観性そのものを解明できる「最も厳密な学問」であることを示しました。

このことによって、人間の理性と自由の実現という、人間の歴史の究極目的を明らかにして、その理念に即した学問探求の方向を明示しうることを哲学的、客観的に論証しようとしたのです。

この論証のためにフッサールがまず手がけたことは、「客観的」とされる自然科学的学問が前提にしている客観性の意味を、近代自然科学の祖であるガリレイにまで歴史を遡って、近代の自然科学が自然科学として成立した現場で、明らかにしようとしたことです。

次に、この現場において成立してくる客観性が、近代哲学の祖といわれるデカルトにおいて、物質と精神という異なった実体からなる二元論として、どのように展開したかを確認します。それによって、心の働きを考察する心理学が、自然科学的にしか考察できなくなった原因とその起源を、明らかにします。

さらに、学問の客観性そのものを根底から覆そうとする、ヒュームの懐疑主義から、カントの批判哲学への展開にいたるまでを考察することで、そこに潜む超越論的哲学のはじまりを解明しているのです。

フッサールは、このように、哲学の歴史的展開を跡づけました。そこで、彼が一貫して明らかにしようとしたのは、まず、客観的学問の成立する以前に、すでに日常生活である「生活世界」において、学問の基礎が形成されているということです。

次に、その形成のされ方には、哲学でいう必然的な本質規則性が備わっていること、さらに、その規則性を明らかにするのが「生活世界の現象学」であり、この生活世界を基盤にして、超越論的現象学が展開しうるということを、論述していったのです。

## 第二節　経験を測定できるのか

それでは、フッサールに即してガリレイに戻り、世界全体が「数学化」され、「理念化」されるという事態を明らかにしましょう。そして、そのことによって何が、学問的探求の明るみにもたらされ、それによって、かえって、何が隠されてしまったのかを、追ってみます。

フッサールは『危機書』で、学問である幾何学が形成される以前に、すでに実践生活で前学問的な「技術」が活用されていることを指摘します。これは「幾何学」に対して、実践的な技術としてさまざまな文化で伝承されていました。この「技術」としての「幾何」は、たとえば、水路や運河の造成や建築のための測量の技術に典型的にみられるように、多岐にわたって活かされており、ヨーロッパに限らず、アジアやエジプトでも実践されていました。そのような実践的技術としての幾何と、ユークリッド幾何学に代表される理論的学問としての幾何学との関係が、まず第一に問題にされます。

### a　極限を求めること

自然の数学化と理念化は、ガリレイとその時代の天文学者たちによって、遂行されていきました。このことが何を意味し、それによってかえって隠れてしまったものとは、何なのでしょうか。

ここで問題になる数学化や理念化の前提になっているのが、実践の領域（たとえば、道具を作ることとか、測量とか）での、より完全なものをめざす努力です。たとえば、「まっ直ぐなものをさらにまっ直ぐなものにし、平らなものをさらに平らにするというような能力にも、できることの限界[87]」がめざされるように、考えられる限りの完全性が求められることをとおして、あるべき理想の「極限形態があらかじめ描かれる[88]」という経験がなされます。最も完全な線とか、面とか、円とかが、それを求めて書いたり作ったりすることを通して、前もって想定されてくるというのです。

87　フッサール『危機書』（邦訳）三八三頁からの引用。
88　フッサール、同右、三八四頁からの引用。

そしてそのとき同時に、それらの線や面や円に関係する距離や間隔などの数量（たとえば完全に平行でなければならない二つの車軸の幅）が、理想的な極限数値として設定されます。そもそも数に表わすということは、数値目標という言葉によく現われているように、ある特定の数を目的としたり、特定の極限の数値を設定することができる、という事態を告げています。そしてその目標が設定されると、その目標に限りなく近づこうと、さまざまな実践領域で努力がなされることになるわけです。

このような事態を前提にして、この実践のなかで目的として生きられていた極限形態が、「理念的形態」という意味を、獲得することになります。「理念」というのは、第四章で問題にした「変わらないもの」、すなわち「本質」に類似するもので、「本質直観」の代わりに「理念視」ともいわれるように、理念と本質はほぼ同一の事柄を示しています。[89]

しかし、理念化、数学化の議論において、本質ではなくて、理念の語が中心になるのはどうしてでしょうか。それは、フッサールの本質直観の場合に、本質が「直観される」という側面が強調されるのに対して、理念は、極限形態として描かれ、目標として立てられても、「決して到達することのできない不変の極[90]」という側面を表わすのに適しているからなのです。

89　しかし、この二つを使い分けているのには、理由があります。理念（ドイツ語でIdee）には、プラトン以来の長い解釈の歴史があり、特にフッサールが現象学の構想を築いていた頃には、カントの「理念」と同一視されるおそれがあったので、理念の代わりにドイツ語のWesen（本質）を使ったという経緯があります。

90　フッサール、同右、同頁からの引用。カントの場合の理念とフッサールの本質との違いについては、『イデーンⅠ』（邦訳）五七頁を参照。

この数学化、理念化の発展で決定的なのは、第一に、幾何学者が、このような理念的な形態（たとえば「点」、「直線」、「三角形」、「円」といった定義によって規定されている形態）に一貫した関心をもち、それを厳密に一義的に規定して、表記（記号や数字などとして）に表わしたことです。そして、第二に、その規定されたものから、さらにそれに関連する新たな形態を作り上げて、極限形態である理念的形態の領域、つまり、「純粋幾何学」の領域を形成したことです。そして今度は、逆に、この理論的探求が実践的な測定術に応用されます。複数の人が一緒に測量して、同一の理論が応用され、その理論が誰にでも妥当する「客観性」を獲得することになります。そこでは、複数の測量士が、ある特定の物とか地点を基準にして、別のものとの角度を測定して、第三のものとの距離を測定します。誰にでも妥当する同一の距離を、誰もが確認し合いながら、理論の応用の成果を、実際に確かめ合うことができるわけです。

そして、「生活世界」の問題にとって重要なことは、この理念化と数学化が、もともと計測できる「物」の測定に限られずに、「寒暖、色、痛み」などの「感性的特性」や「心の働き」にも適用できる、と考えたことです。

こうして、心の世界でさえ、数量化をとおして、感性的特性の背後に働く自然科学的な客観的規則を認識しうる、と考えるようになりました。つまり、学校の物理の時間に習うような、音や光は、客観的には、音波とか光波である、という理解こそ、唯一、正しいのであり、主観的で相対的な感性の世界は、真に客観的で絶対的な「数と関数の領域」に関係づけられてはじめて、学問的客観性を獲得しうる、と考えるようになったのです。

### b　技と理論

このように、ガリレイは、それまで実践的技術として伝承されてきた「技術としての幾何」を、「主観的で相対的な」非学問的なものとみなし、誰にとっても明確に理解できる公理と定義によって作り上げられた、客観的で絶対的な「幾何学」のみ、学問として認めます。

ですから、たんに長年の経験によって磨かれた感性（視覚、聴覚、触覚等）にたよる、十分に数量化されていない技術は、それが職人の「技」としてそのまま活用されてはいても、それは「実践知」という「非科学」の烙印を押され、客観的学問である「理論知」とはみなされません。それだけでなく、実践知は、理論知によって乗り越えられ、理論知によって方向性と基準が決められ、正しい方向に導かれるといった、従属的な役割しか、与えられないことになってしまいます。

これに対してフッサールは、実は、「このような前幾何学的な作業こそ、幾何学にとっての意味の根底であったし、理念化という偉大な発明の基底であった[91]」と述べ、ガリレイが両者の関係を一方的に理解し、実践知の果たす役割について十分に考えなかった、と批判します。さらに、ガリレイがそれによって、学問として理論化されるときに働く理念化の働きそのものに考察が及ばなかったのは、ガリレイの「不幸な怠慢」だと糾弾します。それでは、ここでいわれている実践知のもつ「意味の基底」とはいったい何のことなのでしょうか。

91　フッサール『危機書』（邦訳）四一〇頁からの引用。

この問題は、とても複雑な内容を含んでいますので、まずは、大雑把な方向だけ指摘します。

ここで、第四章で考えた「三角形の本質直観」の例を振り返ってみましょう。幼児が、いろいろな形のものを手にして、それらをいじくっているうちに、いつしか三つの辺と角をもつ形が三角形であると直観するようになります。そして、一旦それを直観してしまえば、それ以後は、一目で三角形を他の形と区別できるようになります。フッサールは、はじめて三角形が三角形として直観されるその創造的な直観（本質直観）が生じるときを問題にし、そのとき、その直観以前に、受動的綜合が働いていることを指摘しました。

ある形のものが見られ、手に触れられているとき、その形の広がりが、そもそも「ある広がり」として見られていることと、つまり、その形の広がりにその特定の広がりという意味を与えているのは、実は、受動的綜合の構成の働きによるのです。そして、その発生をさかのぼれば、相互主観的な本能志向性と習性となった衝動志向性（第八章を参照）、また、それに伴う感覚野の統一の形成とキネステーゼによる空間意識の形成などが、その意味の根底にあるのです。

このような働きなしには、ある特定の広がりが広がりとしてさえ、われわれには与えられません。そして、そもそも特定の広がりが広がりとして与えられないときに、幾何学が成立するはずはありません。発生のはじまりからして、相互主観的な幾何学以前の広がりや、受動的綜合としての類似性やコントラストが、空間意識の基盤や基底として与えられていないと、幾何学が学問として成立しえないのです。

この受動的綜合を前提にして、本質直観が実現する瞬間は、たとえば、はじめて学校で幾何学を学び、定義の説明を受け、その内容を考えながら、各個人がそのつど、自分の歴史の一コマとして遂行する、その直観の瞬間（この瞬間は、授業中に訪れずに、学校が終わってとか、卒業してとか、後になってはっきりわかることもある）に他なりません。

この創造的に直観される瞬間は、一回ないし数回遂行されると、もうそれは十分わかったのですから、その瞬間そのものは忘れられていきます。あらためてそこに戻ることは、もはや必要とされず、その直観が把握した幾何学的事象の意味を土台にして、さらに高次の公理体系を学んだりしていきます。それに並行して、それらの理論的体系を現実に応用する、技術化の段階が応用幾何学の学としての課題とされていきます。

このようにみたとき、前幾何学的-実践的幾何と客観的学問としての幾何学との関係は、ガリレイにとっては、あらためて問題にする必要すらないことであり、前幾何学的世界は、学問としての幾何学の歴史のうえで、克服されていくように宿命づけられている一段階にすぎません。

しかし、フッサールにとっては、このような経過そのものを哲学的に解明することが、人間の客観的学問の成立と方向性を明らかにするうえで、のっぴきならない課題でした。フッサールは、感覚、時間、空間、身体等の構成分析をとおして、論理的な判断の際に働いている論理的直観の土台や基底に、すでに前論理的な自己意識を伴わない受動的綜合が働いていることを、反省の明るみにもたらしました。

フッサールにとって、この受動的綜合という基底層こそ、論理的判断、幾何学の直観の土台であり、したがって客観的学問が成立する起源であり、その起源に立ち戻ることなくして、自然科学的学問一辺倒になったヨーロッパ的学問の危機を克服することはできない、と考えたからです。

## 第三節　生活世界の構造

フッサールは「生活世界」に実践知が生じていて、その実践知が理論知の土台となっていると見なします。それでは、生活世界とは、いったいどのようなものなのか、考えてみなければなりません。

(1)　第一に、フッサールは、生活世界が客観的学問である理論知の地盤であると述べていますが、この地盤とはどういう意味をもっているのでしょうか。フッサールは「この地盤の上に客観的学問という建物が建つ[92]」という比喩を用いていますから、通常の意味での地盤とか基礎とかを意味している、と理解してよいのでしょう。現象学の原理的規則に照らせば、生活世界は、客観的学問の世界の地盤であって、客観的学問を下から支え、基礎づけているという、「基づけの関係」であることは明らかです。

92　フッサール、同右、四九八頁を参照。

そこで、まず、この「基づけ」の関係を明らかにするに際して、生活世界の「特有な明証性（明証性とは、疑いきれない、明白なことを意味する）」に注目してみます。ガリレイは、感性の主観性と相対性は、数学化と理念化によって克服されると考えました。しかし、フッサールはこの主観性と相対性は、決して克服されるべきものではなく、哲学をとおして復権されなければならないことを、主張します。なぜなら、主観的で相対的な生活世界は、それ独自の明証性をもっていて、この明証性は、客観的学問の明証性よりも、より根源的な明証性をそなえている、「根源的な明証性の領域である[93]」からなのです。

93 フッサール、同右、四九五頁からの引用。

では、生活世界の明証性は、どうして客観的学問の明証性より、より根源的であるといえるのでしょうか。現象学にとって、その「最も根源的な明証性」は、これまで何度となく強調してきたように、内在的知覚（痛みなどの感覚）を基底にする知覚の明証性と、想起の明証性にあります。「明証的に与えられたものとは、それぞれ、知覚おいて『それ自身』として直接に経験されたものであるか、あるいは記憶においてそれ自身として想起されたものである[94]」とフッサールは述べています。ということは、論理学や数学の明証性も、最終的に、見たり、聞いたり、触わったりして知る「知覚の明証性」にその基礎を置いていることを意味します。

94 フッサール、同右、同頁からの引用。すでに、『論理学研究』で、「感覚の場合の内在的な十全的知覚の明証性」が明記されています。『論理学研究』第四巻（邦訳）二七三頁を参照。

そして、「生活世界のもつこの根源的な明証性が、客観的学問の明証性を基礎づけている」という命題は、実は、内容上、『受動的綜合の分析』や『経験と判断』で、超越論的感性論や受動的綜合という題目で展開されている、「論理の発生論」において主張され、解明されていることに他なりません。フッサールは、客観的学問とされる論理学が、その明証性に関する自らの能力をうやむやにしておくとすれば、そのような論理学は、絶望的な不明瞭さにとどまることになってしまう、と述べて、「すべての能動的な確証〔論理学の明証性のこと〕の根底にある受動的な確証綜合〔確かとして取りまとめていること〕の基底層を解明しなければならない[95]」と主張します。そして、その受動的な確証綜合の働きが「連合」や「触発」という規則性として明らかにされたのでした。

95　フッサール『受動的綜合の分析』（邦訳）一〇七頁からの引用。

こうして、生活世界の根源的な明証性の内実をなしている知覚と想起の明証性が、生活世界の主観性と相対性そのものの普遍的本質規則性、すなわち生活世界のアプリオリ（アプリオリとは、「経験に先行する」と理解されますが、ここでは、「前提になる」という論理的な意味での先行を意味します）が解明される際の基準をなしている、というわけです。

この生活世界の明証性に即して、客観的学問を基礎づけるというとき、具体的には、前論理的明証性が、論理的客観性を基礎づけることになりますが、いったいそれは、どのような基礎づけなのでしょうか。これを解明するためには、生活世界の明証性に即して明らかにされる、前論理的本質規則性、すなわち生活世界のアプリオリとされるものが示され、それと論理学の客観性との関係が、十分納得いくように解明されなければなりません。

(2)「受動的綜合が能動的綜合を基礎づける」という原理は、第五章の受動的綜合の分析をとおして、現象学の基礎原理として解明されました。生活世界が客観的学問の世界を基礎づけるというとき、同様の基礎原理が適用できます。そして、超越論的感性論や受動的綜合で分析されているのは、現在の知覚野、想起の際の過去地平、未来予持と予期による未来地平（地平という言葉は、「ホリゾント」が原義で、意味連関の繋がりが地平のように広がっているという意味で使う）、ならびにキネステーゼによる空間意識の構成等ですから、たんに知覚や想起による直観的に与えられている個々の事物の構成やその総体の構成だけでなく、地平としての世界そのものの構成に、直接、関わっています。

この世界の地平の構成が問題にされる経過を、フッサールは、『経験と判断』のなかで次の二段階に分けて述べています。「一、前もって与えられている世界は、その世界に関する意味（づけ）の沈澱を伴っており、世界についての学問や、その学問による規定を伴う。それを根源的な生活世界に立ち戻させること。二、この生活世界そのものが発生してくる主観的能作〔意識の作業能力という意味〕にさかのぼって、この生活世界を問いただすこと[96]」、つまり、一では、根源的な生活世界が客観的学問の地盤となり、それを基礎づけていて、その地盤に立ち返るべきことがいわれます。そして、二では、当の生活世界そのものが、根源的ではあっても、最後の基盤とか、そこから先に立ち返るところを知らないような最終根拠なのではなく、実はそれ自身、人間の主観性によって構成されているから、その構成の仕方を問題にしなければならない、というのです。

96 フッサール『経験と判断』四九頁からの引用。

この主観的能作といわれるのは生活世界のアプリオリといわれるものを指しますが、この生活世界のアプリオリは、この『危機書』で、さまざまに表現されています。たとえば、「感性の型[97]」、「世界意識の主観的構造」（四六八頁）、「隠された深さの生」（四八七頁）、「学以前に存在する述語的表現や真理」、「生活世界を純粋に記述するのに適している論理的なものを、アプリオリに規制している原理の体系」（五〇四頁）、「生活世界の純粋本質学」、また、「相互主観的経験の世界」（五〇二頁）、といった具合です。

　このさまざまな表現にもかかわらず、このことによって解明されようとしているのは、繰り返しになりますが、『経験と判断』や『受動的綜合の分析』で解明されている事態とその内容に他ならないのです。

97　このほかに、「不変の一般的な様式」、「感性的性質（内容的充実）」、「直観的世界の普遍的因果性」、「感性的経験とそれの相関者としての世界自体」（四四〇頁）、「すべての生の活動が前提している自明性」（四七九頁）、「前論理的妥当」（四九二頁）、「この相対性の領域の内部で規制している『論理学』」、といった、この事象に関わる表現がみられます。なお、ここと本文で記されている頁数は、『危機書』の邦訳の頁数です。

　そうであるならば、生活世界の本質規則性である「前論理的妥当」や「生活世界の純粋本質学」を解明するには、『経験と判断』や『受動的綜合の分析』の際とられている方法論をとることができます。しかし、この生活世界のアプリオリに至る方法論に向かう前に、ここで、生活世界の本質規則性が「相互主観的経験の世界」、と述べられている表現に、注目しましょう。

(3)　現在の解釈学的哲学の代表者であるガダマー（一九〇〇―二〇〇二）は、フッサールの生活世界の分析を批判して、この分析の比重が知覚一辺倒であって、生活世界の他の側面、相互主観性が前提になる「言語による了解」が背景に退いている[98]、と主張します。しかし、この批判は、これまでに「相互主観性の問題（第八章を参照）」の解明に接している読者にとっては、生活世界の問題の核心をそれた批判と映るはずです。

　というのも、たしかに、『経験と判断』や『受動的綜合の分析』では、根源的明証性の領域である知覚と想起の分析が中心になってはいますが、フッサールこそ、自然科学の研究とその客観性が、自然科学者が属する研究者の共同体（相互主観性を前提にする）にその基盤をもつことを、哲学的に解明した当人だからです。

98　ガダマー『真理と方法』二五二頁、三五三頁を参照。

研究者の共同体ということは、当然、生活世界は個人のものではなく、複数の人々との相互主観性の世界であることに他なりません。そして、この『危機書』のみならず、生活世界に戻るという動機で行なわれた、一九一〇年から一一年の講義や、一九二六年から二七年の講義でも、その相互主観性の構成が、実際に課題とされ、分析されているのです[99]。ただし、この『危機書』でみられる相互主観性の記述は、前章で解明された相互主観性の構成の論議とは比較にならない程、簡略化され、短く論述されたものとなっています。したがって、（フッサールの他の重要な論稿を考慮にいれず）『危機書』での描写や『デカルト的省察』の論述だけを論拠に、相互主観性の構成の解明そのものが破綻したものだ、と主張することはできないのです。

99　『危機書』では、直接、超越論的自我とその主観性の能作を分析しようとする、いわゆる「デカルト的な道」ではない、生活世界を経てその領域にいたる方途が、提唱されていますが、この試みは、すでに、一九一〇年から一一年にかけての冬学期の講義や一九二六／二七年の冬学期の講義に試みられています。この講義の内容は、『相互主観性の現象学』第一巻と第二巻に収められていることにも見られますように、いずれも、相互主観性の構成の分析を含んだものです。むしろ、『危機書』での相互主観性の分析は、わずかなその一端をのぞかせているものにすぎません。

実は、この生活世界が複数の人間によって構成されていることは、いくつかの段階をおって論議されていることです。

第八章で相互主観性の構成の問題を扱ったときに、この問題が他の問題と複雑に絡み合っている様子が明らかにされました。まず一つの段階的な経緯として『受動的綜合の分析』や『経験と判断』では、超越論的主観の能作である知覚や想起に関わる本質規則性が解明され、それが相互主観性の構成の解明に活用されている、ということを、確認しなければなりません。

すなわち、超越論的主観の本質規則性が解明される段階では、超越論的主観そのものが他の主観とともに働いていること（相互主観性）は、まずは、考慮に入れられず、「括弧」に入れられていました。そして、超越論的主観の本質規則性そのものが、実は相互主観的に働いている規則性であることが、相互主観性の解明のなかで次第に明らかにされたわけです。

そして、この生活世界の本質規則性は、相互主観的にのみ働いている、ということこそ、フッサールが、最終的に、現象学的分析にもたらすことのできた成果といえます。この生活世界に生きる超越論的主観は、決して個々に独立した個別的な主観ではなく、その根底からして相互主観的な主観であることは、これまでの分析で明瞭に確証されました。

要点をかいつまんで繰り返せば、幼児の原地盤の構成の領域は、本能志向性の覚醒と衝動志向性による時間化によって構成されていること、そしてこの時間化の構成は、自他の身体の未分化な匿名的身体性による等根源性を基盤として相互主観的になりたっていることが、フッサールによって解明されたのでした。

## 第四節　「世界を呑み込む自分」をも呑み込む自分か？
### ――人間の主観の逆説

複数の主観が世界を構成する、というとき、生活世界の現象学は、世界地平の構成をめぐって、さまざまな困難な問題に遭遇します。この点については、多くの研究者の言及がありますので、それをも含めながら、どんな問題に遭遇するかを、明らかにしてみましょう。

多くの論者の批判というのは、その内容をみてみると、実は、フッサール自身が提示する相互主観性のもつ「困難な問題点」を論じているだけで、それ以上の批判にはなっていません。したがって、世界地平の構成をめぐる問題のなかで、フッサール自身が示す最も重要で中核ともいえる「人間の主観性の逆説」という問題を、中心に取りあげることにします。

この逆説とは次のようなものです。フッサールは、一方で、超越論的主観が時間化をとおして相互主観的に世界（複数の主観の世界）を構成するといいます。しかし、この構成する一つの主観は、その構成をとおして、その自分で構成したはずの世界地平のなかの、複数の主観のたんなる一構成員にすぎない、のではないでしょうか。すると、すべてを構成するはずの主観が、自分自身で構成した世界の一部でしかない、ということになり、超越論的主観は、全体を作り上げるにもかかわらず、同時にその作り上げられた全体の一部分であるという逆説を主張することになってしまいます。

このことをフッサールは、「人間主観性の逆説――世界に対する主観であって、同時に世界における客観であること[100]」と表現しています。世界を構成するはずの主観が、自分の構成した世界の一部に客観として見い出されるという矛盾です。

この矛盾は次のようにもいいかえられます。相互主観性は、もちろん人間の相互主観性なのであり、人間は疑いもなく

100 フッサール『危機書』（邦訳）五三五頁からの引用。

世界の部分的要因です。となると、世界の部分的要因である人間の主観性は、どうして全世界を構成できるというのでしょうか。この矛盾は、また、「世界が主観的なものとして成立するということは、いわば全世界を呑み込むことであるし、それと共に自己自身をも呑み込むことである」[101]と表現されるものです。

101　フッサール『危機書』（邦訳）五五六頁からの引用（強調は筆者）。

「世界が主観的なものとして成立する」というのは、何回も述べている、主観が世界を構成する、ということのいいかえです。それが「世界を呑み込む」というのは、自分が構成してできた世界なのですから、自分のなかから生まれてきているのと同じで、そうやって生まれてきたものを、どこから生まれてきたのかたどって、生み出す経過を、フィルムを逆に回すように時間を遡れば、まさに「呑み込む」といういい方の意味がわかると思います。そして、構成されて出現した人間の主観（これは実は、当の構成する主観に他ならないはずであり、だから、「自己自身」とここでいわれる）をも呑み込んでしまうことになる、とフッサールはいうのです。

### a　言葉以前の意味の生成

ここで述べられていることを適確に理解する際、まず述べておきたいのは、この問題は、いわゆる「解釈学的循環」でいわれる「部分と全体の関係」として理解できない、ということです。解釈学では、テキスト全体の理解は、諸部分の解釈から正しく導かれるのであるが、逆に当の部分の解釈はテキスト全体の意味の先行理解（前もって全体を理解していること）から導かれている、という相互規定的な部分と全体の循環が主張されます。部分が全体に依拠し、全体が部分に依拠する巡り合わせ（循環）といわれるのです。

しかし、この解釈学でいう部分と全体の相互規定においては、あくまで部分は部分として、全体は全体としてとどまりつづけます。部分が全体に取って代わる、つまり、全体を完全に呑み込むことはありえません。それに対して、先に述べたフッサールの人間の主観性がもつ逆説の場合、部分が全体を呑み込む、つまり、世界の部分である主観が全体である世界そのものを構成する、ということがいわれているのです。

それでもなお、この逆説を解釈学的循環に即して理解しようとする立場があります。その場合、生活世界を「全体」とし、そのなかの客観的学問を「部分」として位置づけ、その生活世界の全体に「『構成されつつ構成する』という解釈学的両義性」[102]を認める、というのです。そこで、ここで述べられている「構成」の意味とこの「両義性」で何をいいたいのか、検討しなければなりません。

102　野家啓一氏の『無根拠からの出発』二五三頁および次頁からの引用。以下、本文で、当書のⅢ、七、「『生活世界』の背理」を批判的に考察します。氏は、ここで、「人間主観性の逆説」に対して「部分と全体の解釈学的循環」という観点で解答を与えています。フッサールの場合に、部分と見なされている客体としての人間が、客観的学問と同一視することは、できないのですが、かりにそうしてみて、氏の観点を批判的に考察してみましょう。

フッサールにとって、世界地平の構成は、相互主観的である「意識生」（意識と生命の生を合わせて、意識する生という全体的主体が表現される）の時間化と空間化をその根源にしています。この根源の構成が、原地盤における匿名的間身体性の衝動的志向性をとおしての構成でした。つまり、構成する超越論的な主観が、匿名的で等根源的な意識生ないし先自我と、次第に形成される個々の自我極という二つの契機を内に含むからこそ、部分が全体を呑み込むという逆説が成り立つわけです。

しかし、もし、このような超越論的な主観による構成を認めずに、解釈学に即して、構成する「生活世界的アプリオリ」を解明しうるとすると、フッサールとは異なった見解にならざるをえません。そこでは、「生活世界的アプリオリは、出自においては歴史的であるが、機能においては超越論的である」[103]というように、いわば解釈学的に独自な解釈をほどこさなくてはならなくなります。

103　野家啓一、同書、二五四頁からの引用。

この解釈においては、生活世界のアプリオリが歴史をとおして生成し（「出自において歴史的」ということの意味）、その生成したアプリオリなものが、間主観化（相互主観化）され、沈澱してゆく、そのような意味で、生活世界のアプリオリの歴史性が主観の担う機能としての超越論的条件性へと「転化」されるというのです。

この転化は、相互主観的になるプロセス、つまり、「相互主観化」であると主張されています。そして、この解釈では、この転化の際に働く言語の役割のみ、強調されています。ということは、生活世界的アプリオリは、生成の段階では、相互主観的ではなく、時間とともに、言語をとおして、はじめて、相互主観的になる、ということが主張されているわけです。

しかし、フッサールのいう生活世界のアプリオリは、これまでみてきたように、その生成のはじめから、時間化をとおして相互主観的に生成しているもので、言語の媒介を通さなければ、相互主観的にならない、ということはまったくありません。ですから、この解釈学に即した解釈は、生活世界のアプリオリが、もともと相互主観的性格をもつことを、見落としていることに他ならないのです。

このような解釈学的解釈に際して、さらに強調しておきたいのは、フッサールの超越論的主観、すなわち、超越論的自我と自我極が超時間的で非歴史的だ、という解釈学的理解が、妥当しないということです。なぜなら、フッサールの場合、生活世界のアプリオリは、超時間的で非歴史的なものではありえないからです。

このアプリオリの普遍性は、遍時間性（Allzeitlichkeit）といわれるように、時間を超えているのではなく、絶えず、時間化をとおしてすべての時間にいきわたっている、という意味をもっています。ですから、フッサールの生活世界の現象学の課題は、あくまでも、このような時間化に即して考察されなければなりません。この生活世界の解明は、生活世界のアプリオリの時間化による相互主観的成り立ちを、発生的現象学の方法を行使して解明することなのです。

また、相互主観的になるときの言語の果たす役割を強調することは、解釈学的解釈とはいえても、フッサールの相互主観性論の適切な解釈とはいえません。フッサールの発生的現象学の考察に即せば、相互主観性は、本能の覚醒による時間化をとおして生成する衝動志向性によって、その基盤が構成されています。この基盤なしに言語了解は成立することができないのです。[104]

104　フッサールはたしかに、『幾何学の起源』という論考で、幾何学が客観的学問として成立する際、言語と文字が重要な役割を果たしていることについて述べています。しかし、この論述は、この論考の前半の一部であり、前学問的な生活世界のアプリオリの解明という本来の課題に導かれる途上の議論である、ということを見失ってはなりません。というのも、この論考を正面から取りあげたデリダも、適切に指摘しているように、幾何学の学問としての客観性の成り立ちの解明と、前学問的な生活世界で生じる理念化の問題とは、異なった段階の問題なのです。二つの段階の間には、ある新たな還元、つまり、「構成された学問的客観性とそれに固有な歴史性への還元」が介在しています。この還元をとおしてはじめて、「幾何学的理念性の諸条件そのもの」が描写されうるのです。

ですから、幾何学の学としての客観性が問われる以前に、前学問的な生活世界が相互主観的に成り立っていること、たとえば、乳児がミルク瓶を与えられたり、取られたりするとき、ある特定の時間-空間内で、同一のミルク瓶が与えられたり、取られたりしているということ（前章の分析を参照）が、前提にされています。このような相互主観性の基盤の形成に際して、言語は必要条件とはなっていません。フッサールが先言語的綜合、先反省的綜合という次元こそ、相互主観性の基盤の成立において働いている受動的綜合の次元なのです[105]。

105　また、ここで指摘しておかねばならないことの一つとして、「歴史性への還元」、つまり、「生活世界への還元」を承認している当のデリダは、この生活世界のアプリオリの解明そのものについては、大変否定的なことです。デリダは、生活世界の先言語的、先述定的構成の解明は困難である、というだけで、積極的な言及の試みがまったくみられません。その理由について、時間論の解釈からはじまって、受動性の分析という視点の欠如など、多くのことが、指摘されなければなりませんが、主な理由は、デリダが発生的現象学で開拓されてきた発生的現象学の方法に注視していないことによるといえます。

そうでなければ、デリダの次のような言明は不可能でしょう。「生活世界のアプリオリは、学問的でなければならない」――発生的現象学の探求は、非学問的とでもいうのでしょうか――とか、「この前学問的世界は、『経験と判断』で立ち戻ろうと試みた前述定的世界の徹底性をもちあわせていない」（J・デリダ『エドムント・フッサール：幾何学の起源』（独語訳）一二四頁参照）――前学問的世界こそ、生活世界の前述定的世界の別の表現に他なりません――とか、「前学問的世界はすでに文化的世界であり、述定が行なわれ、技術が行使されている」――この文化的世界や述定そのものの前述定的本質規則性が、前学問的世界とも表現される生活世界の構造を明らかにしようとしているはずです――といったまったく的外れな言及は、上記の理由によって生じているのです。生活世界のアプリオリは、まさに、前述定的世界のアプリオリを意味しています。また、フッサールは、ここで問題になっている人間の主観性の逆説に対して、相互主観的な時間化をその解答としますが、それが同時に、生活世界のアプリオリの基盤でもあるのです。

この基盤の生成は、身体性と感覚野の相互主観的形成を意味し、この基盤なしに言語が言語として理解されることはありえません。「ママ」とか、「ボール」とか、「さくら」などの語が、そもそも、語として聞けるためには、特定の音が聴覚を通して持続し、同一化されるという受動的綜合の働きなしには不可能だからです。そして、これらの構成の規則性こそ、第七章、第八章において、時間化の規則性である衝動的志向性に遡って、相互主観的に構成されていることが、解明されてきたのです。

### b　フッサールの答え

それでは、この章の最後に、解釈学的循環という観点では至りえない、超越論的主観の時間化が、どのようにこの逆説の解答になりえているのかについて、あらためて明らかにしておきましょう。

時間化をとおして世界地平が構成されるということを、これまで明らかになった事柄をまとめながら描写すれば、次のようになるでしょう。

発生の根源において、超越論的自我は、匿名的な身体性を生きる意識生として、相互覚起による対化現象という、ヒュレー的先構成をとおして、周囲世界を構成しつつ、その周囲世界を生きています。その際、自他の区別のつかない意識生（先自我）の本能志向性が、原印象との遭遇によって、対化現象をとおして覚醒してきます。

再確認しておく必要があるのは、このときはじめから、原印象が外に実在していて、外側から生命体に遭遇するのではないということです。特定の原印象が帯びる感覚素材の意味は、本能志向性の予感する意味との相互覚起をとおして、そのつど新たに、両者の出会いから、生じているということです。

このときこそ、まさに、時間化の源泉であり、世界地平の構成がはじまる最も根源的な原点です。生得的な本能志向性が覚醒して、それと対化する周囲世界が構成されるのは、原印象と覚醒した空虚な予感との間に原連合という相互覚起が起こることによります。

こうして、感覚素材の意味内容が成立し、それと同時に、過去把持へと空虚な意味として沈澱していくことがはじまるのです。この覚醒と沈澱が繰り返し、匿名的な時間の流れが生じ、身体の自己中心化をとおして自他の身体の区別が生成します。

そして、それに即して、〝自分〟の身体と〝自分〟の自我極からする、時間化による〝自分〟の時間の流れと、〝他者〟のそれとの分岐が、生じてきます。その際、常に、匿名的で相互主観的な時間の流れは、自他の区別を伴う時間化の地盤として、波頭を乗せる海の潮流のように同時に流れつづけています。

このような状況で、同一の事物の知覚を媒介にした、自他の共有する時間と空間が生きられるなかで、高次の相互主観的な時間と空間が形成されていきます。これは、まだ、客観的学問の時間と空間の意識にはいたっていませんが、生活世界で生きられている、相互主観的時間と空間の形成を意味します。この始源において、原地盤での時間化が、原触発をとおして生起し、この原触発は、原初の匿名的間身体性として表現される本能志向性によって生じます。このような時間化が、生活世界の相互主観的時間と空間を形成する根源でありつづけるのです。

したがって、フッサールのいう人間の主観の逆説を、解決できない逆説とみるのは、相互主観的な時間と空間の構造をもつ世界を、はじめから「あるもの」として固定し、前提においたためです。つまり、世界の一部としての主観を前提にしたうえで、この構造の発生を問い、その主観の時間化を構造の起源と見なすとき、自分自身を呑み込むという逆説の逆説性が最も顕わになるのです。

しかし、その根源である時間化そのものから考察するとき、つまり、本能的志向性の覚醒と周囲世界の形成という主観性の生成から考えるとき、その逆説が逆説になる現場に立ち会っていることになります。構成する主観が、はじめから相互主観的に構成してきた生活世界のなかの一員であること、つまり、生活世界の一部であるという逆説は、その生成をたどって、そこから考えるとき、逆説が逆説として成立する根源を生きなおしている、ということができるでしょう。

こうして、根源的時間化が生じ、そこで形成される時間と空間のなかに、その根源的時間化が位置づけられる、つまり、時間化が自分で形成した時間と空間のなかに、当の時間化そのものをみる、という逆説が成立することを目の当たりにするのです。逆説が逆説として成立する現場を時間化にみることが、フッサールにとっての逆説の解決を意味するのです。

さて、この章では、現代という時代の危機を出発点としました。この現代という時代の生活世界の特徴は、グローバリゼーション（地球化）にあります。グローバリゼーションによって、いままで述べてきたような「逆説を生きる個々人」どうしの出会いは、自分とは異なる文化の伝統を担う個々人の間の出会いであることが増えてきています。同じ文化に育ったのではない、自分にとっての異文化を生きている人々との接触をとおして、個々人の主観の逆説は、いったい、どのように、展開し、具体化し、歴史化していくのでしょうか。この解明を、最終章の課題としたいと思います。

この章のまとめは次の三点にしてみたいと思います。

(1) 生活世界における「実践知」と学問の「理論知」の違いは、測量という例で次のように説明できます。東西の古代文化にみられるように、開墾や建物の建造にあたって、測量は欠かすことのできない技術であり、それぞれの生活世界における「実践知」として活用されていました。その具体的な生活世界における実践知が、幾何学などの学問として理論化され、数量化による抽象化を経た「理論知」へと変様します。それによって獲得されるものと失われるものが熟慮されねばなりません。

(2) 生活世界におけるアプリオリとは、論理による能動的確証を基づける受動的綜合の規則性とされる連合や触発の規則性を意味します。また同時に、すべての学問の客観性の基盤である相互主観性を規則づけているのが、この受動的綜合としての連合や触発でもあるのです。

(3)　フッサールは、個としての超越論的主観の時間化をとおして、世界全体が構成されるとするが、それと同時に、この超越論的主観は、そのようにして構成された世界全体のごく一部の単一主観（一個人）にすぎないという逆説を、「人間の主観性のパラドクス」と呼びます。彼の提示する解答は、本能志向性と周囲世界との相互覚起という時間化をとおした相互主観的生活世界そのものの形成であるといえます。

# 第十章　文化の違いを生きること

さて、日常、起こるさまざまな事柄を出発点にしながら、現象学の考察を進めてきましたが、最終章にあたり、これまでの章を振り返りながら、「異文化を生きる」ということについて考えてみたいと思います。

文化の違いに気づき、苦しみ、異国での日常生活がそもそも成り立つかどうか、という深刻な問題に直面しているのは、たとえば、海外勤務の会社員とか、国際結婚で異国に住む人々などです。彼らにとって、異国に住むことは、それまで当たり前だった日常生活が脅威にさらされ、大なり小なりの「カルチャーショック」という非-日常性が、日常のことになることを意味します。

異なった「生活世界」を生きるなかで、さまざまな状況の理解に苦しむとき、自分がいままで生きてきた、当たり前であらたまって問うことのなかった自国での「生活世界」が、問題になってくるのです。自分の生活世界が、いったいどうやってできあがってきたのかという、それまで自分の人生で深刻に考えることすらなかった問いが、つきつけられるのです。

ドイツの文豪ゲーテに、「他国の文学に触れてはじめて自国の文学の何たるかがわかる」という言葉がありますが、異なった文化に触れるということが、自分の生まれ育った文化を理解することに通じるということこそ、実は、本来、疑いえないことなのに、十分、反省されていないことではないでしょうか。鏡に映る自分の顔をいくらじっくり眺めても、――ドイツでは「自分の臍をみつめる」と皮肉ります――自分はいったいどんな人間なのか、わかるはずもありません。

第四章で、ものの本質を理解しようと思えば、極端な例から極端な例へとたどらなければならない、と述べましたが、ここまで極端ではないにしても、自分で望んだわけでもないのに、大変、不慣れな、普通と違った事柄（事例）に、取り巻かれ、さらされるのが、異国での生活である、ともいえるでしょう。

しかし、異なった文化というのは、実は別に海外での生活でだけ経験されるものではありません。ニューヨークで快適に、特にこれといったカルチャーショックなしで生活していた日本人が、京都に転勤になり、そこで深刻なカルチャーショックに襲われた、という例もめずらしくありません。

多くの兄弟に囲まれ、大人数の家族のなかで育ったか、核家族の中の一人っ子として育ったかといったことが、国や文化を超えて意味をもつ場合もあるでしょう。ですから、問題なのは、むしろ、その人にとってそれまで問われることのなかった日常性であり、全体としての人間の生き方が問われる、ということが、どのような状況で起こっているのか、という事柄なのです。

## 第一節　カルチャーショックを出発点にすること

日常、いろいろな人とつき合うなかで、「あの人ちょっと変わっている」とか、「あんなわがままな人はじめて」だとかいいながらも、その人を避けるわけにもいかず、いったいどうしてそうなのか、その理由を考え、その人のことがだんだんわかってくるということがあります。その際、最初にその人に対して抱いた感じ、言葉にはできないある種の違和感が、そもそもの出発点になっていることが多いのではないでしょうか。違和感がなければ、考えるにも及ばないからです。

異文化を生きる際、自他の文化を理解するうえで、カルチャーショックを出発点にするべきだ、と私が考える理由は、次の四つに集約されます。

(1) カルチャーショックは、体験したくて体験するものではないこと。

(2) それでも体験するのは、自分では気づかずに隠れて働いている、生活世界のアプリオリ、本質規則性の歴史性が原因であり、そこに根拠があること。

(3) カルチャーショックを正直に受け取り、大切にはぐくむこと。容易に手に入る情報による解決策にたよっても、異文化の本当の理解にはつながらないこと。

(4) 自分に本当に納得できるまで、原因を解明しながら、カルチャーショックを生きぬくこと。

以上の点をこれから順に考察してみます。

### a　不意に襲うカルチャーショック

カルチャーショックのほとんどは、人間関係に関わるものでしょう。その場合、誰がすき好んで、人間関係をこじれた、わけのわからないものにしたい、と思うでしょうか。

カルチャーショックは、多くの場合、思いがけず、向こうから自分を襲うものです。たとえば、握手するという習慣は、いままで映画などでよく見てはいても、いざはじめて握手をしようとしてまごついてしまったとか、立食パーティで、誰も話しかけてくれず、自分からどうやって話しかけていいのかわからなかったとか、にこやかに話していた相手が急にとげとげしい態度になってびっくりしたとか、このようなことは、外国で暮らしたことがある人であれば、誰しもが経験することです。つまり、自分にとってはじめての状況とか、自国では自分にとって当たり前の状況において、自分の方から何も特別なことをした覚えはないのに、思いがけない相手の反応に驚き、とまどうというのが、典型的です。握手や立食パーティなどは、外国にいるという全体の具体的な状況のなかでの居振舞いです。ということは、外から見ているのではなく、状況の只中に自分の身体が、その状況全体に包まれている、ということを意味します。ここで全体の状況の違いというのは、日本で外国人と握手してみたり、立食パーティで話してみるのと、外国で、自分の方が外国人で、人と合って握手しなければ失礼にあたる、また、その国の人々ばかりのなかで、どう話しかけていいかわからない、といった状況全体の違いです。カルチャーショックは、このような具体的状況全体が変わってしまったなかでの、いわば不意打ちなのです。

### b　カルチャーショックの原因は深く隠れていること

不意打ちのカルチャーショックには、それなりの原因があるのは当然です。しかし、握手するのになぜまごつくのでしょうか。人に話しかけるだけなのに、なぜまごつくのでしょうか。どうして、相手の話す態度が、急変したりするのでしょうか。

まごつくというのは、簡単に言って「不慣れ」ということですが、しぐさや行動の仕方に慣れるというのは、そもそもどういうことなのでしょうか。このことは、第七章の「心と身体が育つこと」という事柄として考察されました。幼児は、本能的運動（本能的キネステーゼ）と本能的欲求を生きるなかで、まわりの人々の働きかけや語りかけのなかで、次第に、自他の身体の区別を生き、自分と他の人々との区別を自覚するようになります。この大変、重要な経過を経て、人間関係が形成されてくるのでした。

ですから、しぐさが身につくというのは、ダンスを習うようなときに、自分で意図的に足の動きを学ぶようにではなく、ほとんどそれと自覚せずに、相手の（とはいっても〝相手〟という意識さえ働いていない時期が、土台になっていることを、思い出してください）動きに応じることをとおして、身についていくものです。自分がどんな笑顔をどうやって獲得したか、自覚している人はいません。

小学校で、はじめてフォークダンスをしなければならなくなったとき、異性の手をあんなふうに握らなければならないときの「はにかみ」を、「うそ」とか、「間違い」とか、「錯覚」とか主張しても意味がありません。その「はにかみ」には、他者の身体に触れるということをめぐる、それまでに身についた感性の歴史が生きて働いているから、生じるのです。その身についた感性の歴史は、生活する場所が変わったぐらいで、簡単に変化するような根の浅いものではありませんし、使用する電圧を変えるように、スイッチ一つで変えようと思えばすぐできる、といった種類の問題ではありません。

ある欧米人が、ラッシュ時ですしづめの満員電車に乗り合わせ、平日はこれが当たり前だと聞いて、「日本人は総チカンだ」といったといいます。都会に住む日本人は、人に「触わらずに、触わっている」といった感じ方に慣らされていることに、日本に来たばかりの外国人がどうやって思い及ぶことができるでしょうか。この外国人は、自分の感性の歴史を正直に表現したまでのことです。

自分のしぐさ、泣き笑いや怒りの表情には、自分にとって、それとは気づかずに生成した感性の歴史が棲《す》まわっています。自分の笑い方や泣き方は、自覚的に身につけたものではありません。衝動的志向性や感性野の受動的綜合（第五章と第六章の課題を参照）をとおして形成されたものが、ほとんどです。この隠れて働く歴史をたどることは、感性の意味、身体性の意味の生成をたどることであり、発生的現象学（第六章を参照）の課題を身をもって探求すること、「生活世界のアプリオリ」（第九章）を自分で解明することに他なりません。しかも、とりたててしたくもないようなことを、追求して明らかにすることなしに、ショックの原因を明らかにできない、という「非日常的日常」の事態が、自分に迫ってきているのです。

そのようなショックの日常を、人はどうやって耐えていけるのでしょうか。誤解されるのなら、人に会わないほうが気が楽だ、日本人どうし、日本語で話している分には、変な誤解をされずにすむ、といった態度が起こってくるのは、自然の成り行きとさえ、いえそうです。

## c　知識の限界

このように、（日常を深く掘り下げて考えてみることをしないで、）誤解されない範囲で人間関係を結ぶという強い傾向は、国の内外を問わず、共通の目的と利益をめざすさまざまなグループ（財閥、学閥から、老人クラブの地元派グループといったものまで）ができあがり、そのなかで閉鎖的文化が生じていることからも、わかります。

こうして、その国に住む日本人のグループで、各自のもつショックについての話になり、「気が利かない〇〇人」といって、お互いを慰めあうといったことも、よくあることです。あまりに共通の経験が多いので、「やっぱり〇〇人は」といった話になり、そのような話し合いのうちに、不思議に気持ちがおさまって、ショックの原因がわかったような気持ちになるものです。

しかし、「同病、相憐れむ」で気持ちが落ち着くことと、「病気の原因がわかって」直ることとは、別のことです。また、その国の国民性や日本人の特徴についての、いわゆる解説書を読んで、その「どうあるか」という事実関係を確認できても、いったい、どうしてそうなのか、もし、そうだとすれば、自分はいったい個々の状況においてどう振る舞えばいいのか、といった問いに、解説書が即答してくれるはずもありません。

たとえば、その国の人がいつも、「とてもはっきりしたものいいをする、それは、集団主義でなく、個人主義による」と解説されたところで、それは、「あの人どうしてあんなに気が強いんでしょう」と問われて、「きっと母親似なんですよ」と、答えるようなものです。つまり、他の言葉で置き換えただけで、「どうして」という答えにはなっていないのです。

解説書の説明でとりあえず気持ちを落ち着かせることは、せっかくのカルチャーショックの体験をすぐさま言葉に表現することで、その原因がわかったつもりにさせてしまい、かえって、カルチャーショックの原因が感性に根ざしたその人全体の歴史によっていることに、気づかせない、ということにもつながります。なぜ、私が「せっかくの」といったのかといえば、実は、簡単にその原因がわからないということこそ、解説書には載っていない、その国の本当の文化の真髄が各自のカルチャーショックに疼いている、つまり「生きている」ことの証明だからです。では、そのショックにどう対応することが、そのショックの根拠であるその文化の真髄に触れることになるのでしょうか。

その際、第四章で述べた、フッサールが現象学の一つの方法として考えている、「判断停止」を思い出してください。「判断停止」をすることによって、自分の体験したカルチャーショックが括弧に掬い取られ、与えられていた具体的状況のなかで起こったこととして、前後連関を含めてそのまま保存されます。

たとえば、議論の途中で相手が急に気分をそこねたとき、「相手の不機嫌さ」という知覚に対して、「相手が自分に対して好意をもっていない」という判断を加え、それに即して相手に対応していく、という場合が多いものです。しかし、そこで、そのような追加的な判断を加えずに、「相手の不機嫌さ」を自分の知覚判断をとおして起こったままに受け取り、その状況をそのまま保存するということが、具体的な判断停止を意味します。

しかし、そんなことが簡単にできるでしょうか、またそれをしてどんな意味があるのでしょうか。まず、簡単にはできません。なぜなら、判断につづくのは、日常生活という行動連関に一貫して働いている規則のようなものであり、前章で述べられた「自然な態度」の根本だからです。

日本語が上手な外国人にぶっきらぼうな物言いをされて、「日本語の敬語はむずかしいから」と頭で納得しようとしても、ムッとする感情は、頭で理解する前に、すでに起こってしまっているものです。ぶしつけに言われた瞬間に、自分のなかに生じる感情で、相手の言葉に即応してしまっているのです。

そしてその即応が、後続するその人への対応に強い影響を与えます。即応した〝判断〟に、それによって方向づけられるような別の判断が、つづいてしまうのです。この感情を否定することはできますが、それは、すでに起こった感情への反省になっていて、はじめの直接的な応答である起こった感情そのものを、否定するには、遅すぎるというわけです。

相手が自分に好意的かどうか、いったい自分をどう見ているのか、ということは、人間関係の基礎にあるもので、人はそれを相手の応答の全体や言葉の端々にみてとろうとしています。その際、最も強く働いているのが、相手の感情を感じ分ける感覚です。第二章と第七章で取りあげたように、感覚は認識や判断の基盤であり、しかも、その生成の歴史を担っています。

しかも、その生成の歴史は、そもそものはじめから、宇宙的身体性そのものを基盤として働いています。また、この基盤と歴史は、自他の身体が分岐するときに、他の身体として立ち現われてきた他の人々との相互主観的な感性の歴史（第八章での乳幼児期の間身体性の形成の歴史を参照）をも意味しています。

ムッとする感情で応答してしまったことが、相手の特定の応答を引き起こし、話の雰囲気が決まってしまい、その雰囲気に飲み込まれてしまうことがよくあります。判断停止は、多くの場合、事が起こった後に行なわれます。しかし、重要なのは、一度その判断停止による反省をくぐり抜ければ、次に同じようなことが起こったとき、自分の反応の仕方にわずかながら変化が起こっているはずだということです。

というのも、まず第一に、判断停止が事後の反省として行なわれたとしても、それは、決してその起こったことに別の判断を付け加えようとするものではないからです。つまり、相手の表情に、自分への好意や悪意を結び付けて、それに対する対応策を考えるのではなく、その起こったことがそのまま掬い取られて、その応答の意識分析が行なわれるのです。そして、次に、その分析の眼差しが、同じことが繰り返して起こったときに、背後に伴う可能性があるからです。この背後の眼差しは、当の意識の起こりを、よりはっきりと掬い取ることができるようにします。

しかし、もちろん、この分析の眼差しが付随しているだけで、特定の応答の意識分析そのものが終了するわけではありません。それは、先に述べたように、感性の歴史をたどる途上に立ったということを意味するだけのことです。しかし、この意味の発生を求める熟慮の発端が生じたことは、異文化理解の決定的な一歩というべきでしょう。

カルチャーショックは、こうした自分の感性の応答に忠実に、その起こりをそのまま掬い取る判断停止のなかで、その起こりざまを見届けようとするとき、はじめて、その真の原因が少しずつ明らかになってくるものです。その国の文化についての解説書を読んでも、唯一の個人として、自分の個別性を生きてきた、「この自分」の感性の歴史に対して、すぐさま本当に納得のいくような答えを見つけることは、難しいでしょう。問題なのは、解説書にある一般的な経験ではなく、自分自身の感性の歴史なのですから。

### d　本当に納得すること

自分が本当に納得できるということは、いうなれば、その国の人の感性を幾ばくか共有することになることです。その国の人の笑い方、泣き方、話し方、食事の仕方、生活の諸作法などを共有できるということです。関西で生活する外国人は関西の文化に馴染むでしょうし、ドイツと一口にいっても、北と南、東と西では、違った文化が生きています。ですから、笑い方、話し方などが違うのは当然です。

同じ日本人でさえ、人さまざまであり、ある国や地域に典型的なタイプといえるものがはっきりしてくるのには、ある一定の洞察のプロセスが必要になります。各自が生きるそれぞれの生活環境のなかで、自分と他の人とのさまざまな応答の仕方を、極端な例から極端な例を経験しながら、自ずと収斂してくる（第四章の本質直観、第五章の受動的綜合を参照のこと）ものに気づくという過程をへて、はじめて「〜する仕方」の理解が可能になります。

しかし、人が幼児期を生きるのは一回きりであって、別の仕方で二度生きることはできません。ですから、ある程度、その国の人々のしぐさに馴染み、共有できるといっても、幼児期から形成されてきている自分の感性の歴史を、その外国の典型的なそれと取り替えることはできないのです。あくまでも、それは、自分の感性の歴史が生きている基盤をあらためて耕し直してみて、そこに育ってくる何かの可能性に、開かれた態度をもつ、ということであり、この原基盤の領野内での共有でしかありえないでしょう。

カルチャーショックを出発点にとるということは、非日常的な、耐えて担っていかなければならないカルチャーショックが、まるで、地殻変動や地震のように、自分の原地盤への裂け目やズレを開く、ということを意味しています。裂け目を通して開かれてくる原地盤は、感覚という基盤と言語という上層から成り立ち、受動的綜合である感覚と身体性が、能動的綜合である言語や判断を基礎づけることを告げています。

この原地盤に新たな感性と身体性が育ってくるのには、それに応じた時間がかかります。森有正は、パリのノートルダム寺院が「本当に見えるようになる」のに七年かかり、七年とは、およそ、日本からアジア大陸を歩いてパリまで来るのにかかる時間だ、ということを述べています[106]。育ってくるものを見届けるということは、決して自分の意のままにならないものです。しかし、感覚や知覚の育ちではなく、言葉の世界を経巡り、さまざまな考察の仕方をたどることは、物事の理由をさぐるという知的関心に即して、自分の意のままに、意欲的に展開できるものです。

106　森有正『バビロンの流れのほとりにて』、『経験と思想』で展開されている、「経験」の概念を参照してください。

カルチャーショックに出会い、「いったいどういうことなのか」わからないまま、その非日常性が耐えがたくなると、ありとあらゆる書物を読み漁り、事態を明らかにしようと真剣になります。その国の歴史や文学、哲学の書物、さらに、日本人論の類《たぐい》や比較文化論を読み進め、少なからず納得する部分を見いだすこともあるでしょう。しかし、この自分の根源と同時に他者の根源をもとめることは、決して終わりのないものであることが、求める途上ではっきりしてきます。「どうして日本人は、家族のことさえかまわず、仕事一点張りで、過労死なんかするんだ」という問いを相手の外国人からつきつけられて、「日本人にとっての人生における仕事の意味」といった事柄が問題になるとき、一人の「日本人であるらしい」自分は、何と答えることができるでしょうか。

ことに人生そのものが問題にされるとき、自分の人生観や宗教や哲学が問題になっています。しかし、ほとんどの場合、自分にとっての人生観や宗教や哲学は、絶えず変化の途上にあるものではないでしょうか。それらは、試行錯誤のなかで確かめられていくものであって、生きた人生そのものがその答えである、という性格のものだと思います。

そんななかで、比較宗教とか比較哲学といった学問が目的にするものは、「こっちでこういっている、あっちでああいっている」といった、さまざまな論点の羅列であるはずがありません。述べられていることが、実際にどう生きられているのかという、「生活世界」の場で生きられている現実が、理解されねばなりません。そしてこのことは、宗教、哲学に限らず、すべての学問、芸術、文化と総称されるものに妥当することなのです。

## 第二節　異文化の現象学に向けて

これまでの考察をとおして、異文化理解という課題は、どのように研究することができるのかについて、三つの論点をあげておきたいと思います。

(1)　文化の現象学の方法は、まず、静態的現象学の本質直観に関連づけることができます。本質直観の場合にみられる、事例化と自由変更の方法は、さまざまな存在領域（自然、事物、心、身体、心身統一体としての人間、精神、人格、理性）の個別的領域で用いられ、地球規模の事例化と自由変更の可能性に開かれることになります。極端な事例をたどる方法は、当然ですが、文化人類学、心理学、宗教学、社会学、等々の個別科学の成果を積極的に取り入れていきますが、それと同時に、それらの個別科学の方法論的条件や制限についての考察が伴われます。

その考察は、たとえば、心身統一体としての人間を考えるとき、発達心理学の取りあげる外的観察の方法が、外的因果性をめぐる考察にとどまっていることに注意を促します。また、その考察は、意識活動の動機づけ連関、つまり、時間意識の構成と空間意識の構成との錯綜した基礎づけ関係こそが、そのような外的因果性の探求が何を目指しているのか、はっきり示すことができるのだ、と指摘しています。

哲学的考察は、比較発達心理学が、文化の違いをめぐって、比較の対象にする際の比較の基準そのもの（たとえば、母と子の皮膚接触の時間、言葉による語りかけの頻度など）が、絶えず変化していることを指摘することができます。比較の基準は、それぞれの文化が他の文化に接触する頻度と深さに応じて、——ということは、カルチャーショックを重ねる度合いに応じてということですが、——たえず新たに、書きかえられ、設定され直してくるのです。

たとえば、「皮膚接触の時間」といった基準は、他の文化（西欧の人類学者にとってのアジアの育児といった場合）で異常に長い皮膚接触の時間をもつといった、人類学者の気づきなしに、どうして、そもそもそれが、比較の基準として重要だ、と思いつくことができるのでしょうか。つまり、外から比較観察しようとする基準は、新たな文化を直接、経験し、そのズレ（カルチャーショックの内容）に気づくことをとおして、はじめて重要な基準として認識されるようになります。そして、さらに、そのズレの発生の歴史をたどり、異文化の生活世界のなかでの、当の基準の位置づけと意味が明らかになってはじめて、その基準の価値がはっきりするのです。

(2) 自分の感性の発生史をたどることは、同時に、他の国に生まれ育った人の感性の発生史をたどることと平行するものです。その際、発生的現象学の脱構築の方法が実際にどのように役立つのか、そのおおまかな方向性を明らかにしてみましょう。

まず、再確認しておきたいのは、静態的現象学の成果を前提にして、意識の構成層の一部を脱構築することによって、最も原初的な構成層として、本能志向性とその発現による原地盤の時間化の次元が明らかになってきたことです（第六章を参照のこと）。しかし、発生の探求は、これで一段落するわけではありません。

この発生の根源の枠組みが明確になった後に、ふたたび、静態的現象学の方法をとおして、本能志向性の働きと習性を担う衝動志向性からなる幼児期の心と身体の形成を考察しなければなりません。なぜなら、脱構築によってはじめて露呈されてきた本能志向性の覚醒や衝動志向性の形成は、発生上の必然性からなくてはならないものとして、その所在が明らかにされただけであり、決して両者の働き方の全容が判明したということではないからです。

働き方とは、意識生の構成の仕方です。本能的志向性と衝動的志向性の働き方の全体は、あらためて、再度の本質直観をとおして、たとえば、極端な事例といえる精神病理学の事例の探求や脳生理学などの個別科学の成果をあらためて統合しながら、その本質規則性が解明されねばなりません。それは、今後の現象学の重要な課題のひとつになります。とはいっても、発生的現象学で露呈された本能志向性や衝動志向性の領域を、あらためて静態的現象学の対象とすることで、構成分析が終了するのでもありません。

さらに、そのあらためて行われた静態的現象学で、その領域の構成層の構造を確認したうえで、さらにそれから脱構築を進める次段階の発生的現象学の研究が継続します。個々のさまざまな疾患の事例を考察して、ある特定の本能志向性や衝動的志向性が発展しているかいないかによって、触覚野、視覚野、聴覚野、キネステーゼ等の全体的な相互的発展にどのような影響を与えるかを、継続する発生的現象学をとおして、明らかにすることができます。

(3) カルチャーショックから出発するということは、不慣れな生活世界に触れて、自分の育った生活世界の本質規則性を、そして同時に、他の人の生活世界の本質規則性を明らかにする途上に立つことを意味します。自分の生活世界と他の人の生活世界との出会いがカルチャーショックとして立ち現われているのであり、この部分から、自分でも気づいていない隠れた原地盤への遡及が可能になります。

では、その遡及をとおして、本源的な先自我的な時間の流れを条件づけている本能志向性に至り、時間の流れの目的論（第六章を参照のこと）が明らかになるとき、フッサールの指摘する理性の目的論（第六章参照）は、異文化という生活世界の理解という問題にとってどんな意味をもつのでしょうか。

フッサールの主張する理性の目的論は、普遍的で客観的真理の認識という目的達成への意志を意味します。それは、人の生、すなわち、人生全体の目的に関わる問題であり、このような人の生の普遍的方向性を求めることそのものに、異議を唱える人は、稀でしょう。しかし、このような真理を求めていく具体的な道のり（方途、方法）は、唯一、フッサールの主張する超越論的現象学に限定されるものなのでしょうか。

カルチャーショックから出発して、自分の根源に至ろうとする営みのなかで、自分の生き方と考え方に度重なる反省と分析がなされます。そして、そのことをとおして、自分が「自分」というときの「自我」や「自己」の意味が、少しずつ判明してきます。そのとき、現象学で解明された、根源的な時間流を条件づける「先自我的なもの」が、たとえば、自分が生きてきた文化の伝統である仏教哲学の「唯識派」の識論などに見い出されるということも、ありうるでしょう。そのように見い出されてくる自分の根っこの自覚は、たんに外から二つの思想を考察するような類のものではないことは、明らかです。

果てしなく自他の生き方と考え方の根拠を求めてこそ、自他の文化の共通性と差異が明らかになってきます。ということは、理性の目的論という方向性とその超越論的現象学の方法は、そのような出発点をとって、それを一貫してたどり尽くしていくなかで、他の目的設定とその方法の意味、つまり、他の文化の原点と探求の道との共通性と差異とが、はじめて明らかになることを示唆しています。

フッサールは、このことを芸術に託して、次のように述べています。「たとえば、中国の画家を画家として、またその作品を描かれた絵として理解したとしても、それは画家の芸術的意図、その作品の本来の意味、その特定の芸術的意味をもつ芸術作品として理解することではない。……まして音楽、宗教的行為、諸象徴の理解にいたってはなおさらである。われわれは、それらの志向性の諸間接性において生きて働いている、歴史的な遺産をもっていないのである」[107]。

この文章からは、歴史的な遺産と伝承の意味を十分に考慮し、「他の文化のそれをもっていないのだ」という自覚と、その事態に即さねばならない、とするフッサールの態度が、はっきりと見て取れます。芸術に限らず、哲学の伝統も、同

107 フッサール『相互主観性の現象学、第三巻』四四二頁および次頁からの引用です。

一のことが妥当しています。しかし、同時に、それぞれの伝統をきわめることで、「一つの道をきわめた人は他の道を極めた人と根底において通じる」ということもいえます。「多様に見える複数の道も根源において通じている」、そのような、いまだはっきりとは見えない目的に向かって、自分の歩む足元を確かめながら、たゆまず求めていくのが、哲学の歩む目的といえるのではないでしょうか。

さて、「現象学ことはじめ」というテーマで、「日常の不思議」を明らかにするように努めてきましたが、いま、読者の皆さんに、皆さんの日常がどのように映っているでしょうか。この最後の章で、日常性が謎になるきっかけとして、少し極端な事例ですが、カルチャーショックを取りあげました。この種のカルチャーショックは、先に述べたように、外国での生活でなくても、日頃、経験していることではないでしょうか。

日常生活でのさまざまな戸惑いや悩みや問題などにぶつかったとき、だれでも、すぐどう解決すればよいか、いろいろ考えるでしょう。それだけでなく、そもそも、どうしてその特定の戸惑いや悩みや問題が生じるか、考えて見ると、自分の日頃の感じ方や考え方や判断の仕方（広く自分の「日常性」ということもできる）を振り返ることになります。そして、そのような自分の日常性は、たとえば自分の性格のように、決してはじめからそう決まっていたわけではなく、生成の歴史があることに考えが及ぶはずです。

この生成の歴史を担う自己意識の形成や、自分にとっての身の回りの世界の形成（自分が生活世界に生きること）に際して、つまり、時間や空間の意識の形成、また感覚と知覚と身体の形成、さらに言語習得や社会生活の形成に際して、ある特定の文化での、ある特定の家族のなかで育てられることが、決定的な要因になっている、このことが、これまでの現象学の考察をとおして明らかになったことと思います。

そして、現象学そのものが、その独自の生活世界で育ってきていて、他の文化の生活世界とのカルチャーショックを媒介にしながら、より普遍的に展開しているさなかにあるのです。この本の序章で書きました、「いつ、どこで、男の子か女の子として生まれ、両親はどんな人で、どんな言葉を話し、その子はどんな社会、どんな文化に育ったのか、そのように思い巡らしてみることは、現象学という学問が現在、世界中でどのように研究されているのかを考えるうえで、大きな助けになる」ということの意味が明瞭になったことを願いながら、次の本章のまとめをもって、ひとまず、この本を書き終えることにします。

(1) 異文化理解にあって、「カルチャーショック」から出発することが有意義といえます。というのも、カルチャーショックは生活様式の違いから生じるからであり、身振りや表情など身体性を介した直接的コミュニケーションにおいて、多くの不可解さや誤解が生じるからです。この不可解さや誤解に対する戸惑いこそ、それまで、自覚することのなかった生まれ育った文化に根ざす習慣性に起因しているのであり、その解明が、自他の文化の理解につながるのです。

(2) 異文化理解に関して発生的現象学は、それまで自明として問われることのなかった自分の生活習慣に働く意味づけの体系を、脱構築の方法をとおして、その意味の生成を解明しようとします。カルチャーショックが脱構築の役割を果たしているともいえます。それによって、それぞれの文化の相互主観性の成り立ちが、受動的発生と能動的発生の観点から、解明しうるのです。

# 参考文献

日本語訳のある文献ならびに日本語の文献を中心にまとめてみました（章別にまとめ、複数の文献の際は、順不同です）。


## 1　フッサールを中心にした現象学一般に関する参考文献として

新田義弘『現象学とは何か』講談社学術文庫　一九九二年
　『現象学』岩波全書　一九七八年
田島節夫『フッサール』講談社学術文庫　一九九六年
谷徹『これが現象学だ』講談社新書　二〇〇二年
山口一郎『実存と現象学の哲学』放送大学教育振興会　二〇〇九年
斎藤慶典『フッサール　起源への哲学』講談社選書メチエ　二〇〇二年
田口　茂『現象学という思考』筑摩選書二〇一四年

## 2　叢書、講座、論文集

木田／滝浦ほか編『講座現象学』弘文堂　一九八〇年
新田／村田編『現象学の展望』国文社　一九八六年
金子一秀・山口一郎『スポーツ運動学・現象学講座』明和出版　二〇二〇年
Phaenomenologica、全二十八巻、世界書院

## 3　辞典

木田元ほか編『現象学事典』弘文堂　一九九四年

## 4　機関誌

日本現象学会『現象学年報』北斗出版

雑誌『フッサール研究』フッサール研究会

## 5 各章別参考文献

### 序章

フッサール、E.『ヨーロッパの学問の危機と超越論的現象学』細谷・木田訳、中公文庫　一九九五年
ブーバー、M.『我と汝、対話』田口義弘訳、みすず書房　一九七八年

### 第一章

フッサール、E.『論理学研究』立松弘孝訳、みすず書房　一九六八年
村田純一『知覚と生活世界』東京大学出版会　一九九五年
谷徹『意識の自然』勁草書房　一九九八年
榊原哲也『フッサール現象学の生成』東京大学出版会　二〇〇九年
鈴木俊洋『数学の現象学』法政大学出版局　二〇一三年

### 第二章

フッサール、E.『イデーンI』渡辺二郎訳、みすず書房　一九七九年
E. Husserl, Ideen, II, 1952
河本／佐藤編『感覚』白菁社　一九九九年
山形頼洋『感情の自然』法政大学出版局　一九九三年
ブランケンブルク、W.『自明性の喪失』木村敏訳、みすず書房　一九七八年
山口一郎『感覚の記憶』知泉書館　二〇一一年
村田純一『味わいの現象学』プネウマ舎　二〇一九年

## 第三章

フッサール、E.『内的時間意識の現象学』立松弘孝訳、みすず書房　一九六七年
E. Husserl, Zur Phänomenologie der Intersubjektivität, Bd. 3, 1973
ヘルト、K.『生き生きとした現在』新田他訳、北斗出版　一九八八年
大森荘蔵『時間と自我』青土社　一九九二年
斎藤慶典『思考の臨界』勁草書房　二〇〇〇年
中島義道『時間を哲学する』講談社現代新書　一九九六年
滝浦静雄『時間』岩波新書　一九七六年
山口一郎『改めて時間の逆説を問う』現象学年報一五号所収、北斗出版
武藤伸司『力動性としての時間意識』知泉書館　二〇一八年
山口一郎『フッサールの時間論』知泉書館　二〇二一年

## 第四章

フッサール、E.『経験と判断』長谷川宏訳、河出書房新社　一九九九年
野中郁次郎・山口一郎『直観の経営』KADOKAWA　二〇一九年

## 第五章

フッサール、E.『受動的綜合の分析』山口・田村訳、国文社　一九九七年
Holenstein, E. Phänomenologie der Assoziation, 1972
山口一郎『存在から生成へ』知泉書館　二〇〇五年
山口一郎『発生の起源と目的』知泉書館　二〇一八年
フッサール、E.『能動的綜合』中山純一・山口一郎（共訳）二〇二〇年

## 第六章

E. Husserl, Zur Phänomenologie der Intersubjektivität, Bd 3, 1973

ラントグレーベ、L.『目的論と身体性の問題』、『現象学とマルクス主義、第二巻』所収、白水社　一九八二年
稲垣諭『衝動の現象学』知泉書館　二〇〇七年
ヴァルデンフェルス、B.『経験の裂け目』山口一郎（監訳）知泉書館　二〇〇九年
山形頼洋『声と運動と他者』萌書房　二〇〇四年
金子明友『運動感覚の深層』明和出版　二〇一五年

## 第七章

フッサール、E.『イデーンII-I』立松弘孝・別所良美（共訳）みすず書房　二〇〇一年
フッサール、E.『イデーンII-II』立松弘孝・榊原哲也（共訳）みすず書房　二〇〇九年
メルロ・ポンティ『知覚の現象学』竹内・小木訳、みすず書房　一九六七年
市川浩『精神としての身体』勁草書房　一九八三年
竹内敏晴『ことばが劈かれるとき』思想の科学社　一九九五年
スターン、D.N.『乳児の対人世界 理論編』神庭靖子・神庭重信（監訳）岩崎学術出版社　一九八九年
ヴァルデンフェルス、B.『講義・身体の現象学』山口一郎・鷲田清一（監訳）知泉書館　二〇〇四年

## 第八章

フッサール、E.『間主観性の現象学 その方法』浜渦辰二・山口一郎（監訳）ちくま学術文庫　二〇一二年
フッサール、E.『デカルト的省察』浜渦辰二訳、岩波文庫　二〇〇一年
浜渦辰二『フッサール間主観性の現象学』創文社　一九九五年
ブーバー、M.『我と汝、対話』田口義弘訳、みすず書房　一九七八年
松尾正『沈黙と自閉』海鳴社　二〇〇四年
山口一郎『他者経験の現象学』国文社　一九八五年
新田／宇野編『他者の現象学』I、II、北斗出版　一九八二年、一九九二年
ヴァルデンフェルス、B.『対話の中間領域』山口一郎訳（抄訳）、新田・村田編『現象学の展望』所収、国文社　一九八六年

山口一郎『人を生かす倫理』知泉書館　二〇〇八年
フッサール、E.『間主観性の現象学　その方法』浜渦辰二・山口一郎（監訳）、ちくま学芸文庫　二〇一二年
フッサール、E.『間主観性の現象学Ⅱ　その展開』浜渦辰二・山口一郎（監訳）、ちくま学芸文庫　二〇一三年
フッサール、E.『間主観性の現象学Ⅲ　その行方』浜渦辰二・山口一郎（監訳）、ちくま学芸文庫　二〇一五年
露木恵美子・山口一郎『職場の現象学』白桃書房　二〇二〇年

## 第九章

フッサール、E.『ヨーロッパの諸学の危機と超越論的現象学』細谷・木田訳、中公文庫　一九九五年
フッサール、E.　デリダ、J.『幾何学の起源』田島他訳、青土社　二〇〇三年
鷲田清一『分散する理性』勁草書房　一九八九年
野家啓一『無根拠からの出発』勁草書房　一九九三年
河本英夫『システム現象学』新曜社　二〇〇六年

## 第十章

森有正『バビロンの流れのほとりにて』筑摩書房　一九六八年
森有正『経験と思想』岩波書店　一九七七年
山口一郎『文化を生きる身体』知泉書館　二〇〇四年

# あとがき（一）

この本は、「自分の日常から立ちあがる現象学」をめざしたものです。この試みのあと、このような試みが、何回も繰り返す試みとなるであろうことも、ますます、はっきりしてきました。私たちの日常は、与えられている日常だけでなく、創造していく日常でもあります。その与えられ方と創造の仕方の仕組みを自覚にもたらすことが、現象学の、限りない目標であり、課題です。この課題をめぐって、静態的現象学と発生的現象学が相互に考察を深め合う、果てしない営みを意味していることの一端が、この本にも描かれたことと思います。また、たえず、日常に驚かされ、目覚めつつ、その謎にせまろうという試みは、たえず日常につれもどされていることともいえます。次の試みが次の著作に表現される日々をみやりつつ、今回の試みが実現した道のりをふりかえってみたいと思います。

「はじめに」で書きましたように、この本は、日本にもどって、現象学についての講義をはじめ、現象学がいったい何をどうしようとしているのかを、学生のみなさんに、だれにとってもわかりやすいように伝えたいという願望から生まれたものです。だれにとってもわかりやすく、などという希望は、無理なのかもしれません。しかし、多くの実例を活用すれば、それらの実例のどれか一つがきっかけになって、現象学の営みにすこしでも触れることができるのではないか、という期待は、講義を通してますます強まっていきました。そして、そうすることが、同時に、自分の日常生活の現実に、そのような具体的実例という見地からせまることのできる、自分にとって大変有益な考察の機会となりました。まさに、日常につれもどされるということが、実現されていきました。

この本が、ほぼ、全体のまとまりをつけた段階で、大学の同僚である、村上勝三、河本英夫、永井晋のみなさんに通読していただき、有益なコメントをいただきました。また、大学院のゼミでは、院生のみなさんとの購読の機会をもつことができましたことも、とてもありがたいことでした。入門書が成立する上で、これほど恵まれた環境はありえないでしょう。この場で、授業を聞いてくださった学生のみなさんと大学でのつながりを持たせていただいている皆様へ、改めて深く感謝もうしあげます。

また、この本ができあがる過程で、学外からの、思いがけない大きな支援をいただきました。一橋大学大学院国際企業戦略研究科教授の野中郁次郎先生と野中ゼミの皆さん、および北陸先端科学技術大学院大学知識科学研究科の皆さんが、経営学の立場から現象学に深い関心を示され、原稿の段階で購読していただく機会が与えられました。大変有益なご指摘をいただき、序章作成の上で、多くの示唆をいただきました。お礼もうしあげます。とりわけ、露木恵美子さんは、原稿を丹念にご通読のうえ、わかりにくい表現を指摘してくださり、入門書の実現に大きなあと押しとなりました。深く感謝申し上げます。

日本を離れることの長かった著者に多くの方から、出版のお世話をいただきました。今回の出版が可能になったのは、水谷修さんのご支援をいただけたからです。水谷さんとは、著者の母校、上智大学の恩師である、故渡辺秀先生のご指導のもとに現象学を学んだという、共に敬愛する恩師に恵まれたご縁を通してお目にかかることができました。「人に対するやさしさと学問に対する厳しさ」を実現されていた渡辺先生とのつながりの中で、水谷さんは原稿を一読のうえ、日本評論社の林克行さんをご紹介くださいました。哲学書の出版がますます厳しくなる現状にもかかわらず、出版をお引き受けくださいました林さんと、校正等、出版の際、大変お世話になりました高橋耕さんに、こころよりお礼もうしあげます。

この本が生まれました土壌ともいえるのは、私の家族との日常生活です。日常生活の現実の与えられ方とその創造は、家族との共同の現実であり、共同の創造の努力でしたし、これからもそうあり続けます。どの家族でも当たり前なこの事実に、表現のしようもなく、深く感謝しつつ、あとがきの終わりとしたいと思います。

二〇〇一年九月

山口一郎

# あとがき（二）
## ――新装改訂版の刊行に当たって――

本書『現象学ことはじめ』の初版が出版されたのは、二一年前、二〇〇二年のことでした。幸い多くの読者のご関心に応じてか、版を重ね、二〇一二年には、改訂版が刊行されました。他方、この改訂版は、刊行後、数年ほどして絶版となり、近年、読みたくても入手できないというご連絡をいただいておりました。

今回、この改訂版を「新装改訂版」として刊行していただけることになりましたのは、露木恵美子さんとの共著『職場の現象学』ならびに、この『職場の現象学』への入門書として刊行された『共に働くことの意味を問い直す』の出版を実現していただけた白桃書房の大矢栄一郎社長のご理解とご支援によるものです。ここに心から深く感謝もうしあげます。

『職場の現象学』では、経営学の領域に、現代哲学の展開を根底から突き動かしている難解とされる「フッサール現象学」の「根源を突き詰める究極の知の努力」が組み込まれるよう試みられました。大矢社長は、この「職場の人間関係」を現象学で読み解こうとする私たちの企てを深く理解してくださり、『職場の現象学』の出版が可能になったのです。

本書『現象学ことはじめ』は、初版の「はじめに」にあるように、フッサール現象学を中軸にすえた現象学の全体が理解できるよう「現象学への入門書」として執筆されました。今回「新装改訂版」の刊行に当たって、本書の再読を重ねることで、本書が入門書としての役割を果たせている、つまり、人間関係を含めた私たちの日常生活を基盤にして、現象学の考え方が読者の皆さんと共有できるという目的に相応しうる、という思いを強くしております。

本書の刊行によって、読者の方々が現象学による「考え方」「生き方」を習得され、日々新たな日常を明晰に自覚しつつ重ねられますことを、強く願うものです。

二〇二三年九月

山口一郎

# 現象学の基本用語と索引

## ア行

**意識作用**　何かを意識しているとき、それを現に知覚しているのか、昨日のこととして想起しているのか、明日のこととして予期しているのか、また、隣の部屋にあると想像しているのか、といったようにさまざまな意識の働き方（作用）の違いに気づいている。その作用の仕方を意識作用と呼ぶ。この違いは、作用が起こるのに随伴して直接、そのまま意識される（原意識される）。――19-22、24、32-33、44、52、54、59、67、70、83-84、87、97-100、103、122、147、152、156、159、167-168、170、173-174、178-179、189.

**意識内容**　何かを意識しているとき、何を意識しているかによって、たとえば、自分の悲しみとか、他人の悲しみか、というように意識されている内容はさまざまである。そのさまざまな内容を意識内容と呼ぶ。意識作用と意識内容の相関関係というのは、ある特定の意識内容は必ずそれにふさわしい意識作用によって、作り上げられ（構成され）ていることを意味する。たとえば、思い出（意識内容）は思い出すこと（意識作用）によって構成されているのであり、現に見るという意識作用によって構成されているのではない。――21-22、24、32-33、44-45、52、64、66、73、83、86-87、97-98、121-122、147、149、167、170、173-174、176、178-182、188.

**因果性**　自然科学の考察の際に使われている基本的原理であり、原因と結果の必然的なつながりを意味する。たとえば「放り上げられた金槌は、必ず落ちる」。その際、いつどこでという客観的な時間と空間が前提されて、因果関係の記述に使われていることが見失われてはならない。――49、162-164.

**印象**　一連の感覚の意味内容を決定するものを印象と呼ぶが、生き生きした現在の流れのなかで、過去把持の空虚形態とともに、時々刻々の感覚位相の意味内容を作り上げている感覚素材を、原印象と呼ぶ。――13、26、38、55、100-104、106-107、109、111、113-116、120、130、134、146、149、168、178.

## カ行

**覚起**　ある特定の意味内容がそれに類似した意味内容を呼び起こすこと。しかし何かを思い出そうとして意味を捜し求めて見つけるのではなく、意味内容どうしが自我の意識を介さずに（つまり、自覚されることなく）結びつく、受動的（事発的）綜合であることに注意。――101、103、105、107、109-110、112-117、120、128-130、133-138、142-143、149、155-156、186、188、197、209.

**過去把持**　現在に含まれる、ある特定の意味内容（特定の対象の意味を構成する以前の、感覚素材の意味内容であれ、それが対象化されて対象の意味内容になっているのであれ）が意識に保たれていく時間意識の働きである。「過ぎ去る」という意識が過去把持によって構成される。意識作用ではないので、「特有な志向性」とされ、後に受動的綜合である感覚素材の意味内容との融合を通して解明されている。――12-13、44-46、51-52、54-56、58-66、69-72、76、81、94、98-107、111-115、117、120、129、133-135、137、139-142、144、151-153、158-159、168、174、178、188、207、234.

**感覚**　何かが特定の対象として知覚される以前に、視覚、聴覚、嗅覚、味覚、触覚に与えられている、何かとして意識される以前の、先対象的な意味内容で、それを素材にして意識作用が働き、意識内容が構成されるが、この感覚素材そのものは、意識作用によることなくそのまま意識されている。感覚位相とは、それぞれの瞬間（位置）に与えられている様相である。――18、23-25、34-40、45、47、49、51、55-57、60-67、72、76、79、87-89、92、100-101、104、106、111-117、119、121-122、125、127、136-137、139-140、146、152、156、159、161、166、170、172、174、185、196、197-198、221、244、246、252.

**間身体性**　自分と他人の身体の区別がつく以前に、匿名的身体相互の間に成立している、多くの場合、本能志向性や衝動志向性によって媒介されている、複数の身体の間に、意味内容の相互覚起が働いている。――169-170、192-202、209、229、234、244.

**キネステーゼ**　運動感覚と訳される。運動の際に身体の内と外で感じる感覚であるが、感覚のされ方は、受動的綜合である連合に即している。したがって、「私ができる」という自我の意識作用を伴う通常の能動的キネステーゼの基底に、本能的で受動的なキネステーゼが働いていることに、注意する必要がある。キネステーゼは、受動的層をも含めて、物のかさばりや上下左右等の空間意識の構成に、中心的な役割を果たしている。――124-126、128、149、154-160、168-170、186-187、192-193、195-199、209、219、223、240、250.

**空虚形態**　生き生きした現在において生じる感覚内容は、過去把持を経て、その感覚内容の潜在的で含蓄的な空虚な形態（〝意味の枠〟）

となる。知覚の意味内容の場合の空虚表象は、対象の知覚の場合の意識内容（ノエマ）に対応し、感覚の意味内容は、対象の構成以前の、過去把持の交差志向性における感覚内容の合致（連合）として成立している。――101、107、111-114、117、127、131、133-138、140、142-144、146、149、158、160、167、170、186-188、192、194.

**空虚表象**　過去把持を通して残されていく意味内容は、次第に、その充実され、直観された意味内容の鮮度が希薄になっていく。その意味内容のうち、対象知覚に関わる意味内容の意味の枠取りが、過去地平において、その浮き彫りの凹凸を喪失しても、それとしての枠取りが潜在的に保たれている状態を、空虚表象という。――101、103、107、109、111、113-115、117、127、129-131、133-140、142、146、149、158、167-168、170、188、194.

**原意識**　通常の意識作用と意識内容の相関関係が成立する以前に、意識作用の働きそのもの、ならびに感覚の意味内容がそのまま、意識作用が働く以前に、ないし、意識作用が働いた瞬間に、反省を経ずに、そのまま意識に直接与えられていること。原印象のみならず、原印象と過去把持の融合がそのまま意識されている意識のされ方をも、意味している。――100、139-140、159-160、170、174、204.

**現象学的還元**　還元というのは、より根源的な領域や要因に引き戻して関連づけることだが、現象学的還元とは、現象学の分析の現場ともいえる、意識に与えられているままの意識内容とその与えられ方に立ち戻ることを意味する。――33、92、173.

**構成**　あることが意識されているとき、その意識されている意味内容は、意識の作用によって作り上げられているとみなされる。その作り上げることを構成という。――21-22、28-29、33、40、44、57、68、72、83、92-93、98、120、124、126、135、138、145-146、149、153、167-169、174、176-176、178、183、191、194、211、220、223、225-234、236、248-250.

**交差志向性**　過去把持の二重の志向性の一方であるQuerintentionalitätの訳語であり、この志向性において、過去把持の経過が過去把持の層の重なりとして表現されており、ここに時間内容の合致が生じ、真の内的時間が生成する。この志向性が客観化されると、過去把持の延長志向性Längs-intentionalitätにおいて、今の連鎖として意識される。――55-57、65-66、72、144.

## ◎ サ行

**再構成**　発生的現象学の方法の一つの呼び名で、静態的現象学で明らかにされた意識の諸層を組み立てなおしてみること。その際、諸層の一部を括弧に入れて、機能していないと想定し、他の諸層の働きが成立しうるかどうか、発生の秩序が考察される。――151、180.

**自我** 日常生活でいろいろな体験や経験を繰り返す「自分」のことを自我と呼ぶが、多くの場合、体験や経験の後に反省された自我であって、その体験や経験といった意識活動のさなかの自分は直接、反省されず、その反省も容易ではない。経験のさなかに働き、経験を構成している自分を超越論的自我と呼び、その超越論的自我によって構成された経験の内部に生きる自我を経験論的自我と呼ぶ。――7-8、11-12、26、60、64、70、102、105、111-112、117、120、127、132-133、135、140-142、145-148、152-154、156-157、159、166-169、178-181、188-194、199、201、203-204、207、251.

**志向性** 意識はいつも、すでに「何かに向かっている」という特性を意味する。その際、自分が意識している、という自我からの注意が、働いているのが普通だが、その自己意識を伴わない場合を、受動的志向性として、普通の志向性から区別する点が重要。――10-11、31-32、34、54-55、64-65、83、86-87、94、96-99、102-103、106、108、117、119-120、123、135-137、138-145、148、152-155、163、167-168、170、173、178、193、201、203、207、211-212、251.

**実体** 他と無関係に独立してあることができ、いつもそうである恒常性をになう何かを実体という。――162、214.

**射映** もともと物の陰影という意味で、外にある物の一瞬の見え（側面）が変化しながら、一つのものの多様な側面のまとまりとして見えているときの一つの見え（側面）を意味する。――27-28、35、37、39-40、57、83.

**受動的綜合** 時間の意識である過去把持にみられるように、自我の関心が向かう以前に、感覚素材のになう意味が過去地平に眠る空虚形態や空虚表象と対化現象を起こして、そのつど新たに意味が成り立つような受動的志向性のまとまり方をいう。――5-6、13、93、98、107-108、111、114、117、119、127、141、148-149、154、156-157、162-163、170、172、174、183、189、192、197、200、207、209、218-220、222-223、232-233、235、241、246.

**衝動志向性** 生物学で考えられる衝動や本能とは異なる。なぜならそれらは、意識の流れが構成する時間や空間の枠内で、外から観察されるものであるから。それにたいして現象学で考えられる衝動は、時間や空間を構成する意識の流れそのものを、受動的綜合の仕方である触発や連合を通して決めているような受動的志向性であり、原触発ともいわれる。――119-120、126、

１３５、１３７、１４３-１４７、１４９、１６９、２０７、２１９、２２６、２３１、２４９-２５０．

**触発**　感覚素材の意味内容が自我に向かって、自我の関心を引き起こそうと働きかけること。触発の力は、感覚素材の意味内容と過去の空虚形態や空虚表象の意味内容との間の意味の類似性やコントラストの程度によって決められるが、この類似性やコントラストは自我の関心が向かう以前に、受動的志向性である連合の規則に即して、いつもすでに生成し、先構成されている。――13、59-60、62、64、93、１０４-１０７、１０９-１１３、１１６-１１７、１１９、１２７-１２８、１３１-１３５、１３７、１４０、１４２、１４５、１４９、１５３-１５５、１６６-１６７、１７４、２０７、２２２、２３５-２３６．

**随伴意識**　意識作用が働くとき、それに伴いながら、いろいろな意識作用の違い（たとえば見ているのか、思い出しているのか）に気づいている意識であり、それそのものは、自我の活動による能動的な志向性ではない。原意識をも参照。――18-19、24、99、１５９．

**生活世界**　学問のような理論知以前に、いろいろな仕事の経験などを通して実践知が働いている。人間の衣食住すべてを含めて実生活は、そのような経験の歴史である。学問の理論知はそのような実生活の反省をとおして成り立っているが、一旦できあがった理論が、逆に、実生活の豊かな経験の源泉を狭く枠づけてしまい、経験の秩序を見えなくしてしまっていることに気づかない。このような事態を解明しようとするのが生活世界の現象学だ。――５-６、１６５、１８９、２０１、２１４、２１７、２２０-２２６、２２９-２３２、２３４-２３７、２３９、２４１、２４７、２４９-２５０、２５２．

**静態的現象学**　意識内容と意識作用の相関関係を分析する方法をとおして、判断停止された意識現象を、「物、心、身体、人格、精神共同体」などの領域に即して分析を進め、それぞれの領域の構成のされ方が、意識層の基づけ関係を解明することによって明らかにされる。それによって同時に、それぞれの領域の本質直観が成り立つ。このようにして静態的現象学は、すでにできあがって構成されている意識現象の構成の静態的な構造を明らかにするが、この構造分析の成果は、発生的現象学の出発点ともなっている。――１２３、１２４、１２６、１３９、１５１、１５６、２４８-２５０．

**想起**　想起と再想起の区別が大切。再想起が通常の意味で過去のことを思い出すことに当たり、その際、自我の活動を伴う、自覚を伴う通常の志向性として働いている。想起は短期記憶の場合に見られるように、広い意味での現在に属していて、過去把持は、この意味ではじめは、「新鮮な想起」と呼ばれた。その際、想起は当然、受動的志向性である。しかし、通常、想起は能動的志向性としての意識作用と理解される。――１２９-１３０、１８８、２２１-２２４、２２６．

**相互主観性**　他者の意識活動がどのように自分の意識で経験されているのかを明らかにして、人と人との間に相互に行き交う共通の知覚や、客観的な学問による了解の成り立ちを、解明するのが、相互主観性の課題である。――68、72、92、170、175-176、178、185-186、190、199-202、209、224-227、231-232、235、253.

## タ行

**態度**　人の生きる態度。実生活の関心に即して実生活をそのまま生きる態度を自然な態度と呼ぶ。とはいっても、その関心にそった、うまくいくかいかないか、日々振り返る反省が含まれていても、それを、そのような「関心に即してそのまま生きる」という。この態度に現象学的な反省が加わり、それらの関心事がどのように意識現象として構成されているのか、それらの関心事の意味が成り立っている構造的条件や発生的条件を問うのが超越論的態度と呼ばれる。――211-212.

**脱構築**　発生的現象学の方法の呼び名。静態的現象学で明らかにされた意識の諸層の一部を働いていないと仮定してみること。それにより、特定の意識層が他の意識層の発生上の前提であるかどうかが判明する。――12、124-127、139、148、151-152、180、249-250、253.

**他者性**　自分と他人は異なっている。他者の痛みをわれわれは、それぞれ、どのように経験しているだろうか。自分の痛みの直接性と他者の痛みの間接性との間の間隙は、どこに由来し、どう経験されるか、他者の他者性の由来が問われる。――187-189、191、199-200、209.

**知覚**　感覚素材に意識作用が働いているとき意識内容が成立していて、そのときの何かの対象としての把握が知覚である。知覚の場合、知覚という意識作用は自覚され、自己意識が伴われている。――11、17、22-25、28-29、31-32、34、36-40、46、48、52-56、76、82、87、93、99、101、111、115、118、121-122、129-130、137、164、169、182、188-189、193-194、196-197、199-200、204、221-224、226、234、252.

**超越論的**　外に実在するもの（主体を超えて外にある超越体ともいわれる）が意識によって構成されている。その構成の仕方を問うこと。さらに、主体に内在すると考えられる内的時間意識や自我極でさえ、構成されたものである限り、それを構成する何かからその構成の仕方を問う場合には、超越論的といわれる。――12、165、167、178、180-181、187、190-191、200-202、208、211-212、214、222、225-227、229-231、233、236、250-251.

**直観**　空虚な意味の枠がそれに相応する意味内容によって満たされ、充実すること。したがって、必ずしもはっきり表象されている必要はなく、感覚素材と空虚形態との間の対化連合のように、気づかずに直観が成立している場合もある。――34、55-56、69、72、76、79-80、88-89、91-92、129-130、137、158、160、170、188、218-220.

**対化** 受動的綜合である類似性が成立するときの、もっとも一般的で基本的な形式であり、二つの感覚素材や、感覚素材と空虚形態との間の相互覚起をとおしてペアになる類似した感覚内容が、相互に依存しながら同時に成立する。――107-108、111-117、120、127、129、132、134、144、146、149、153、158、183、189-190、209、233.

**動機** 「～したいから～する」という意識活動のもつ「目的-手段関係」であり、意識の現在野に働く根源的な動機の層が「衝動」や「本能」の志向性として解明されている。――117、131-132、135、143、149、154、162-164、248.

**独我論** 超越論的自我とその意識の流れは、単一の、他と隔絶された個としての自己意識である、と前提して、他の自我をも含めて世界は、すべてその個としての超越論的自我によって構成されたものとみなし、構成する個我だけ存在するとする立場。――7-8、12、175-176、202、209.

## 回 ナ行

**二重感覚** 身体に根ざす感覚の特有な働き方。左を触る右手が、次の瞬間、左手に触られる右手となるという、自分の身体の同じ部分が、触り、触られるという二重の感覚の仕方をもつということ。問題は、自分にとっての他の人の身体で、この働き方がどう経験されているのか、という問いである。――162、166、170.

**ノエシス** 意識作用のことをいうが、意識されている意味内容を指すノエマと対で用いられる。ノエシスの働きは、意識にそのまま、内在的に与えられるのにたいして、ノエマである意味内容は意識を超えて構成されている。――172-173、179.

**ノエマ** 意識作用によって意識されている意味内容のことで、見る意識作用に対応する見られた何か、思い出す意識作用に対応する思い出された何かである。それに加えて、その意味をになう対象がどのように与えられているか、現にあるものとして、想像されたものとして、等々、存在の仕方もノエマに与えられている。――172-173、179.

## 回 ハ行

**発生的現象学** さまざまな領域の意識活動を意識作用と意識内容に分析して、その相関関係を明らかにする静態的現象学の場合には、すでに現にそこで働いている意識活動を、当然その出発点しているが、発生的現象学の場合、静態的現象学で明らかになった意識の諸層の働き方と構造を踏まえて、それらの諸層の発生の秩序（つまり、特定の層が働いて、はじめて別の層が働き始めることができるという前後関係）を明らかにすることをその課題とする。諸層の脱構築の方法を経て、より早期の原初へと発生の源泉を遡ることができる。――6、12、122-124、126-127、136、139、145、148、151、154、180、185-186、194、201-202、207、231-232、241、249-250、253.

**判断停止**　日常生活をそのまま生きる自分の生き方、感じ方、見方、聞き方、等の知覚の仕方、判断の仕方を現象学の反省にもたらす方法。日常の経験を意識生および超越論的自我がどのように構成しているのか意識の志向性を分析するのだが、その際、一連の意識活動（たとえば雲を見て雨を予想する）に他の意識活動をつなげる（傘を手にする）のが日常生活を生きることだが、それを繰り返すのではなく、一旦それにストップをかけ、それを振り返って、「雲を見る」という知覚がどのように成り立っているのか、「雨を予想する」という予想がどのように成り立っているのか、「傘を手にする」という行動がどう成り立っているのか、その意識の構成を解明しようとする。――83-84、92、243-245.

**本質直観**　時と場所によって変わることのない、普遍的な物事の本質を観て取ること。それは、考え抜かれた周到な方法が活用されて、はじめて可能になる。しかし、これでそこに到達したという絶対的な終着点はみえない。――12、76-79、81-88、91-92、120-121、123、126、148、173-174、179、216、218-219、246、248-249.

**本能志向性**　自他の区別を伴わない間身体性に働く受動的志向性で、周囲世界との接触をとおして目覚めてくる生命体の、生きることそのものに目的づけられた受動的志向性。そこで覚醒してくる本能は、はっきりした表象をもつことなく、漠とした予感によって方向づけられている。――119-120、141、144-146、152-153、163、167、190、195、202、219、226、233-234、236.

## 回 マ行

**未来予持**　流れる時間意識の現在に属する働きで、自分では気づかず、自覚されずに、ある意味内容の意味の枠が予期され、前もって投げかけられていること。――57-58、63-65、69、71-72、102-103、106、112、114-116、151-152、158、168、178、184、223.

**目的論**　目的づけられていることを論じ、解明することだが、自覚的で意図的な目的づけと、気づかずに、自覚されずに目的づけられている二層にわけられる。——146-148、165、167、250-251.

**基づけ** 構成する、意識の層と層の間の関係。ある特定の意識の層が他の意識の層の基礎であり、前提である場合、他を基づけるという。両層にとって互いに互いが前提になる場合、たとえば「色」と「広がり」の場合、「相互基づけ」という。——12、126、141-142、149、200、220-221、235.

## ヤ 行

**融合** 差異やズレがなく、意味内容どうしが一致する場合、融合といい、比較して融合しているとするのではなく、受動的綜合として、自我の意識の関与なく、意味内容相互の間で生じる。——23-24、28-29、102、104、114、121、153、157-159、168、186-187、189、193.

## ラ 行

**連合** 連合は、通常、何かがふと思い出される思い出のように、自然に生じている。現象学では、連合は、意味と意味の類似性や対照性（コントラスト）といった関係である、意味のつながり方によって生じていると考えられ、生理学や心理学上の因果性による説明とは異なる。——13、80-81、84、91、93、98、101-104、106-107、109、115、117、119、127-128、138-139、154、156、163、166、170、174、186-188、197-198、207、222、236.

**理念化** 極限的な意味や価値である理念に向けて世界や自分を考察すること。もともと、実生活で最適なものを目指す努力が理念形成の背景になっている。—214-218、221、231.

本書は、二〇〇二年一月に日本評論社より出版された
『現象学ことはじめ―日常に目覚めること〈改訂版〉』の新装改訂版である。

## 著者略歴

**山口　一郎**（やまぐち　いちろう）

東洋大学名誉教授

1974年　上智大学文学研究科哲学専攻修士課程修了
1979年　ミュンヘン大学哲学部哲学科にて学位（Ph.D）取得
1994年　ボッフム大学哲学部にて哲学教授資格（Habilitation）取得
1996年から2013年まで　東洋大学文学部哲学科教授
研究領域：現象学、特にフッサール発生的現象学、フッサール現象学と仏教哲学との間文化哲学

【主な著訳書】
『他者経験の現象学』1985年、国文社『現象学ことはじめ』2002年 日本評論社
『文化を生きる身体』2004年 知泉書館、『存在から生成へ』2005年 知泉書館
『B.ヴァルデンフェルス　経験の裂け目』（監訳）2009年 知泉書館、『感覚の記憶』2011年 知泉書館、『E.フッサール　間主観性の現象学』（共監訳）2012,13,15年 ちくま学芸文庫、『発生の起源と目的』2018年 知泉書館、『直観の経営』2019年 KADOKAWA
『職場の現象学―「共に働くこと」の意味を問い直す』（共著）2020年 白桃書房、『フッサールの時間論』2021年 知泉書館、『共に働くことの意味を問い直す―職場の現象学入門―』（監修）2022年 白桃書房

**現象学《げんしょうがく》ことはじめ**
**日常《にちじょう》に目覚《めざ》めること【新装改訂版】**

発行日――2023年12月26日　初 版 発 行　〈検印省略〉

著　者――山口一郎《やまぐちいちろう》
発行者――大矢栄一郎
発行所――株式会社　白桃書房《はくとうしょぼう》
〒101-0021　東京都千代田区外神田5-1-15
☎03-3836-4781　FAX03-3836-9370　振替00100-4-20192
https://www.hakutou.co.jp/

印刷・製本――藤原印刷株式会社

　ISBN 978-4-561-85057-1 C3010